高等院校中学教师培养系列教材

中学英语教学设计

ZHONGXUE YINGYU JIAOXUE SHEJI

主编 杨丽梅 李香玲

北京师范大学出版集团
BEIJING NORMAL UNIVERSITY PUBLISHING GROUP
北京师范大学出版社

图书在版编目(CIP)数据

中学英语教学设计. 杨丽梅，李香玲主编. — 北京：北京师范大学出版社，2024. 8
高等院校中学教师培养系列教材
ISBN 978-7-303-29431-2

Ⅰ. ①中…　Ⅱ. ①杨…　②李…　Ⅲ. ①中学-英语课-教学设计-高等学校-教材　Ⅳ. ①G633. 412

中国国家版本馆 CIP 数据核字(2023)第 203789 号

教材意见反馈　gaozhifk@bnupg. com　010-58805079
北师大出版社教师教育分社微信公众号　京师教师教育

出版发行：北京师范大学出版社　www. bnupg. com
北京市西城区新街口外大街 12-3 号
邮政编码：100088
印　　刷：天津旭非印刷有限公司
经　　销：全国新华书店
开　　本：787 mm×1092 mm　1/16
印　　张：15
字　　数：270 千字
版　　次：2024 年 8 月第 1 版
印　　次：2024 年 8 月第 1 次印刷
定　　价：45. 00 元

策划编辑：张筱彤　　责任编辑：王贺萌
美术编辑：焦　丽　李向昕　　装帧设计：焦　丽
责任校对：陈　荟　　责任印制：马　洁

高等院校中学教师培养系列教材

编 委 会

总　序

为贯彻党的二十大精神，全面落实立德树人根本任务，系统推进教育部于2022年新修订的义务教育课程方案和语文等16个课程标准的落地实施，我们将孕育于中原沃土的“高等院校中学教师培养系列教材”奉献给广大读者。

在发展学生的核心素养这一国际教育趋势下，核心素养教育在我国教育界日益升温。从学科教学过程中衍生出的教学设计问题构成了培养学生核心素养和可持续发展能力的重要一维。教学设计是落实核心素养的关键环节和动力，是促进课堂教学提质增效的重要依据，更是沟通教学理论与教学实践的桥梁。我们认为，教学设计即教师为优化教学过程，提高教学质量，以认知学习理论、教育传播理论和系统科学理论为基础，根据学生的学习特点和自身的教学风格，对教学环节、教学要素预先进行科学的计划、合理的安排，制定出整体教学运行方案的过程。作为指导教师有效教学的蓝图，教学设计是教师教学不可或缺的一个环节。新课程标准对教师的教学设计能力提出了更高的要求。因此，如何提高在职教师和高等师范院校师范生的教学设计理论水平和实践能力，让教学理论“上可着天、下可落地”成为一道待解难题。

为总结和推广新课程标准中的新理念、新实践，发展中学生的核心素养，我们与北京师范大学出版社合作出版“高等院校中学教师培养系列教材”。本丛书由14册构成，涵盖了中学教育的各个学科，包括《中学语文教学设计》《中学数学教学设计》《中学英语教学设计》《中学物理教学设计》《中学化学教学设计》《中学生物教学设计》《中学历史教学设计》《中学地理教学设计》，另加一些基础课程，包括《教学设计与评价》《教育哲学》《现代教育技术》《教师职业道德》《班级管理》《教育测量评价技术》，旨在为广大教师搭建一座连接教学理论与教学实践的桥梁。

本丛书以新课程标准为依据，以国家政策、教育动态、社会需求为风向标，紧跟课改步伐，将现代教育理念、教育技术和教学方法融入学科教学设计和教学实践，系统分析、研究各学科的教学目标、教学内容、教学方法、课堂教学、实践活动、教学评价等中学教学设计中出现的问题、需求以及解决的途径，填补了中学教学设计研究领域的缺口，旨在为中学教学设计中的一些困惑提供参考和借鉴。如何培养适应新时代要求的中学教师、如何在课程实施中培养学生的核心素养是教育工作者要直面的重要课题。面对这些现实问题，本丛书试图在教学设计领域探寻答案。“高等院校中学教师培养系列教材”的编写立足于教学实践，贴近教育实际，以提升中学生的学科核心素养为目的，深入挖掘中学教学设计的本质，思考教师与教学、文本与设计之间的关系，探究教学设计在各学科中的运用模式，不断完善教学设计的理论基础与方法策略，更新教师的教学思想，弥合教师“教”与学生“学”之间的裂痕，打造“师生协奏”共同体，培养与新课程同步成长的专业化教师队伍。基于此，本丛书可作为高校本科师范生和教育硕士生研习之用，亦可作基础教育师资培训和各学科教研参考用书。

本丛书顺应中学教育改革和发展的需求，以培养专业化的学科教师为目标，力求体现先进性。本丛书具有以下几方面特色。

立足素养本位，着眼教学提质。本丛书以 2022 年新课程标准和新教科书为依据，在重视学科知识体系与教学方法的基础上，注重由“教”的设计走向“学”的设计。在编写过程中，本丛书教学活动的设计践行学科学习活动观，并运用认知学、心理学等理论进行指导。本丛书的编写是基于教材整体教学活动的设计，能够为一线教师的教学设计提供参考。另外，本丛书立足素养本位的教学设计，是教师开展新教学的有效抓手，有助于提升教师的教学质量。

重构设计图谱，链接多彩教学。本丛书在以往教学设计研究的基础上融入了新的元素，以学科核心素养为培养目标，重在提升学习者综合运用知识和进行教学设计的构思能力，融理论性、知识性、实践性于一体，设计内容涵盖整个教学活动。在内容的呈现形式上力求生动活泼，穿插多种类型的教学案例分析和启发探究式小栏目，并对每个设计项目从简到繁、从易到难、从部分到整体进行有序编排和训练，使教材体现出实用性和可操作性，既有助于读者思考与参与体验，也便于读者对教学活动进行组织与安排，使各学科教学设计在重构之后更易获得、更有质量、更具包容性。

科学研判学情，设计和而不同。本丛书科学研判每门学科及具体课堂教学中的学情，有助于学生核心素养的培育真正落实。为此，在体现共性的同时，各本的内容又各具特色。就共性而言，丛书各部分内容的阐述依据创新精神和实践能力的要求，紧密结合我国课程改革的基本理念、要求以及日常学科教学案例，设计出具有河南省区域特色的、符合学科特点的实践与应用内容。就个性而论，各本根据学科性质的不同，从中学教学实践出发，结合教学设计的相关理论，阐释中学各科教学设计的方式方法，既包括理论层面的解读，又附有翔实的案例分析。

时至今日，有关中学各科教学设计的出版成果已具有丰厚的基础，我们理应朝着一个更高的境界奋进。希望我们的工作可以让读者对中学教学设计有一个较为真实且全面的理解，也恳请各界先进对本丛书不吝给予批评与指正。

刘志军

2024 年 2 月 15 日

前 言

本书的编写以《普通高中英语课程标准(2017年版2020年修订)》以及《义务教育英语课程标准(2022年版)》中提出的英语学科核心素养、课程内容六要素及英语学习活动观等理念为指引，以认知语言学、语义学、词汇学、心理学、教育学等为理论依据，以提高教师教学活动设计的能力为目标，分词汇、语法、阅读、听说、写作五个教学模块探讨中学英语教学设计策略，以达到有效促进中学生英语学习的目的，实现课程标准所提出的英语课程目标。

本书理论部分以《普通高中英语课程标准(2017年版2020年修订)》和《义务教育英语课程标准(2022年版)》中所提出的教学理念为指导，基于对当前中学英语教学现状的认识以及对存在问题的分析，结合各教学板块的学习特点进行理论探索，为教学设计提供理论支持。案例分析部分以发展学生的语言能力、文化意识、思维品质和学习能力四个方面的英语学科核心素养为目标，在教学活动中实现理论的有效落地，完成教学理论与教学活动的有效融合。具体来讲，本书基于英语学习活动观进行词汇、语法、阅读、听说、写作教学设计，案例分析中的教学设计凸显三种学习活动：教师通过创设语篇主题情境，引导学生在学习理解类活动中进行信息的获取、梳理、概括和整合，感知文本意义；教师开展深入语篇的应用实践类活动，引导学生通过描述与阐释、分析与判断，学以致用，将所学知识应用到实际生活中，以实现对语言知识和文化知识的内化；教师通过开展超越语篇的迁移创新类活动，探讨语篇主题，引导学生对语篇背后的价值取向进行分析、推理与论证，进而促进学生在新的主题和陌生情境中，通过自主研究和合作学习，运用所学的知识与技能形成正确的态度和价值观，实现创新，在新情境中解决新问题。

本书包含七章，分别为中学英语教学设计概述、英语教学设计理论指引、词汇教学设计、语法教学设计、阅读教学设计、听说教学设计及写作教学设计。内容设计以主题语境、语篇类型、语言知识、文化知识、语言技能和学习策略为主轴，探讨如何在中学英语教学设计中贯彻英语学习活动观，发展英语学科核心素养，完成课程内容，提高学生的语言能力、思维品质、文化意识和学习能力。

本书的鲜明特色是基于现行中学英语教材，分词汇、语法、阅读、听说、写作五个模块进行中学英语教学设计，在编写中坚持理论结合教学实践的原则，教学活动的设计践行新课标所提出的英语学习活动观等教学理念，开发具体的中学英语教学案例，为英语教学研究者以及中学英语一线教师提供英语教学设计参考。

本教材是2022年度河南大学研究生培养创新与质量提升行动计划“英语教学设计与案例分析”（项目批准号：SYLJC2022003）、2023年度河南省教育科学规划项目“基于认知语法的高校‘英语语法课程’教学设计与模式建构”（课题批准号：2023YB0029）、2022年度河南大学本科教学改革研究与实践项目“新课标背景下本科英语师范专业课程改革研究”（项目编号：HDXJJG2022-075）的研究成果，在此对项目参与人员的付出表示感谢。

目　录

第一章 中学英语教学设计概述

章前导语

进入21世纪以来，我国中学英语教学发展迅速，中学英语教学师资力量增强，教学硬件、教学资源得以逐渐完善，教学新理念逐渐渗透到英语教学的方方面面。但是，在现阶段，中学英语教学依然存在待改进之处，如以应试为主要目的的英语教学模式依然存在；部分教师未能完全领会新课标所提出的教学理念和要求；学生听、说、读、看、写等语言技能发展不平衡，语言实际运用能力有待改进。上述问题的解决需要科学有效的英语教学设计。在这一时代背景之下，科学有效地进行中学英语教学设计显得尤为重要。本章论述了英语教学设计的必要性，英语教学设计所遵循的科学性、实践性和系统性的原则。通过分析中学生的学习认知特点、中学英语课程内容等，厘清中学英语教学设计的主要元素。除此以外，本章还提出了渗透、融汇英语学科核心素养、英语学习活动观、英语课程内容六要素这三大核心理念的中学英语教学设计模式，并对本书中学英语教学设计中所遵循的教学理念进行阐释，对教学内容的设置以及教学设计的落实进行了详细的规定。

通过本章的学习您将能够：

了解当前中学英语教学现状；

了解中学英语教学设计的必要性；

了解本书中学英语教学设计的原则；

熟悉初、高中生认知特点；

熟悉初、高中英语学习内容；

了解《义务教育课程标准(2022年版)》及《普通高中英语课程标准(2017年版2020年修订)》对中学英语教学设计提出的新要求 。

第一节 中学英语教学设计的必要性

近年来，我国在社会经济、科技、文化、教育等方面取得了全方位的发展，中学英语教学也取得了长足发展。新时代对英语教学提出了新要求，为了适应新时代的发展，多年来中学英语教学改革一直在进行。新的中学英语教学思想和理念不断被提出，并在教学中得以实践。教育部对原有的高中英语课标进行了修订，制定了《普通高中英语课程标准(2017 年版)》[以下简称《高中课标(2017)》]，并于 2020 年对其进行了修订，颁布了《普通高中英语课程标准(2017 年版 2020 年修订)》[以下简称《高中课标(2020)》]。该课标在继承中前行，在改革中完善了原有课程标准的内容，修订后的课程方案力求反映先进的教育思想和理念。《义务教育英语课程标准(2022 年版)》[以下简称《义务课标(2022)》]也对之前的课程标准进行了修订，以适应中学英语教育新形势的发展，满足义务教育新变化的要求。新课标①自颁布以来，教师教学理念不断更新，且取得了明显的成效。在师资方面，和之前相比，目前中学总体师资力量较好，中学英语教师的学历、职称都提高不少；在硬件资源方面，信息化技术在中学英语教学中的运用逐渐普及。以上诸多因素为新课标的有效实施提供了有力的保障，中学英语教学改革也取得了一定的成果。但是，当前中学英语教学依然存在一些问题和待改进之处，主要如下。

第一，教师的教学实践能力有待提高。传统的以教师为中心、以应试教育为主导的英语教学模式依然存在，影响英语教学效果。很多年来，中考和高考是中学英语教学的指向灯，所有中学英语教学活动都以在中考、高考中取得高分为导向，应试教育为中学英语教学的主要特色。在课堂上，教师往往采用填鸭式教学，以灌输知识为主，学生则扮演被动接受者的角色。在教学中教师和学生之间缺少互动。由于缺少科学的教学理论指导，科学的课堂教学活动缺位。教师所使用的教学方法单一，很难合理进行教学设计和规划。在这种模式下，学生的学习积极性和能动性无法得到有效发挥，学生的英语学习兴趣得不到有效提高。

第二，教师的教学理论水平有待提高，在推进和实施《高中课标(2020)》以及《义务课标(2022)》的教学理念方面存在困难。虽然英语专业毕业的新手教师的学科能力不错，但因为缺乏教学相关知识以及对《高中课标(2020)》以及《义务课标(2022)》理念的理解不到位，他们在教学中不能科学进行教学设计，无法有效开展教学活动，难以实现新课标所提出的教学目标。基于我们对

① 在本书中，如果确切地提出了某一课程标准的内容，则会列出该课程标准的具体名称；如果是泛指《高中课标(2020)》和《义务课标(2022)》，则会使用“新课标”一词。

中学英语教学的课堂观察和调研，一线教师对于新课标内容的理解尚不是很透彻，在推进与实施新课标中所提出的教学理念方面存在困难。大部分教师表示课标中提出的理念很科学，但如何在课堂教学中成功落实是一个问题。据辜向东等调查，高中英语教师中，拥有本科学历的教师占大多数（82.0%），硕士和在读硕士次之，专科学历和中专学历的教师只占很少一部分，拥有中学高级职称的教师占了一半以上（56.1%）。[①]英语教师中，有一部分毕业于师范院校，具备一定的教育教学知识，但相当多的教师为外语类院校毕业生，还有不少教师是综合类高校的英语专业毕业生。这些教师缺少相应的教育学、心理学、认知科学等领域的知识，对中学学生的心理特征了解不多，对英语教学的本质、规律缺少认识，在教学中可能无法有效落实课标提出的教学理念和思想。

第三，教师独立开展教学设计以及教学研究的能力有待提高。教学研究是中学教师工作中不可缺少的环节，是中学教师将课标的理念从感性认识深化为理性认识并付诸实践，从而实现自我发展的有效途径。当前，中学教师因为教学理论知识的缺少以及教研经验的缺乏，很难独自开展科研工作。因此，现阶段，中学英语教师的传统教学理念亟待转变，传统的英语教学方法需要改进。教师应该充分领会新课标所提出的教学理念，用科学的教学理论武装自己，转变自己对英语教学的认识，引入科学的教学方法，改变传统"满堂灌"的枯燥的教学方法，提高教师的业务能力。只有这样中学教师才能转变自身的角色，使教学从以教师为中心转变为以学生为中心，激发学生学习英语的兴趣，提升学生的英语水平。

第四，在中、高考英语命题导向的驱动下，学生的听、说、读、看、写等语言技能发展不平衡，学生的语言综合运用能力有待提高。中、高考英语的题型设置对具体中学英语教学模块侧重的选择起到引导作用。长期以来，中、高考英语考试大多由听力、阅读理解、语言知识运用、写作四大模块构成，其中，听力、口语为可选项。受此影响，在中学英语课堂中，大部分教师把更多的时间放在了语法、词汇、阅读、写作等模块，而语音、听力、口语、翻译等学习模块没有得到应有的重视，由此出现了学生的听、说、读、看、写等语言技能发展不平衡的现象。在教学方法上，语法、词汇模块的教学以教师讲授，学生死记硬背并大量做题的被动学习模式为主，课堂缺少互动，学生的兴趣无

① 辜向东、张正川、肖巍：《课改进程中的高中英语教学现状研究》，载《课程·教材·教法》，2011(2)。

法得到有效提高，学生的口头表达、翻译等语言输出性能力由于没有得到应有的关注而无法实现有效提升。这种传统的以教师为中心、以应试教育为主导的英语教学模式影响了中学英语教学效果。

要克服以上问题，有效提高中学英语教学效果，教师应该扮演引导者的角色，科学设计符合认知规律的英语教学活动，引导学生掌握正确的学习方法，自主学习，做到“授人以渔”，因此科学进行中学英语教学设计成为重中之重。李宝荣将教学设计定义为教学前教师对教学进行的研究，以使学生能高效率地开展学习。具体而言就是分析教学对象的特点和知识结构层次，依据分析结果和英语教学基本规律设计教学目标和教学重难点，然后围绕教学目标策划教和学的教学过程，系统规划所要采取的教学策略、教学步骤及使用的教学资源等。教学设计为新课程以学生为主体，以启发、引导为宗旨的教学理念的贯彻与实施提供了科学的方法①。科学进行教学设计，能够有效解决中学英语教学中存在的问题。鉴于以上认识，本书将以《高中课标(2020)》以及《义务课标(2022)》中提出的英语学科核心素养、课程内容六要素及英语学习活动观等理念为理论依据，以提高教师英语教学活动设计的能力为目的，以词汇教学、语法教学、阅读教学、听说教学、写作教学的教学模块探讨中学英语教学设计策略，同时辅以具体的教学案例，达到有效提高中学英语教师教学设计能力的目的，实现《高中课标(2020)》和《义务课标(2022)》所提出的英语课程目标。

本书的内容设计紧扣《高中课标(2020)》以及《义务课标(2022)》的思想和理念，以提高学生的语言能力、文化意识、思维品质和学习能力为主要目标，科学设计融主题语境、语篇类型、语言知识、文化知识、语言技能和学习策略为一体的教学活动，以实现中学英语课程的总目标。

第二节　中学英语教学设计的原则

中学英语教学设计应具有科学性、实践性、系统性的原则。

一、科学性

教学设计以教学效果最优化为目的，对教学过程进行科学研究和设计，是

① 李宝荣:《中学英语教学设计优化策略》，2 页，北京，北京师范大学出版社，2016。

保证一门课有效进行的前提和基础。进行教学设计必然要基于一定的教学理论、方法和科学知识。语言习得(尤其是第二语言习得)、外语教学、认知科学、认知心理学、语言学等学科的理论思想为中学英语教学提供了科学的理论指引,《义务课标(2022)》及《高中课标(2020)》凝练了各学科领域的思想，并用更为通俗的语言阐释了新时代义务教学阶段以及高中阶段英语教学的要求、指引思想以及实践路径。本书将以上述思想为指导，科学设计英语教学活动，在教学中实现新课标所提出的教学理念。

二、实践性

按照英语学习活动观的观点，中学英语教学应以教学活动为主要载体，在具体的活动中开展。课堂教学活动不是无序、杂乱无章的。教学活动发生在情境之中，由很多次活动构成，这些活动构成了一个连贯的过程。教师要起统领的作用，设计和当前教学情境相适应、实践性强、可操作的教学活动，而非纸上谈兵。教学设计的最终目的是服务学生，服务教学。因此在设计时教师需要根据教学内容以及学生的认知、年龄、心理特点，采取相应的教学方法，关注教学活动的落实情况。本书的教学设计注重情境，教学活动的设计基于真实或类似真实的情境，教学内容取材于中学英语教材，以教材中各个板块的语言项目为基点，设计融语言、交际、社会文化为一体的情境，在语境中开展听、说、读、看、写等语言实践活动。

三、系统性

教学的不同维度都自成系统，同时，这些系统相互关联，共同发挥作用，并有效地促进教学活动的顺利开展。首先，教学中的各个要素，如教师、学生、教材及其他教学组成部分构成了一个整体的系统，这些要素缺一不可。其次，教学作为一个有机连贯的系统，要求教师在进行教学设计时，认识到各个教学环节之间的有机关联和衔接，这样才能保证教学活动持续有效地展开。最后，按照现行的中学英语教材编排要求，中学英语教学分阅读、语法、写作、听说等不同的模块。这些模块看似各自分离，实际相互关联，因此在进行教学设计时，教师不仅需要从微观上设计符合各个模块特点的教学活动，而且要从宏观上对具体的教学单元中的各个教学板块的内容进行统筹把控，保证各个教学板块的教学活动之间的有效关联，从而使学生的语言技能以及思维能力等综合素质都能得到有效提升。

第三节　中学英语教学设计的基本要素和要求

鲁子问等对教学设计的定义为：从教师的教学实践来看，教学设计是一种基于现代学习理论的现代教育技术，是教师基于对学习者特征等学习需求进行分析，设计教学目标、教学过程、教学策略、教学技术，并进行评价反馈，以进行教学准备的过程。鲁子问等界定了教学设计的三个基本部分：分析、设计和评价。其中分析包括学习需求分析、学习者分析、学习内容分析，设计包括教学策略设计、教学过程设计、教学技术设计，评价包括确定学习成效评价标准与方法、形成性评价以及总结性评价。[①] 针对中学英语教学，本书将主要对初、高中生的认知特点以及教学设计的特点做出综述。

一、初、高中生认知特点分析

初中生和高中生处于不同的年龄阶段，因为生理、心理、学习环境、教育程度等方面有很多的不同，故具有不同的认知特点。初、高中生认知特点的差异如下。

第一，在学习兴趣方面，和初中生相比，高中生的学习兴趣更易被激活和培养。在初中阶段，学生的心理发展不稳定，心智相对而言不成熟，在学习中对家长和教师的依赖较强，常常视教师为权威，不能形成自己的学习风格。这种被动的学习方式使得很多初中生不能有效掌握学习方法。高中生的智力水平接近成人的高峰状态，具有较强的探索和求知欲，学习动机明确，学习兴趣很容易被激活，在学习中乐于发挥主观能动性进行探索。

第二，在认知风格和思维方式上，高中生的理性认识和思维逐渐占上风，取代感性思维、感性认识，思维方式亦呈现出由形象向抽象转变的特征。从认知风格上来看，初中生处于少年期，心理发展还不成熟，抽象的逻辑思维虽然开始占优势，但是在很大程度上还属于经验性思维，他们的逻辑思维需要感性经验的支持，认识事物一般依靠感官获得感性信息；而高中生具备对感性信息进行加工，从而获得理性认识的能力，他们能够通过现象认识到事物的本质特点。从思维方式上来看，初中生和高中生也具有较大差异。初中生感性认识为主导的认知特点决定了初中生的思维方式为简单的形象思维，而高中生接受的

① 鲁子问、康淑敏：《英语教学设计》，6 页，上海，华东师范大学出版社，2008。

信息增多，知识面大为拓展，思维方式由具体、形象思维向抽象、发散思维转变。

第三，在创新能力方面，和初中生相比，高中生批判性思维能力和创新性思维能力明显优于初中生。高中生接触的社会面比较广阔，获得信息的途径更多样，他们的独立生活以及社会适应能力较初中生强。在学习上，高中生具有批判性思维能力、创新能力和自主学习能力。

可见，初、高中生在认知心理上和知识结构上具有明显差异。但是在现实中，我国初、高中属于彼此独立的两个学段，初、高中的教学环境、师资水平、教材、教学内容设置等方面都具有各自的特点。比如，在“双减”背景下，初中英语教学改革的宗旨为减负，减少教学内容，而高中英语改革的导向则是增加教学的广度和深度；初中英语的语法点比较分散，而根据《高中课标(2020)》的要求，高中学生需要掌握庞杂的英语语法体系以及大量的词汇。高中英语学习的难度远远高于初中英语学习。这种现实导致很多初三学生进入高中后，感觉无所适从，出现负面心理。许多新生进入高中后，发现高中有很多情况不同于初中，这些不同既会使他们感到新鲜刺激，也会使他们在学习上和生活上感到不同程度的焦虑和彷徨。因此教师在进行教学设计时，需要充分考虑到初、高中生不同的心理和知识结构，做好初、高中教学的过渡和衔接工作，通过采取恰当的教学策略等手段，实现从初中英语教学模式到高中英语教学模式的顺利过渡，使学生尽快适应高中英语教学。

二、初、高中生的英语学习内容分析

关于义务教育阶段的英语课程内容及其实施，《义务课标(2022)》指出，英语课程内容由主题、语篇、语言知识、文化知识、语言技能和学习策略等要素构成，并通过学习理解、应用实践、迁移创新等活动，推动学生核心素养在义务教育过程中持续发展。《高中课标(2020)》对学科核心素养的定义为：学科核心素养是学科育人价值的集中体现，是学生通过学科学习而逐渐形成的正确价值观、必备品格和关键能力。英语学科核心素养主要包括语言能力、文化意识、思维品质和学习能力。英语课程内容六要素以及英语学习活动观分别构成了实现英语学科核心素养的基础和实现课程目标的教学方式，为促进学生英语学科核心素养的发展、实现课程目标提供了有效保证，指明了课程目标实现的有效途径。

在课程内容的设置上，为改变过去碎片式、模块化、以应试为目的的教学方式，《高中课标(2020)》提出了由主题语境、语篇类型、语言知识、文化知识、语言技能和学习策略六个要素构成的课程内容。[①] 主题语境涵盖各类话题和语境，涉及社会科学和自然科学领域等；语篇类型包括口头和书面语篇以及不同的文体形式，为语言学习提供文体素材；语言知识涵盖语音知识、词汇知识、语法知识、语篇知识和语用知识，是构成语言能力的重要基础；文化知识涵盖古今中外的物质文明知识以及精神文明知识，有助于学生形成跨文化意识、人文涵养和科学精神，坚定文化自信；语言技能包括听、说、读、看、写等理解性技能和表达性技能；学习策略则指学生在学习过程中形成的元认知策略、认知策略、交际策略、情感策略等，是发展自主学习和终身学习能力的必备条件。和将英语学习分为不同语言模块的分割式教学不同的是，课程内容的六个要素是一个相互关联的有机整体，所有的语言学习活动都应该融合这六个要素，即所有的语言学习活动都应该在一定的主题语境下进行，学生围绕某一具体的主题语境，基于不同类型的语篇，在解决问题的过程中，运用语言技能获取、梳理、整合语言知识和文化知识，深化对语言的理解，重视对语篇的赏析，比较和探究文化内涵，汲取文化精华；同时，尝试运用所学语言创造性地表达个人意图、观点和态度，并通过运用各种学习策略，提高理解和表达的效果[②]。

在教学方式上，《高中课标(2020)》倡导指向学科核心素养发展的英语学习活动观和自主学习、合作学习、探究学习等学习方式。具体而言，“英语学习活动观是指学生在主题意义引领下，通过学习理解、应用实践、迁移创新等一系列体现综合性、关联性和实践性等特点的英语学习活动，使学生基于已有的知识，依托不同类型的语篇，在分析问题和解决问题的过程中，促进自身语言知识学习、语言技能发展、文化内涵理解、多元思维发展、价值取向判断和学习策略运用。这一过程既是语言知识与语言技能整合发展的过程，也是文化意识不断增强、思维品质不断提升、学习能力不断提高的过程”[③]。活动是英语教学的主要形式和载体，是实现课程内容的主要途径。教师应该设计不同类型的符合中学生认知规律的听、说、读、看、写等活动，让学生在活动中主动探究意义，促进语言知识的获得、文化素养的提升以及思维品格的发展。

---

① 教育部：《普通高中英语课程标准(2017 年版 2020 年修订)》，12 页，北京，人民教育出版社，2020。

② 教育部：《普通高中英语课程标准(2017 年版 2020 年修订)》，12~13 页，北京，人民教育出版社，2020。

③ 教育部：《普通高中英语课程标准(2017 年版 2020 年修订)》，13 页，北京，人民教育出版社，2020。

可见，英语学科核心素养、英语学习活动观、英语课程内容六要素这三大核心理念贯穿于《义务课标(2022)》以及《高中课标(2020)》之中，也为本书提供了纲领性的科学指导原则。在教学设计中，本书视科学有效的英语学习活动为英语课堂教学的基本组织形式，以外语教学、教育心理学、认知科学等领域的前沿理论为指导，精心设计具有实践性、科学性的学习活动，在具体的情境和活动中落实课程目标的主要内容，全面有机整合课程内容六要素，最终实现英语学科核心素养的发展。

三、中学英语教学设计新要求

和传统的中学英语教学相比，《义务课标(2022)》及《高中课标(2020)》对中学英语提出了新的要求，主要表现在教学理念、教学内容、教学实施等方面，具体如下。

第一，教学理念上，《义务课标(2022)》提出了通过践行英语学习活动观来发展学科核心素养的教学理念。传统英语教学中，语音、词汇、语法、阅读等板块彼此分离，教师侧重词汇、语法和阅读教学，与之不同的是，新课标下的课程内容是综合的、整合式的、一体的。课程内容的六个要素是一个相互关联的有机整体。学生在一定主题下开展语言学习活动，在活动中探寻语言意义，发展语言技能，获得语言知识和文化知识，培养思维能力。这样的教学观关注语言形式、内容、意义和功能等多个维度，更加重视培养学生在真实情境中使用现实语言进行交际的能力。英语学习活动观的学理基础为社会语言学、认知语言学、建构主义、教育心理学等。这一路径重视语言和认知、语言和社会文化、语言和社会功能、语言和学习者心理之间的关联。核心素养侧重对学生的语言能力、文化意识、思维品质和学习能力的综合、全面的培养，对学生的语言能力的提高、文化意识的发展、思维品质的培养以及自主学习、合作学习、探究学习等学习能力的培养提出了更高的要求。

第二，教学内容上，《义务课标(2022)》提出了义务教育阶段的总目标，即发展语言能力，培育文化意识，提升思维品质，提高学习能力。《高中课标(2020)》指出：普通高中英语课程的具体目标是培养和发展学生在接受高中英语教育后应具备的语言能力、文化意识、思维品质、学习能力等学科核心素养。这四个目标由浅到深，层层递进，互相促进。其中，语言能力目标最为具体和可视化，是所有目标的基础，只有在具备基本的听、说、读、看、写等语言能力的基础上，其他目标的实现才具有了可能。语言和文化联系紧密，语言是文化的组成部分，语言是文化的表征形式之一。在英语学习中，跨文化知识的获得和跨文化意识的培养是语言交际成功进行的先决条件之一，学生需要具备一定的跨文化沟通能力，这样才能保证语言使用的顺利进行。思维品质目标和学生的高层次认知能力有关。学生应该具备感知、梳理、概括、建构、分析、推断信息的能力，这对于语言学习必不可少。除此以外，学生还应该具备学习能力，树立正确的英语学习观，保持对英语学习的兴趣，具有明确的学习目标，能够多渠道获取英语学习资源，有效规划学习时间和学习任务，选择恰当的策略与方法，监控、评价、反思和调整自己的学习内容和进程，逐步提高使用英语学习其他学科知识的意识和能力①。可见，新课标下的英语教学形成了一个系统、综合的融语言、交际、文化、社会、思维为一体的学习体系，英语课程内容六要素有机关联，任何一方面的提高都不能脱离另一方面的参与，教师需要设计综合性的教学活动，推动课程内容六要素的协同发展。

第三，教学实施上，新课标提出了课程内容的落地路径，即英语学习活动观。基于对英语学习活动观的解读，在教学实施中，我们提出以下几点建议：首先，教师应以语言使用情境为基础，重视语言交际功能，培养学生的语言综合运用能力。教师基于主题意义开展情境化教学，重视语言的交际功能，引导学生在具体情境中有效运用词汇、语法、语用知识进行书面或口头表达，实现语言的交际功能；并且引导学生识别语篇信息，对语篇结构进行提炼概括，熟悉不同文本的语篇特征，以培养学生的语篇意识。比如，在词汇学习上，教师可以设定特定的、真实或者类似真实的语境，让学生在语境中习得和掌握词汇的语义和语用知识。在句法学习上，学生除了掌握基本的句法知识外，还应该习得具体句式所适用的具体语境和话题。在阅读教学过程中，学生除了读懂语篇的主题意义外，还需要学习语篇知识，概括各类语篇的共性特征，对语篇的内部结构进行解析。其次，教师要在跨文化的视域下开展语言教学，拓展学生的文化视野。在教学过程中教师应重视对学生文化意识的培养，加强学生对英语国家文化的了解，并在此基础上让学生认识中西方文化、价值观的异同，使学生具有中国文化情怀，以及一定的跨文化知识和传播中华文化的能力。再次，教师在教学过程中应注重语言输入和输出的理解认知过程，重视学生感悟、理解、分析等思维能力的培养。在过去的英语教学中，在应试的压力下学生往往机械式地学习，期望在短时期内实现考试对内容的全面覆盖。这样的教学模式和人类认知加工规律背道而驰，不利于语言的学习。另外，速成式的学

① 教育部：《普通高中英语课程标准（2017 年版 2020 年修订）》，6 页，北京，人民教育出版社，2020。

习往往忽视了对语言的情感体验，学生自身的分析、理解能力和思维品质不能提高。最后，提高学生英语学习兴趣，培养学生的学习能力。所有教学活动的设计都要重视学生英语学习兴趣的培养和提高，教师应充分利用数字化资源，教会学生学习英语的方法，引导学生形成适合自己的学习策略，培养学生的学习能力，为自主学习、终身学习打下坚实基础。

本章小结

本章概述了中学英语教学设计，在回顾和梳理当前中学英语教学现状的基础上阐释了进行科学教学设计的必要性，总结了中学英语教学设计的特点，从初、高中生学情出发，阐释了中学英语教学设计的基本要素，并基于新课标提出了中学英语教学设计新要求。

思考题

1. 当前中学英语教学的现状是什么？存在哪些待改进之处？

2. 教学设计的内涵是什么？英语教学设计具有什么样的特点？怎样科学地进行英语教学设计？

3.《义务课标(2022)》以及《高中课标(2020)》对中学英语教学设计提出了什么样的要求？

4. 初中英语教学和高中英语教学各自具有什么样的特点？

推荐阅读

[1]李宝荣. 中学英语教学设计优化策略[M]. 北京：北京师范大学出版社，2016.

[2]鲁子问，康淑敏. 英语教学设计[M]. 上海：华东师范大学出版社，2008.

[3]鲁子问. 中学英语教学设计[M]. 上海：华东师范大学出版社，2019.

第二章　英语教学设计理论指引

章前导语

《义务课标(2022)》以及《高中课标(2020)》为本书提供了理论指引，本章我们将在对课标所提出的重要理论指引进行解读的基础上提出本书所遵循的基本理念，并重点阐释三个核心概念：英语学科核心素养、英语学习活动观、英语课程内容六要素。学科核心素养是学生在接受相应学段的教育过程中应该具有的适应个人终身发展和社会发展所需要的正确的价值观、关键能力和必备品格。英语学科核心素养主要包括语言能力、文化意识、思维品质和学习能力四个方面。《高中课标(2020)》将主题语境、语篇类型、语言知识、文化知识、语言技能、学习策略的课程六要素内容整合为一体，形成了六要素整合模式下的英语课程内容，是发展学生英语学科核心素养的基础，而英语学习活动观则是完成课程内容的落地路径。

通过本章的学习您将能够：

了解中学英语教学设计的理论指引；

洞悉新课标核心理念的基本内涵。

第一节　英语教学设计理论背景

本书以《高中课标(2020)》以及《义务课标(2022)》的基本理念为理论指引。作为纲领性的教学文件，课程标准对中学英语课程目标、课程标准、课程内容、课程实施、课程考核等进行了详细的规定，明确了新时代背景下中学英语教学的定位，界定了新的形势下中学英语教学的培养目标，优化了中学英语课程结构，提出了科学可行的教学理念，明确了实现课程培养目标的落地途径。

《高中课标(2020)》提出了英语学科核心素养的概念，根据英语学科核心素养的具体内容重新架构了中学英语课程内容，提出了以主题为引领、情境化的英语课程内容，以促进学科核心素养的发展和实现课程目标。《高中课标

(2020)》还制定了相应的学业质量标准，其内容对英语教学实施、学生考核具有很强的指导性和操作性。

《高中课标(2020)》明确提出普通高中的培养目标是进一步提升学生综合素质，着力发展核心素养，使学生具有理想信念和社会责任感，具有科学文化素养和终身学习能力，具有自主发展能力和沟通合作能力[①]。《高中课标(2020)》还阐释了高中英语课程的五个基本教学理念：第一，发展英语学科核心素养，落实立德树人根本任务；第二，构建高中英语共同基础，满足学生个性发展需求；第三，实践英语学习活动观，着力提高学生学用能力；第四，完善英语课程评价体系，促进核心素养有效形成；第五，重视现代信息技术应用，丰富英语课程学习资源。

《义务课标(2022)》也围绕英语学科核心素养这一概念，确立了“发展语言能力；培育文化意识；提升思维品质；提高学习能力”的课程总目标。[②]中学英语教学根本任务是发展学生的语言能力、文化意识、思维品质和学习能力等英语学科核心素养，落实立德树人。

通过对上述基本理念进行分析我们可以发现，新课标的基本教学理念都围绕发展英语学科核心素养而提出。普通高中英语课程应做到和初中英语课程的有机衔接，必修课程应该满足所有学生的需求，搭建英语学科核心素养的共同基础。选修课程的开设则应该兼顾到学生的个性需求。在课程内容实现方式上，新课标提出了英语学习活动观这一观念，明确指出具有综合性、关联性和实践性特点的英语学习活动是学生核心素养提高的途径和方式。在评价上，新课标指出应对学生的学习采取多元评价方式，以促进学生英语学科核心素养的形成及发展为目标。在学习资源开发方面，新课标指出，融合了现代信息技术的英语课程学习资源可以为学生英语学科核心素养的提高提供坚实的基础。在新课标的核心概念中，英语学科核心素养的提高是目的，而英语课程内容和英语学习活动观则是达到这一目的的落地途径。

---

① 教育部：《普通高中英语课程标准(2017 年版 2020 年修订)》，3 页，北京，人民教育出版社，2020。

② 教育部：《义务教育英语课程标准(2022 年版)》，5～6 页，北京，北京师范大学出版社，2022。

第二节　新课标的几个核心观念

一、英语学科核心素养

随着基础教育改革的推进和发展，我们对素质教育进行了反思，试图回答“教育应该培养什么样的人”，把关注点从学生学习成绩的提高转移到学生的全方位发展。因此，过去三十多年，在中国教育界，素质教育一直是一个老生常谈的话题，上至国家决策层面，下至学校、家长，都提倡素质教育。什么是素质教育？应该培养学生哪些方面的素质？素质教育的本质和目标是什么？

（一）核心素养的提出

核心素养是世界各国为了描述和定义学生的个人关键能力而发展和制定的人才培养标准。作为素质教育的升华和拓展，发展学生核心素养越来越受到人们的重视，核心素养构成了素质教育的新发展和新阶段，成为近年来颇受人们关注的话题。

核心素养在不同的语境中有不同的内涵。经济合作与发展组织（以下简称“经合组织”）于 1997 年启动了“素养的界定与遴选：理论和概念基础”（Definition and Selection of Competencies: Theoretical and Conceptual Foundations）项目，并于 2003 年通过并公布《核心素养促进成功的生活和健全的社会》（Key Competencies for a Successful Life and a Well-functioning Society）这一报告。该报告将一个人需具备的关键能力表述为：素养不仅仅包括知识和技能，还涉及在特定环境中利用和调动心理资源（包括技能和态度）以满足复杂需求的能力。①

在经合组织所制定的核心素养框架内，核心素养分为三类：第一类为“互动地使用工具”的能力（包括互动地使用语言、符号及文本的能力，互动地使用知识和信息的能力，互动地使用科技的能力）；第二类指“在社会异质群体中互动”的能力（包括与他人建立良好关系的能力、合作的能力、控制与解决冲突的能力）；第三类为“自主行动”能力（包括在复杂大环境中行动的能力，设计人生规划与个人计划的能力，以及维护权利、利益、限制与需求的

① 李箭、周海明：《基于学科核心素养的英语教学课例研究》，4 页，上海，华东师范大学出版社，2019。

能力）。[①]

美国在 2002 年制定了 21 世纪核心素养框架，并在 2007 年对此框架进行了修订。[②] 这一核心素养框架更加注重满足 21 世纪的职场需求，所列出的十大核心素养和职场需求紧密契合，规定了学生在新时代职场生活中需要掌握的技能和知识。

2002 年，欧盟发布了《知识经济时代的核心素养》这一报告，第一次明确使用了“核心素养”一词。2008 年欧盟委员会对核心素养的阐释为：素养并不限于认知能力（包括使用理论、概念或隐性知识的能力），素养还具有功能属性（包括技术和技能）、人际关系属性（如社交和组织能力）及道德属性。[③]

在 2005 年发布的《核心素养：欧洲参考框架》（Key Competence：A European Reference Framework）中，欧盟委员会提出了八项核心素养，包括“使用母语交流的能力”“使用外语交流的能力”“数学素养与科学素养”“数字化素养”“学会学习”“社会和公民素养”“主动与创新意识” “文化意识与表达”，为其成员国进行教育和培训改革提供了可参照的框架体系。[④] 欧盟所提出的核心素养体系关注各学科之间的关联，倡导在各学科互动下共同促进核心素养发展。这里的核心素养既包括具体的学科知识，也包括具体的学习技能、学习态度和学习意识，且该核心素养框架的制定旨在促进个体积极参与终身学习。

（二）我国核心素养的提出和推进

在我国，核心素养的概念是在顺应世界范围内的教育改革趋势，积极应对时代挑战的背景下提出的。核心素养是素质教育在新时代的升华和发展。核心素养的提出为教育目标的制定以及教学实践的实施指明了可行的道路。

2013 年，受教育部委托，北京师范大学和国内其他相关高校组成课题组，共同承担了“我国基础教育和高等教育阶段学生核心素养总体框架研究”项目，历时三年，该课题组于 2016 年公布了中国学生发展核心素养的总体框架与基

---

① 师曼、刘晟、刘霞等：《21 世纪核心素养的框架及要素研究》，载《华东师范大学学报（教育科学版）》，2016（3）。

② 李箭、周海明：《基于学科核心素养的英语教学课例研究》，4 页，上海，华东师范大学出版社，2019。

③ 李箭、周海明：《基于学科核心素养的英语教学课例研究》，4 页，上海，华东师范大学出版社，2019。

④ 李箭、周海明：《基于学科核心素养的英语教学课例研究》，4 页，上海，华东师范大学出版社，2019。

本内涵①。中国学生发展核心素养，以科学性、时代性和民族性为基本原则，以培养“全面发展的人”为核心，分为文化基础、自主发展和社会参与三个方面。

1. 文化基础

文化基础构成了核心素养的基础之一，是“人存在的根和魂”，主要包含人文底蕴和科学精神两个维度。人文底蕴主要是学生在学习、理解、运用人文领域知识和技能等方面所形成的基本能力、情感态度和价值取向。具体包括人文积淀、人文情怀和审美情趣等基本要点。科学精神主要是学生在学习、理解、运用科学知识和技能等方面所形成的价值标准、思维方式和行为表现，具体包括理性思维、批判质疑、勇于探究等基本要点。

文化基础具有工具性的特点，是个人在社会生存、发展的根基。人文底蕴强调和关注个人具体知识和技能的获得，是个人在社会上生存必备的能力。科学精神关注个人心理、情感、认知的发展。人文底蕴和科学精神互相依赖，互相促进。人文情怀和审美情趣的培养离不开科学精神，科学精神的培养也建立在一定的人文底蕴之上。

2. 自主发展

自主发展强调发挥个体的主体性，即能有效管理自己的学习和生活，认识和发现自我价值，发掘自身潜力，有效应对复杂多变的环境，成就出彩人生，发展成有明确人生方向、有生活品质的人。

自主发展主要包含两个维度：学会学习和健康生活。学会学习主要是学生在学习意识形成、学习方法选择、学习进程评估调控等方面的综合表现。具体包括乐学善学、勤于反思、信息意识等基本要点。健康生活主要是学生在认识自我、发展身心、规划人生等方面的综合表现。具体包括珍爱生命、健全人格、自我管理等基本要点。自主发展对个人持续发展、终身学习、自主学习、综合全面发展提出了新要求，为实现个人健全发展提供了指引。

3. 社会参与

社会参与关注个人和社会群体的关系，强调个人和集体的互动，凸显人的社会属性的重要性。社会参与重在强调能处理好自我与社会的关系，养成现代公民所必须遵守和履行的道德准则和行为规范，增强社会责任感，提升创新精神和实践能力，促进个人价值实现，推动社会发展进步，从而发展成有理想信念、敢于担当的人。社会参与包括责任担当和实践创新两个维度。其中，责任

① 核心素养研究课题组：《中国学生发展核心素养》，载《中国教育学刊》，2016（10）。

担当指学生在处理与社会、国家、国际等关系方面所形成的情感态度、价值取向和行为方式。责任担当具体包括社会责任、国家认同、国际理解等基本要点。实践创新指学生在日常活动、问题解决、适应挑战等方面所形成的实践能力、创新意识和行为表现。实践创新具体包括劳动意识、问题解决、技术应用等基本要点。

（三）核心素养的特点

我国的核心素养强调科学精神在知识学习和运用中的作用，在重视个人价值，关注个人发展的同时强调个人的社会属性，认为个人价值的实现离不开社会参与，两者互相关联。同时，个人发展需要具备自主学习能力，这样，终身持续学习才能成为可能。纵观全球范围内的核心素养，我们将核心素养的特点总结为：创新性、实践性、情境化。

创新性是时代发展的要求，是国家和社会持续发展的动力。创新素养是学生必备的素质之一。虽然各国对核心素养的定义以及具体要求在细节上有差异，但“创新”“批判”都是基本的要素，如“学习与创新技能”就是美国三大技能之一。可以说，创新贯穿于核心素养体系中。《高中课标（2020）》的修订原则之一为“坚持反映时代要求。反映先进的教育思想和理念，关注信息化环境下的教学改革，关注学生个性化、多样化的学习和发展需求，促进人才培养模式的转变，着力发展学生的核心素养。根据经济社会发展新变化、科学技术进步新成果，及时更新教学内容和话语体系，反映新时代中国特色社会主义理论和建设新成就”①。这就要求我们将创新、改革融入教学之中，根据时代的变化及时调整教学内容，以适应瞬息万变的社会发展。同时，在课堂中也要注重培养学生的创新意识，发展创新思维。

核心素养具有实践性特征。核心素养这一理念的提出主要是为了满足基础教学改革的需要，为深化和推进教育改革而服务。核心素养中的素养不同于基础的读、写、计算、理解能力，不局限于具体的知识或技能，而是个体具有的处理真实复杂的日常工作、生活实际问题的能力。核心素养的培养应该基于真实的情境，同时在具体的实践中得以体现。因此要发展学生核心素养，必然要重视实践的重要性。在具体的情境中，个体应综合运用知识或技能，探究问题，解决问题，实现素养的培养和发展。

作为英语课程内容之一的语言技能是语言运用能力的重要组成部分，也是

① 教育部：《普通高中英语课程标准（2017 年版 2020 年修订）》，2～3 页，北京，人民教育出版社，2020。

语言教学的重点。而听、说、读、看、写等语言技能的提高离不开语言实践活动。在听、说、读、看、写等活动中，学生的语言能力、文化意识、思维品质和学习能力得以提升。在英语教学中，听、说、读、看、写等语言训练及语言实践活动的开展尤为重要。

核心素养还具有情境化特征。当今社会日新月异，充满变革和创新，数字化发展迅速，由此不断衍生出新的工作和生活情境，这就要求身处其中的个体不断学习、发展，同时运用自己的心理资源，正确有效地处理在具体社会情境中所出现的新问题，适应新变化。在教学中教师也要注重情境的重要性，应该精心设计教学情境，让学生直观地获得心理感受，在情境中学习，在情境中实践。

英语课程内容六要素之一为主题语境，包括“人与自我”“人与社会”“人与自然”三大主题语境以及相应的主题群和子主题，这些子主题几乎包括了所有的语境。对语篇主题意义的探究构成了英语学习的重要内容。在教学中，教师应该尽可能在这三大主题语境框架下设置教学主题，建构贴近生活的真实情境，设计有效的教学活动，引导学生探索主题意义，正确领会主题语境中所渗透的情感、态度和价值观，在教学中增强学生的语用和语境知识。

(四)英语学科核心素养

学生发展核心素养主要是指学生应具备的，能够适应终身发展和社会发展所需要的必备品格和关键能力。① 学生核心素养的形成和发展，均需以具体的学科核心内容和学科核心活动为载体，通过精心设计的教学活动来促进。

英语学科核心素养是核心素养在英语学科中的具体化。《高中课标(2022)》的基本理念之一为“发展英语学科核心素养，落实立德树人根本任务”，具体来说，“普通高中英语课程具有重要的育人功能，旨在发展学生的语言能力、文化意识、思维品质和学习能力等英语学科核心素养，落实立德树人根本任务。实施普通高中英语课程应以德育为魂、能力为重、基础为先、创新为上，注重在发展学生英语语言运用能力的过程中，帮助他们学习、理解和鉴赏中外优秀文化，培育中国情怀，坚定文化自信，拓展国际视野，增进国际理解，逐步提升跨文化沟通能力、思辨能力、学习能力和创新能力，形成正确的世界观、人生观和价值观”。②

---

① 核心素养研究课题组：《中国学生发展核心素养》，载《中国教育学刊》，2016(10)。

② 教育部：《普通高中英语课程标准(2017年版2020年修订)》，2页，北京，人民教育出版社，2020。

语言能力既包括具体的方面，也包括抽象的方面，前者指的是通过听、说、读、看、写等方式进行语言理解和语言表达，后者是学习者在语言运用过程中所形成的语言意识和语感。文化意识重点在于在跨文化的视野下理解各国文化内涵，比较异同，汲取精华，尊重差异，旨在指引学生塑造正确的价值观和文化认同感，增加文化自信和家国情怀。思维品质重点在于促进学生心智的发展，包括培养学生的逻辑思维、批判性思维、创新性思维能力。英语学习中思维品质的提升还包括正确引导学生从跨文化视野对事物形成正确的判断。学习能力重点在于培养学生形成正确的英语学习策略，教学生学会学习、善于学习、善于运用各种英语学习资源，提高学生的英语学习兴趣和英语学习效率，最终实现自主学习和终身学习。

英语学科核心素养的四个维度相互关联、互相促进、层层递进。培养和发展学生的语言能力、文化意识、思维品质、学习能力等学科核心素养构成了中学英语课程的具体目标。英语学科核心素养对中学英语教学提出了更高的要求，中学英语教学的目的不仅仅是语言知识的学习，还包含学生文化素养的培养、心智水平的提高以及自主学习能力的培养。

英语学科核心素养的提出顺应了语言科学以及外语教学的发展，具有坚实的理论基础，是学生在经过学习后具备的学科能力。基于理论出发点的不同以及构建语言理论的需求，不同的学者对语言能力有不同的界定。乔姆斯基(N. Chomsky)提出了语言能力(competence)和语言运用(performance)的概念。[①] 在乔姆斯基的理论体系中，语言能力是一个理想化的语言使用者所具有的生成和理解语言的潜能，它是一套人类天生就具有的内化的语言体系，是我们大脑具备的基本能力之一。乔姆斯基认为人天生就具有学习语言的能力，他称之为语言习得机制(language acquisition device, LAD)，这种机制是由一套语法规则构成的，这套语法规则即普遍语法(universal grammar, UG)。语言能力使得语言习得者能够理解和产出语法正确的句子。语言运用是在具体使用环境下的语言实际呈现，如果说语言能力是知识，那么语言运用则是知识的运用。人们对语言的使用所形成的实际呈现构成了语言运用，语言运用是语言能力在实际交际中的表现。

乔姆斯基所称的语言能力是一种理想状态下的语言心理知识和状态。针对乔姆斯基对语言能力和语言运用的定义，社会学家海姆斯(Hymes)提出了交际

① Chomsky, N., *Aspects of the Theory of Syntax*, Cambridge, The MIT Press, 1965, p. 296.

能力的概念，为语言能力增加了社会文化的维度，即语言交际能力。[①] 他认为，乔姆斯基理论框架下的语言能力忽视了语言的社会文化因素。除了合乎语法，语言使用还需要遵循社会规则。儿童所习得的不仅仅是语法正确的句子，还应该是语用恰当、适合交际情境的句子，这种语言使用能力为“交际能力”。交际能力应该体现出“语法性、可行性、得体性和现实性”这四个标准。语言能力不仅仅包括语法能力，即生成语法正确的句子，还包括具备社会文化知识，即在恰当的语境下正确使用语言的能力。

近年来，随着认知功能语言学的发展，很多学者开始关注语言的认知加工过程。按照认知语法的观点，语义就是概念化。[②③] 概念化指涉人类大脑的各种认知加工活动，语言的识解操作在语义形成中起重要作用。对语义的探索离不开对语言加工概念化过程的探索。

鉴于此，很多学者提出了概念能力(conceptual competence)和概念表现(conceptual performance)这一对术语，试图在对语言的考察中纳入人类认知的维度。[④⑤] 其中，戴炜栋等人从认知语义学(cognitive semantics)的角度出发，提出了元认知力(metacognition)的概念。元认知力是存在于人们头脑中的内在概念结构，是概念能力的基础。具体地说，每个人大脑中都内在地掌握了本族语的概念结构，并具有使用该概念结构进行思维的能力，从而能正确地生成(generate)和解释(interpret)语言信息。这种概念能力实际上是一种语言感（a sense of language)，或者说是一种语言直觉(linguistic intuition)。鉴于人类的具身体验在语言形成中的作用，语言不可避免地具有文化的烙印，说不同语言的人具有不同的语言概念能力。对于外语学习者来讲，他们大脑中关于目标语的概念能力是空缺的，因此需要在后天语言学习中获得。

综上所述，要想成为一个成功的语言交际者，个体需要获得的不仅仅是语言知识、语言技能，还需要具备目标语的语感，形成目标语的语言意识和文化

---

① Hymes, D., “On Communicative Competence”, in PRIDE, J. B., Holmes, A., *Sociolinguistics: Selected Readings*, Hamondsworth: Penguin, 1972, pp. 269-293.

② Langacker, R. W., *Foundations of Cognitive Grammar (Vol. I): Theoretical Prerequisites*, Stanford: Stanford University Press, 1987, p. 99.

③ Croft, W., Cruse D. A., *Cognitive Linguistics*, London: Cambridge University Press, 2004, p. 40.

④ Danesi, M., *Second Language Teaching: A View from the Right Side of the Brain*, Dordrecht, Kluwer Academic Publishers, 2003, p. 73.

⑤ 戴炜栋、陆国强：《概念能力与概念表现》，载《外国语》，2007（3）。

意识。同时，语言学习不能脱离具体的语境，包括语篇内语境、语篇外语境以及文化语境。另外，语言学习者还需要具备在具体文化、具体交际场合正确使用语言的交际能力。新课标所提出的英语学科核心素养对学习者提出了具体的学科能力方面的要求，要求学习者具备概念能力、文化意识、语言能力、语言技能以及交际能力。英语学科核心素养的四个要素充分体现了乔姆斯基的“语言能力”[①]、海姆斯的“交际能力”[②]以及戴炜栋等人所提出的“概念能力”[③④⑤]的观点。这一点顺应了当前语言学和认知科学的发展趋势，和认知功能语言学关注语言的认知维度、语言的概念结构和语言的认知加工过程不谋而合。

按照英语学科核心素养的要求，英语学习不仅包括通过听、说、读、看、写等方式进行语言理解和语言表达等具体知识的学习和语言技能的获得，也包括抽象的跨文化意识的培养和语言概念能力、语用能力和交际能力的提高。英语学习的目的还包括培养学生逻辑思维、批判性思维、创新性思维能力以及提高英语学习兴趣和学习能力。

英语学科核心素养的四个要素相互关联、互相融合，涉及英语语言知识、语篇知识、语境知识、语用知识、学习能力等，任何一个方面都是语言学习不可或缺的部分。语言学习应该基于情境，融语言知识、语言技能、语言使用为一体，以提高学生的综合素养为目标。这和传统的碎片化、分散式、分语言模块的语言教学不同，因此教师在学习内容、学习方式、教学效果的评估等方面都应该改变传统的教学理念，实现学生对语言、文化、思维相融合的深度学习。

在学习内容上，以往的英语教学按照语言的层级性特点，将语言学习分为语音、词汇、语法、语篇等不同的板块，这些语言知识板块以及语言技能板块彼此分割，难以形成统一的整体。学生的听、说、读、写、译等语言技能的提高也彼此分离。新课标将主题语境、语篇类型、语言知识、文化知识、语言技

---

① Langacker, R. W., *Foundations of Cognitive Grammar* (*Vol. I*): *Theoretical Prerequisites*, Stanford: Stanford University Press, 1987, p. 99.

② Croft, W., Crues, D. A., *Cognitive Linguistics*, London: Cambridge University Press, 2004, p. 40.

③ Danesi, M., *Second Language Teaching*: *A View from the Right Side of the Brain*, Dordrecht, Kluwer Academic Publishers, 2003, p. 73.

④ 姜孟、周清：《语言概念能力假设与外语学习者的“隐性不地道现象”》，载《外语与外语教学》，2015(4)。

⑤ 戴炜栋、陆国强：《概念能力与概念表现》，载《外国语》，2007 (3)。

能、学习策略这些内容整合为一体，形成了六要素整合模式下的英语课程内容。其中，主题语境包括人与自我、人与自然、人与社会，几乎包括了现实生活中的所有主题和语境；语言知识包括语音知识、词汇知识、语法知识、语篇知识以及语用知识；语言技能包括听、说、读、看、写等语言运用能力；文化知识包括中外优秀人文与科学知识；学习策略包含元认知策略、认知策略、交际策略、情感策略；语篇则指不同的语篇类型，包括口语、书面语以及新媒体语篇。按照新课标的要求，要提高学生的英语学科核心素养，需要整合性地完成对以上课程内容的学习。

那么，教师应该如何完成英语课程内容的教学，促进学科核心素养的提高呢？提高英语学科核心素养的途径是什么？新课标提出了英语学习活动观这一教学理念，教师可通过设计科学、可行的学习活动，激励学生主动探究文本意义，在活动中提高学生的核心素养，实现整合式的学习，以完成英语教学目标。下面我们对英语学习活动观做出深度解读。

二、英语学习活动观

新课标提出了指向学科核心素养发展的英语学习活动观，明确活动是英语学习的基本形式，是学习者学习和尝试运用语言理解与表达意义，培养文化意识，发展多元思维，形成学习能力的主要途径。科学、有效的英语学习活动的开展，使课程内容六要素得以整合，学生的综合能力得以提高，深度学习的效果得以达成，课程总目标得以成功实现。英语学习活动观的提出为变革学生的学习方式、提升英语教与学的效果提供了可操作的途径。教师需要根据具体的教学内容，设计科学、合理、有效的学习活动，这样的教学活动，必须是基于情境的、可操作的、科学的、分层次的、综合的活动。

(一)英语学习活动观的内涵

英语学习活动的设计应以促进英语学科核心素养的发展为目标，围绕主题语境，基于口头和书面等多模态形式的语篇，通过学习理解、应用实践、迁移创新等层层递进的语言、思维、文化相融合的活动，引导学生加深对主题意义的理解；帮助学生在活动中习得语言知识，运用语言技能，阐释文化内涵，比较文化异同，评析语篇意义，形成正确的价值观念和积极的情感态度，进而尝试在新的语境中运用所学语言和文化知识，分析问题、解决问题，创造性地表达个人观点、情感和态度。①

活动是英语学习活动观的核心，何为英语学习活动？新课标提出了三类英语学习活动，即学习理解类活动、应用实践类活动、迁移创新类活动。这三类活动是课堂教学的主要形式，构成了实现课程六要素的基本途径。

学习理解类活动是基于语篇的活动，主要涉及学习者感知与注意、获取与梳理、概括与整合知识的学习活动。这类学习活动主要通过听、说、读等语言感知和理解行为完成。具体来说，在正确识别语篇主题意义的基础上，教师通过问问题，介绍语篇所涉及的社会、文化背景知识等方式引出所学话题，激活学生大脑知识结构中的旧知，引导学生建构新的图式。同时，教师指导学生阅读语篇，并正确识别语篇意义，通过分类、梳理、概括、整合语篇新信息，在旧知识和新知识之间建构有效关联、文本主题意义，识别其文化信息，完成知识的获取、概括和整合。典型的学习理解类活动包括听、说、读等涉及语言理解和感知的活动，在这类活动中，学生需要通过听、说、读的方式正确识别、辨认语言的意义，并能通过归纳、整合、概括等进行组织，形成有效的口头和书面语言表达。

应用实践类活动主要指的是学习者运用语言进行描写与阐释，基于对文本的理解进行推理与判断，内化所学习的语言知识，提高语言运用能力以及自身整体思维能力的活动。和学习理解类活动相比较，应用实践类活动是一种更为深入的学习过程，涉及更为复杂的学习认知过程，因此是一种更高层次的认知思维活动。应用实践类活动以学习理解类活动为基础，在学生正确建构语篇意义，形成新的知识之后，为了巩固新的知识，教师可以要求学生通过描述、阐释、推理、判断等活动(如让学生就新的话题进行辩论，围绕新的主题进行写作)创造性地使用语言，从而将语言知识内化为语言能力。

迁移创新类活动是超越语篇的学习活动，涉及推理与论证、批判与评价、想象与创新等思维活动。该活动是应用实践类活动的升级，旨在提高学习者分析与论证、批判与评价以及想象与创造的能力。如在学习语篇之后，教师可以基于语篇内容，引导学生站在更高的角度，审视语篇的文本特点、语言特征以及作者立场等，发现文本中所流露的文化价值观，识别作者的写作立场和态度，发现文本的文体特征。这样做的目的是引导学生进行独立思考，培养学生的理性思维能力，形成正确的世界观、人生观，提高个人素养和修养。

总的来说，在中学英语教学中，教师应该通过开展各类融语言、文化、思

---

① 教育部：《普通高中英语课程标准(2017 年版 2020 年修订)》，62 页，北京，人民教育出版社，2020。

维为一体的英语学习活动，使用不同的学习策略，让学生练习听、说、读、看、写等语言技能，实现对语篇及语篇主题意义的正确解读。通过这样的方式，学生能够获取文化知识、理解文化内涵、比较文化异同，最终整合性地学习语言知识，进而发展语言技能，提升逻辑思维、批判思维和创新思维能力，汲取中外文化精华，提高自身涵养和内在精神，落实英语学科核心素养。

（二）英语学习活动观的学理基础

在教学中重视活动的作用，这一思想很早就引起了哲学家、心理学家以及教育家的重视。新课标明确提出了指向英语学科核心素养的英语学习活动观，明确指出活动是英语学习的基本形式，也是学习者学习和尝试运用语言理解与表达意义，发展多元思维，培养文化意识，形成学习能力的主要途径。英语学习活动观符合当代哲学、语言学、心理学、教育学发展的新动向，顺应了时代发展，反映了哲学、语言学、教育学发展新动向的教学路径和教学组织方式。王蔷等指出，英语学习活动观的学理基础包括杜威的教育哲学、文化历史发展理论、建构主义理论、认知语言学理论等。[①] 下面我们对英语学习活动观的学理基础做出概述。

1. 杜威的教育哲学

杜威倡导实用主义教育思想，他提出“教学应从学生的经验和能力出发，使学校在游戏和工作中采用与儿童、青年在校外所从事的活动类似的活动形式”[②]。杜威认为，“做中学”就是从经验中学习，或者说从活动中学习。合理有效的活动，尤其是儿童解决问题的活动，可以帮助他们形成分析问题、解决问题的能力。杜威的教育哲学可以总结成“教育即生长”“教育即生活”“教育即经验的不断改造”。杜威认为一切真正的教育都从经验中产生，一切学习都来自经验。

按照杜威所提出的“做中学”的主张，“做”即活动，具有以下特点。

第一，“做”不是任意的、无目的的、杂乱无章的活动，而是由教师分析比较之后设计和组织的具有一定目的的活动。在英语教学中，教师需要熟悉教学背景和教学内容，对教学对象的特点有深刻了解，并针对当前的教学目标，有针对性地设计有序、可行的教学活动。

第二，“做”的目的不是机械地提高某一技能，而是通过活动，发现行为与结果之间的联系。通过“做”，学生会发现行为和结果之间的特定思维联系。

---

① 王蔷、钱小芳、吴昊：《指向英语学科核心素养的英语学习活动观——内涵、架构、优势、学理基础及实践初效》，载《中小学外语教学(中学篇)》，2021 (7)。

② 杜威：《民主主义与教育》，王承绪译，211 页，北京，人民教育出版社，1990。

从这个意义上讲，“做”能够锻炼学生的思维能力，发展学生的心智。教师所设计的活动应该符合学生的身心发展规律，从而培养学生的批判性思维能力。

第三，“做”应该是有意义的，能激起学生兴趣的活动。教师所设计的教学活动，应该有意义、有趣，这样才能有效地调动学生参与学习的积极性，让学生产生积极的思维碰撞。

第四，“做”发生于真实的情境之中，以真实的社会生活为依托。所谓真实的情境，可以是游戏，也可以是真实的工作、生活场景。这样的场景具有现实性和操作性。在语言教学中，教师应该注重创设真实的或者类似真实的语境，让学生在语境中习得语言，全面提高学生的语用能力和语言交际能力。

按照杜威所倡导的实用主义教育思想，“做”和“学”是互相关联、不可分割的。我们应该摒弃过去那种教师在课堂上“满堂灌”，学生以被动、机械接受为主的教学方式。教师应该科学设计学生感兴趣的活动，引导学生在具体的情境中参与活动，积极、主动地去探索意义，获取语言知识。教师应培养学生的语用能力，提升学生的思维能力，建构一个在活动中学习语言的学习体系。

2. 文化历史发展理论

文化历史发展理论主要由苏联心理学家维果茨基提出。该理论从社会、历史、文化发展角度解释个体的语言思维等心理发展机制，强调历史文化发展在个体心理认知和发展过程中的决定性作用。该理论认为，人的个体心理机能的发展及行为活动从本质上来说是受社会文化产品、社会活动、语言等调节的。和建构主义观点如出一辙的是，文化历史发展理论认同社会物质环境对人的认知的影响作用，认为人类认知通过和社会、物质环境互动而产生。语言是调节人类行为活动的主要媒介，作为一种重要的认知活动，语言学习活动离不开和社会环境的互动，因此学习语言要尤为重视语言习得的社会环境。①

文化历史发展理论认为，儿童的认知发展从根源上受儿童在社会中的互动的驱动和影响，教学活动对促进儿童认知发展发挥着重要作用。在教育上，维果茨基强调以下几点。

第一，游戏、教学中的师生活动以及学生之间的社会互动在学生的学习以及认知发展中发挥重要作用。游戏是学生与社会相互作用的重要形式，在学生心理发展中具有重要作用，对学生认知和情绪的发展起着推动的作用。具有一定难度和挑战的游戏能够调动学生解决问题的积极性，从而发挥学生的潜能。在游戏中，学生的言语、符号活动作为中介可以促进学生认知水平的提高。同

① Vygotsky, L. S., *Mind in Society: The Development of Higher Psychological Processes*, Cambridge: Harvard University Press, 1978, pp. 1-20.

理，在英语课堂教学中，科学合理的游戏能够实现“寓教于乐”，这一点对改变当前英语教学课堂形式单一的局面，激发学生英语学习兴趣，提升课堂教学的趣味性，提高教师英语教学的有效性，发散学生思维，发挥学生的主观能动性起着促进作用。

维果茨基强调互动与交往在个体发展中的作用，这一理论主张对教育有很大的启示。目前在我国得到推崇的合作教学，就是一种在人际合作与交往中促进个人发展和学习的典型例子。通过开展合作学习，学生和学生，学生和教师进行相互交流，达到共同发展、互相促进的目的。课堂教学就是一个微型的社会交际活动，通过完成讨论、辩论，共同解决问题等学习任务，学生的思辨能力、解决问题能力、沟通能力、社会交际能力等都能得到综合提升。在教师的引导下，在和能力较强的同伴的合作中，学生和更优秀的同龄人的距离得以缩小。在基础教育阶段，这种在群体中的合作学习活动与孤立的单个学生的学习活动相比更为有效。

第二，学生自主性的发展是教育的最高目标。维果茨基认为教师是教育的组织者、调节者和引导者，而不是主导者。学生应该学会发挥自己的主体性，具备自主学习的能力。随着现代社会的发展，数字化资源越来越丰富，学生的学习渠道、学习方式也越来越多样化，这些都为学生的自主学习提供了有力的条件保障。学生应该具备独立自主学习的能力，能够计划、控制和调节自己的学习活动，在学习中具有主动性、积极性与创造性，能够主动建构知识的意义。这样的教育改变了过去以教师为中心的做法，教师在教学过程中的作用变为创设能够促进学生自主学习的学习环境，从而激发学生主动学习的积极性，真正做到“授人以渔”。

第三，教育应该重视培养和发展学生的批判思维能力和创新能力。创新决定了一个人能走多远，创新意味着用新思想武装头脑，用新方法和新理念指导实践。对于中学英语教学来讲，教师应该将对学生创新能力的培养融于英语教学之中，并使之成为英语教学的重要教学目标之一。在教学中教师应鼓励学生大胆尝试和探索新的学习方法和学习策略，使学生用新的学习策略解决学习中遇到的实际问题。学生具有了创新能力，才能做到在不同的环境中“以不变应万变”。

3. 建构主义理论

建构主义强调经验、结构和图式在意义的建构以及知识的获得过程中的作用。建构主义理论认为，学习过程是学习者对信息不断解构和建构的过程。它揭示了人类知识获得的过程，强调意义是基于主体的经验建构的，动作的重复能够产生图式，这些普遍性图式能够产生结构。知识获得的过程就是在原有知识的基础上，在主体和客体的互动中不断建构的过程。① 建构主义学习观的主张可以归纳为以下几点。

第一，强调学习者在学习中的主体作用。学习不是简单的刺激反应过程，而是学生自发地和环境进行互动的一种主动过程。学生是一个"独立的变量"，而不是传统所说的"依赖的变量"②。作为认知的主体，学生是学习的中心。在学习理解过程中，学生和周边环境进行互动，主动地进行意义建构。教师则起引导和促进的作用，引导学生主动探索并建构意义，完成知识的习得。教师应该设计有效、科学的学习活动，引导学生进行知识建构。

第二，重视情境在学习过程的重要性。学习是在主体体验的过程中发生的。在教学中，教师可以通过创设情境，唤起学生大脑中的图式，激发学生的联想、对比、类比等思维活动，在前期知识和现在所学知识之间搭建桥梁，帮助学生将前期知识和现在所学知识进行有效衔接，建构现在所学知识的意义。在此基础上，教师可以通过提问等方式激发学生主动进行思考，发现问题，解决问题，完成知识的建构。

第三，强调学习的互动性和协作性。教育就是使个人适应周围的社会环境。③ 学生之间的合作有利于培养学生的批判态度，有利于学生形成价值观。学生的合作和成人交往中的约束不同。学生的学习应该是一个社会化的过程，学习过程中的方方面面，包括教师、学生、教材、学习场景、学习内容等是一个有机的整体，有效的学习是师生和谐互动，学生有效利用各种学习资源的结果。

4. 认知语言学

认知语言学研究关注我们对世界的经验以及认知和语言之间的关系，关注人类语言的概念化过程。作为语言学研究的一个新兴流派，认知语言学脱胎于认知科学，认知语言学反对转换生成语法的研究范式，大约在20世纪80年代开始成形并发展至今。认知语言学关注语言和人类认知的关系，认为语言认知能力属于人类认知能力之一，语言认知机制属于人类认知机制之一，语言活动也是一种认知活动，遵循认知活动的基本规律。认知语言学主要理论包括兰盖克(Langacker)的认知语法、莱考夫(Lakoff)的隐喻理论和认知语义学、法康尼尔(Fauconnier)的心理空间理论、高柏(Goldberg)等人的构式语法等。比较有代表性的认知语言学理论包括范畴化理论(Categorization)、概念隐喻

① 皮亚杰:《结构主义》，倪连生、王琳译，1~20页，北京，商务印书馆，1984。

② 皮亚杰:《皮亚杰教育论著选》，卢濬选译，前言5页，北京，人民教育出版社，1990。

③ 皮亚杰:《皮亚杰教育论著选》，卢濬选译，43页，北京，人民教育出版社，1990。

(Conceptual Metaphor)、概念转喻(Conceptual Metonymy)、意象图式(Image Schema)理论、语言的象征性理论(Symbolic View of Language)、语法化(Grammaticalization)等。

认知语言学的主要主张可以概括为"心智的体验性"(the embodied mind),"认知的无意识性"(the cognitive un-consciousness)和"思维的隐喻性"(the metaphorical thought),即语言是人们基于对现实世界的"互动体验"和"认知加工"形成的①。认知语言学强调个人体验和认知在语言概念化过程中的作用,要认识语言必然需要深度剖析个体如何运用各种认知机制和资源对语言进行理解和生成。

国外已有不少学者论述了认知语言学理论在外语教学中的运用,这方面已经有不少专著和论文问世。由 Nick C. Ellis 和 Peter Robinson 所编著的《认知语言学与第二语言习得》(*Handbook of Cognitive Linguistics and Second Language Acquisition*)一书收录的文章,从认知语言学角度论述了第二语言习得以及语言教学,主要包括语言使用模式、儿童语言习得模式、第二语言习得的认知探索等。其中,兰盖克架构了认知语法视角下的语言教学理论框架,Archard 和 Tylerd 分析了兰盖克的认知语法在第二语言习得中的运用。

霍姆(Randal Holme)将认知语言学理论运用于语言教学实践中,分别讲述了认知体验性、概念观、范畴观,并论述了认知语言学相关理论在教学中的运用,提出开发认知语言学教学大纲的设想。文秋芳从理论依据、教学内容、教学方法三个方面探讨了认知语言学理论在二语教学中的应用,阐释了认知语言学的语言观、习得观和教学观,并使用具体的教学案例论述了认知语言学理论在语言教学中的运用。基于语言体验观,王寅提出了"体验式教学法""体验普遍论"②,并论述了语音层面的体验性、词汇层面的体验性、词法层面的体验性、体验性在句法层面以及语篇层面的解释力。归根结底,认知语言学试图寻找语言背后的认知动因。将认知语言学相关发现、理论运用于英语学习,有助于我们设计科学的、遵循人类认知规律的教学活动,从而提高教学效果。

本章小节

《义务课标(2022)》及《高中课标(2020)》提出了英语学科核心素养、课程内容六要素及英语学习活动观等理念。本章主要对英语学科核心素养及其落地路径——英语学习活动观进行了阐释,对英语学科核心素养的基本内涵和要求

① 王寅、王天翼:《基于体认语言学的英语语法教学》,载《外语界》,2019(1)。

② 王寅:《语言体验观及其对英语教学的指导意义——十八论语言的体验性》,载《中国外语》,2009(6)。

进行深度解析，对英语学习活动观的内涵、意义、学理基础进行了梳理。英语学习活动观顺应当代教育学、心理学、语言学理论的发展，建立在当代教育学、心理学、语言学理论之上，具有深厚的理论基础。认知心理学、认知语言学理论的最新发展为实践英语学习活动观提出了指引，指明了在活动中教学的实现路径。英语学习活动是英语课堂教学的基本组织形式，是落实课程目标的主要途径。完成英语教学内容需要有机整合课程内容，精心设计学习活动，以实现教学目标、内容和方法的融合统一。

思考题

1. 什么是英语学科核心素养？
2. 如何从认知的角度阐释英语学科核心素养的四个要素的科学性？
3. 如何理解英语学科核心素养中语言能力、文化意识、思维品质和学习能力四个要素的关系？
4. 中学英语教学如何发展英语学科核心素养？
5. 何为英语课程内容六要素？
6. 英语课程内容六要素和之前的英语教学内容的设置的不同之处在哪里？
7. 如何使用认知语言学相关理论指导中学英语教学？
8. 在中学英语教学设计中如何践行英语学习活动观？

推荐阅读

[1] Ellis, N., Robinson, P. Handbook of Cognitive Linguistics and Second Language Acquisition[M]. London: Routledge, 2008.

[2] Holme, R. Cognitive Linguistics and Language Teaching[M]. New York: Palgrave Macmillan, 2009.

[3]李箭，周海明. 基于学科核心素养的英语教学课例研究[M]. 上海：华东师范大学出版社，2019.

[4]束定芳，庄智象. 现代外语教学：理论、实践与方法[M]. 上海：上海外语教育出版社，2008.

[5]王蔷，胡亚琳，陈则航等. 基于学生核心素养的英语学科能力研究[M]. 北京：北京师范大学出版社，2018.

[6]王蔷，钱小芳，吴昊. 指向英语学科核心素养的英语学习活动观——内涵、架构、优势、学理基础及实践初效[J]. 中小学外语教学(中学篇)，2021 (7).

[7]文秋芳等. 认知语言学与二语教学[M]. 北京：外语教学与研究出版社，2013.

[8]钟启泉，崔允漷. 核心素养与教学改革[M]. 上海：华东师范大学出版社，2018.

第三章　词汇教学设计

章前导语

如果把语言比作大厦的话，那么词汇就是这座大厦的基本建筑材料。词汇学习是英语学习的基础，是提高学生听、说、读、看、写等语言技能的前提。按照认知语法的观点，词汇是一种象征单位，是形式和意义的配对，对词汇知识的学习包含形式和意义两个方面。在过去的中学英语教学中，学生以增加词汇量为主要的学习诉求。面对纷繁庞杂的词汇体系，很多学生感觉需要学的词汇太多，记不住。除此以外，在说和写中不能正确运用所学词汇进行语言输出，在听和读等语言输入活动中不能有效辨析词汇的具体语义也是学生常常面临的问题。按照新课标的要求，通过学习词汇，学生要能识别具体语篇中词汇的语义呈现，发掘言者的意图和态度，掌握基本的构词法，熟悉词汇之间的搭配，构建词汇语义网，具备词块知识，能够在具体的语境中使用词汇，使用词汇表达较复杂的概念等。要满足上述要求，词汇教学必须要跳出传统的以增加学生的词汇量为目的，通过死记硬背的方式学习词汇的桎梏，让学生使用科学的词汇学习方法，充分利用语境、文化和语用知识，正确识别词汇意义，并能综合运用词汇，且具备一定的词汇学知识。在本章，我们将梳理英语词汇教学的基本理念，摸清词汇教学基本规律。在案例分析部分，我们强调教师要理论联系实际，避免使用机械单一的教学方法，教学设计上兼顾词汇的形式和词汇语义，让学生学会在语境中识别词汇语义，掌握科学的词汇习得和记忆方法，综合运用词汇。本章旨在帮助教师科学设计符合英语学习和认知规律的词汇教学活动，使用正确有效的词汇教学策略，用理论指导词汇教学，设计具体的词汇教学案例，解决在英语词汇教学设计中存在的现实问题。

通过本章的学习您将能够：

梳理英语词汇教学理论；

领会新课标对词汇教学的新要求；

在认知语言学相关理论指导下进行词汇教学设计；

根据不同的词汇教学目标，科学地设计符合新课标教学理念的英语词汇教学活动；

具备一定的形态学知识，熟悉英语词汇构成特点；

掌握词汇语义学相关知识，并以此指导词汇教学实践；

正确认识词汇、语用、语境、文化的关系，在交际语境中习得词汇，掌握词汇蕴含的文化意义、语用意义；

正确识别词汇语义关系，利用词汇语义关系，在具体语境中讲授词汇。

第一节 词汇教学概述

“词是语言的建构材料，也是最小的能够独立运用的语言单位。”①词汇是一种语言中所有词和词组的总和。作为一种最基本的语言单位，词汇构成了语言表达的基础。语言没有词汇，句子、段落以及语篇就无法顺利建构，语言意义的表达更是无从谈起。掌握一定量的词汇是学生建构句子和语篇，表达思想的基本前提；扩大词汇量，提高词汇综合运用能力更是提高学生听、说、读、看、写等语言能力的先决条件。因此，词汇教学构成了中学英语教学的重点之一，词汇教学的重要性不可忽视。

新课标提出了发展英语学科核心素养的课程目标，完成英语课程设定的内容是实现课程目标的基础。英语课程内容包含六个要素：主题语境、语篇类型、语言知识、文化知识、语言技能和学习策略。作为语言知识的组成部分之一，词汇知识关乎语言的表意功能，词汇在语法规则下组合成句子，从而发挥在具体的语境中传情达意的功能；同时，词汇表达文化知识，一定的词汇量是发展听、说、读、看、写等语言技能的前提。词汇知识和语音知识、语法知识、语篇知识和语用知识享有同等重要的地位。可见，要完成英语课程内容的学习，词汇的学习为重中之重。

在词汇学习方面，《义务课标(2022)》要求中学生围绕相关主题学习并使用约1600个单词进行交流和表达，另外可以根据实际情况接触并学习相关主题范围内100~300个单词，以及一定数量的习惯语用或固定搭配②。《高中课标(2020)》明确指出，高中阶段的词汇教学重点是在语境中培养学生的词块意识，并通过广泛阅读，进一步扩大词汇量，提高运用词汇准确理解和确切表达

① 教育部：《普通高中英语课程标准(2017年版2020年修订)》，21页，北京，人民教育出版社，2020。

② 教育部：《义务教育英语课程标准(2022年版)》，20页，北京，北京师范大学出版社，2022。

意义的能力[1]。《高中课标(2020)》对普通高中英语课程的词汇知识内容提出了具体的要求。在词汇量上，必修课程要求学生累计掌握2000~2100个单词，选择性必修课程要求学生累计掌握3000~3200个单词，选修(提高类)课程要求学生累计掌握4000~4200个单词。《高中课标(2020)》还对词汇的语义识别以及使用词汇进行交际等其他相关方面提出了要求，包括能够识别具体语篇中的词义，发掘言者的意图和态度，掌握基本的构词法，熟悉词汇之间的搭配，能够构建词汇语义网，具备词块知识，在具体的语境中使用词汇，以及使用词汇表达较复杂的概念等。

可见，按照新课标的要求，词汇学习不是简简单单通过词汇记忆来扩大词汇量的过程。词汇学习涉及词汇的形态、词汇的意义、词汇的语用及使用词汇进行跨文化交际等多个方面。可以说，词汇学习是一个综合性的语言学习实践活动。在具体的词汇学习活动中，教师需要将课程内容六要素进行有机结合，完成课程内容，以达到发展英语学科核心素养的目的。

第二节　本书词汇教学设计理念

一、词汇教学现状

传统教学中，为了教学组织的便利，英语教学的各个模块彼此分离、互不相干，词汇教学只讲词汇，很少涉及语法、语境、语用以及文化知识。过去的词汇教学是语言教学中的一个独立的模块，和其他语言项目的学习彼此分离，呈现出孤立、脱离语境、碎片化的特点。比较常见的做法是，教师在第一节课先讲词汇表中的词汇，对其意义进行解释，以达到扫清学生阅读障碍的目的。教师在教学中以讲授为主，向学生阐释词汇语义、词汇搭配以及词汇使用，辅以频繁的词汇听写、默写、抄写等测试。学生的词汇学习以机械地死记硬背为主，脱离了具体的语言情境和语言使用。在这种教学模式下，学生的英语词汇学习兴趣得不到有效激活；脱离了词汇的使用，学生在具体语境中不能正确使用所学词汇，无法进行正常交际；学生的词汇学习策略得不到有效培养；学生的思维能力、自主学习能力的提高更是无从谈起。

---

① 教育部：《普通高中英语课程标准(2017年版2020年修订)》，21页，北京，人民教育出版社，2020。

传统的词汇教学模式亟待改革，因此，新课标对词汇教学提出了明确的要求，指出“学习词汇不只是记忆词的音、形、义，更重要的是在语篇中，通过听、说、读、看、写等语言活动，理解和表达与各种主题相关的信息或观点”①。这为词汇教学指明了正确方向。本书将运用词汇语义学相关理论，融词汇教学于听、说、读、看、写等各种语言活动中，使用适当的词汇教学策略，科学有效地设计和组织词汇教学活动。

二、词汇教学相关理念

(一)语义关系（semantic relations）

在词汇语义学中，语义关系指的是按照既定的标准和条件对在语义上有关联的词汇进行分类后，各词汇之间或者词汇内部的语义所形成的关系。词汇语义关系的识别和建构有助于语言使用者构建语义地图，发掘语义之间的组织和联系，深化对具有语义关系的词汇的语义的理解，以达到正确识别、记忆、认知处理词汇的目的。过去学者列举了不同的语义关系，比较常见的语义关系包括同义关系、反义关系、上下义关系、多义关系等。这些关系使得相关词汇的不同语义进行聚合，在认知主体的头脑中得以有效表征，从而实现有序组织和存储，为词汇语义的认知、加工、处理提供便利。

1. 上下义关系(hyponymy)

上下义关系指在两个词之间出现的语义包含(semantic inclusion)关系，其中一个词的意义包含了另一个词的意义。前者为上义词(superordinate word)，后者为下义词(subordinate word)。通常情况下，上义词和下义词之间是一种类属关系，如 fruit 作为上义词，其下义词包括 apple、banana、pear、strawberry 等，animal 的下义词有 sheep、dog、cat、bird、cow 等。上义词表达一种类概念，语义上具有概括、抽象、笼统的特点，下义词表示类型中的一个具体实例，语义具体清晰。在语言表达中，使用下义词能够使描写和论述更准确具体，上下义词在同一语篇中的使用可以达到语篇连贯的效果。

2. 同形异义关系(homonymy)

两个或两个以上语音形式或拼写形式相同而意义不同的词构成了同形异义关系。同形异义关系分为同形同音异义、同形异音异义和同音异形异义三种。bank(*n.* 岸)和 bank(*n.* 银行)，mark(*n.* 迹象)和 mark(*n.* 记号)属于同形同音异义词；lead[liːd](*v.* 领导)和 lead[led](*n.* 铅)，live[liv](*v.* 生存)和 live[laiv]

---

① 教育部：《普通高中英语课程标准(2017 年版 2020 年修订)》，21 页，北京，人民教育出版社，2020。

(*adj.* 活着)属于同形异音异义词；write[raɪt](*v.* 书写)，right[raɪt](*adj.* 正确的)和 rite[raɪt](*n.* 仪式)，ant[ænt](*n.* 蚂蚁)和 aunt[ænt](*n.* 阿姨)，bare[beə(r)](*adj.* 赤裸的)和 bear[beə(r)](*v.* 承受)属于同音异形异义词。

属于同形异义关系的这些词汇通过发音或者拼写的相似性互相关联。在词汇教学中，教师可以通过创设语境、设计有趣的语言游戏等方式，利用词汇之间的关联性加强词汇的学习效果，如在学习词汇 can 的时候，教师可以向学生呈现句子“Can you can a can like a canner can can a can?”。在这个句子中，can 是一个同形同音异义词，分别表示“有能力做”、“罐头”和“装进密封罐内”。第一个和第四个 can 是情态动词，表示“有能力做”，第二个 can 和第五个 can 是动词，表示“装入密封罐中”，第三个 can 和第六个 can 都是名词，表示“罐头”。把三个语义不同的 can 放在同一个句子中，can 的语音以及词形关联能够激发学习者的兴趣，促使学习者主动去识别不同的 can 的语义，同音同形的词汇并置在一个句子中带来语音上的美感，还能在调动学生词汇学习兴趣的同时，深化他们对词汇语义的理解。

3. 同义关系(synonymy)

同义关系表征两个或两个以上词汇之间相似的意义关系，表示拥有不同语音形式的词含有相同或相似的意义。① 英语中存在大量的同义词，主要原因如下。第一，历史文化因素导致英语中有大量同义词存在。在英语历史发展过程中，很多来自法语、拉丁语、希腊语等的外来词汇进入英语词汇系统中，这些外来词最终正式成为英语词汇，当外来词和原有的英语本土词汇同义时，二者就构成了同义词，如 buy 和 purchase，autumn 和 fall。外来词构成了英语同义词的重要来源之一。第二，不同的文体造就了具有不同文体特征的同义词。当文体或交际正式程度不同时，使用的词汇也不同，如 Daddy、father 和 male parent 指称的对象相同，但出现在不同的文体或场合中，它们构成了同义词。第三，意义相同但搭配不同的词构成了具有不同搭配意义的同义词。有些词意义相同，但出现在不同的组合中，具有不同的搭配意义，如 stout man 和 plump baby 中的 stout 和 plump，rancid butter 和 addled brain 中的 rancid 和 addled。第四，有的同义词具有相同的指称义，但表达不同的内涵、情感意义。如 statesman(政客)和 politician(政治家)，accomplice(同伙)和 collaborator(合作者)有同样的指称义，但 statesman 和 accomplice 是贬义词，而 politician 和 collaborator 是褒义词。

① 汪榕培、王之江：《英语词汇学高级教程读本》，15 页，上海，上海外语教育出版社，2006。

4. 反义关系(antonymy)

反义关系表示语义相反关系。反义词分为等级反义词(gradable opposites)、互补反义词(complementary opposites)以及关系反义词(directional opposites)。等级反义词是最典型的反义词，在这种反义关系中，构成反义的一组词汇表示的语义具有程度之分，因此可以被 very 之类的程度副词修饰，如 hot 与 cold，low 与 high；互补反义词表示一种非此即彼的语义相反关系，如 dead 与 alive；关系反义词表示一种相反的关系，如 parents 与 children，give 与 receive。在形式上，反义关系可以通过在词汇前加否定前缀的方法进行表征，如 dis-，un-，a-，ir-，il-，in-，im-等。

5. 多义关系(polysemy)

当一个词具有两种或两种以上意义时，就形成了一词多义关系。多义词和同形异义词不同，构成同形异义词的两个或两个以上的词具有相同的读音或拼写，这种同形关系存在于两个或两个以上单词之间。多义词表示一个单词或短语有两个或两个以上义项。在字典中，同形异义词属于不同的词条，而多义词指的是一个词条下面列有多个义项，且多义词的多个义项往往相互关联。一词多义现象在各种语言中都非常普遍，是语言经济性的体现方式之一。在词汇语义历时演变过程中，一个单词会发展出新的意义，或者产生意义的改变，此时就会出现一词多义现象。一个单词可以表示多种意义，其背后的认知机制主要是隐喻和转喻，如 sharp 可以表示(刀子)锋利的、(颜色)鲜艳的、(语言)苛刻的、(感官)敏锐的等，sharp 用来修饰不同领域的事物，其背后的认知机制是隐喻映射。和建立在两种事物相似性基础上的隐喻不同的是，转喻是一种替代关系，如 hand 表示“手”，但是在“We need more hands to finish the work.”中，hand 表示 worker。这是以部分代整体的转喻机制在词汇语义延伸中的体现。

过去的一些研究表明，同时讲授同一词汇集合(lexical set)中的词汇项目会对词汇教学造成负面影响。[①] 这里所说的造成教学困难的词汇集合包括同义词、反义词以及表示范畴—成员关系的上下义词。当学习者同时学习同一词汇集合中的词汇时，可能存在混淆词汇集的成员词汇的倾向，对其中词汇的习得会受其他词汇的干扰。

我们认为，这种干扰并非无法避免，具有形式或语义关联的词汇在认知加

① 保罗·内申、顾永琦：《外语词汇教学的方法》，193 页，北京，外语教育与研究出版社，2019。

工上具有相似性和相邻性。如果处理得当，采取一定的科学词汇学习策略，利用语义关系进行词汇教学能够提高词汇学习效果，为词汇的认知加工和学习提供便利。词汇学习一方面是学习新的单词以增加词汇量，另一方面是强化对已经习得的单词的学习，建构词汇语义网络。同义词、反义词以及上下义词在概念上具有相互关联性，语言习得者对词汇进行处理时，往往会涉及对词汇之间的组织关系的认知处理。基于语义关系产生了词汇产出规则，且这种规则具有强大的能产性，正确识别了词汇之间的语义关系，学习者就能联想到相关的多义词、上下义词、同义词等。在同义关系、反义关系、上下义关系、一词多义关系这些语义网络中学习词汇，对建构学生的个人词库起着重要的作用。在教学中，教师可以采取相应的策略，充分利用语义关系网络强化学习效果，如在讲授两个语义关联的单词时，将关注点放在其中一个，将另一个用作激活背景框架；在讲反义词时，对语义进行分解，从形态学的角度分析两个词的语素构成，如 inhale 和 exhale，讲授前缀 in-和 ex-的语义差异。此外，教师还可以建构语境讲授相关词汇，如在讲上下义词时，可以建构包含上下义词的句法语境或社会语境，将需要学习的词汇置于场景和故事中，学习者在学习时可以根据上下义关系形成语义场，既有助于词汇的记忆和理解，也提高了学生的词汇学习兴趣。

（二）英语构词法

在英语形态学分析中，英语中的很多单词可以被分解为更小的成分。其中，单词中最小的、有意义的单位被称为词素（morpheme）。复杂的英语单词由两个或两个以上语素构成，如 worker 可以被分解为两个有意义的成分，包含两个语素，work 和-er，-er 表示人。其中 work 是自由语素（free morpheme），因为它可以单独成词，-er 为黏着语素（bound morpheme），因为它必须附加在其他语素身上才能成词。一个复杂的英语单词可以被分解为前缀（prefix）、词根（root）、后缀（suffix）等部分，如 intercontinental 由前缀 inter-，词根 continent 以及后缀-al 构成。英语前缀一般只改变单词的意义，不改变词性；英语后缀一般改变词类，而不引起词义的变化。这种在词根前面加前缀，在后面加后缀的方法，叫派生构词法（derivational word formation），由此构成的新词汇叫派生词（derivative）。

除了派生构词法外，英语中还有其他构词法，包括合成构词法（compounding）、转化构词法（conversion）、缩略构词法（abbreviation）、混合构词法（blending）、截短构词法（clipping）等。下面我们对上述构词法进行讲解。

1. 派生构词法

派生词通过在词根前面加前缀或在词根后面加后缀的方式形成，通过派生构成的新词的意义与原词意义相近、相反或形成语义关联。派生构词法的能产性非常强，是英语构词法中使用最多的一种。英语中存在大量由派生构词法形成的名词、动词、形容词、副词。根据词缀出现位置的不同，派生构词法主要分为加前缀法和加后缀法两种。

(1)加前缀法。

英语前缀一般改变单词的意义，不改变词性。

ⅰ. 表示否定意义的前缀。

这类前缀主要包括 ab-，dis-，il-，im-，in-，ir-，mis-，non-，un-等，如：

normal → abnormal;

like → dislike;

legal → illegal;

possible → impossible;

experienced → inexperienced;

regular → irregular;

conduct → misconduct;

native → nonnative;

happy → unhappy;

ⅱ. 表示其他意义的前缀。

这类前缀包括：contra-(反对)、bi-(两个)、a-(相反的)、anti-（反对；抵抗)、auto-（自动)、co-(共同)、counter-(相反的)、de-(去除)、e-(朝外)、en-(使)、ex-(朝外)、in-(朝里)、fore-(朝前)、inter-(互相)、re-(再)、sub-（下面的)、tele-(距离)、trans-(移动)，如：

contradict、bicycle、atypical、antiwar、automobile、co-worker、counter-measure、devalue、eject、enlarge、exhale、inhale、forehead、interact、rewrite、subway、telephone、transport 等。

(2)加后缀法。

英语词根后面加后缀通常会改变原词的词性，如从动词变为名词，从形容词变为副词，从名词变为动词，从形容词变为动词等。有的词加上后缀之后词性不变，但语义发生稍许变化，如从具体名词变为抽象名词。还有一些后缀会改变词义，变为与原来词义相反的新词。常见的英语后缀分为以下几类。

ⅰ. 名词后缀。

表人：-ee、-(e)r/-or（从事某职业的人）、-ese（某地的人）、-ess（雌性）、-ian（精通……的人）、-ist（专业人员）、-ant(人)，如：

employee、interviewee、worker、Chinese、hostess、comedian、specialist、activist、applicant、accountant。

表物：-ence、-ment（性质或状态）、-ness（性质或状态）、-tion(动作或过程)、-ics、-ing、-ure、-ship、-ity，如：

maintenance、movement、sadness、production、physics、happening、failure、friendship、reality。

ⅱ. 动词后缀。

-(e)n（多用于形容词之后）、-fy（使……化）、-ize（使……成为），如：

broaden、purify、modernize。

ⅲ. 形容词后缀。

-al、-able（有能力的）、-(a)n(某国人的)、-en（多用于表示材料的名词后）、-ern（方向的）、-ese(某国人的)、-ful、-ic、-ish、-ive、-less（表示否定）、-like（像……的）、-ly、-ous、-some、-y（表示天气）、-ible、-ant、-ent、-ary、-ient，如：

relational、capable、American、wooden、eastern、Chinese、beautiful、symbolic、foolish、inclusive、careless、childlike、lovely、tedious、awesome、windy、edible、accordant、dependent、secondary、transient。

ⅳ. 副词后缀。

-ly（主要用于形容词之后）、-ward(s)（主要用于方位词之后），如：

happily、eastward。

ⅴ. 数词后缀。

-teen（十几）、-ty（几十）、-th（构成序数词），如：

fourteen、forty、fourteenth。

2. 合成构词法

由两个或者两个以上单独成词的词构成的新单词为合成词。合成构词法和派生构词法不同的是，派生词中的很多词缀不能单独成词，而合成构词法中的组成部分大部分都可以单独成词。合成词包括合成名词(compound noun)、合成形容词(compound adjective)、合成动词(compound verb)、合成副词(compound adverb)、合成代词(compound pronoun)、合成介词(compound preposition)等。

(1)合成名词的组合方式。

名词+名词，如 bookmark、babysitter、weekend、salesperson、water-color；

名词+动词，如 waterfall、daybreak、snowfall；

名词+动名词，如 handwriting、paper-cutting、bread-making、child-raising、story-telling；

名词+及物动词+er/or ，如 daydreamer、pain-killer；

名词+介词+名词，如 daughter-in-law；

代词+名词，如 she-wolf；

动词+名词，如 typewriter；

动名词+名词，如 flying saucer、washing machine、fishing hook、reading room、swimming suit；

形容词+名词，如 freshman、greenhouse；

副词+动词，如 outlook、income；

介词+名词，如 afterthought、afternoon；

副词+名词，如 bystander；

过去分词+副词，如 grown-up。

(2)合成形容词的组合方式。

名词+形容词，如 color-blind、blood red、pitch-dark、jet-black、snow-white、world-famous；

名词+现在分词，如 French-speaking、English-speaking、peace-loving；

名词+介词+名词，如 one-to-one；

名词+过去分词，如 heart-broken、man-made、hand-written；

数词+名词，如 one-way、two-hour、three-day；

数词+名词+形容词，如 three-year-old；

数词+名词+-ed 后缀，如 three-legged、five-storeyed；

数词+副词，如 one-off；

形容词+名词，如 high-quality、full-time、first-rate、large-scale；

形容词+名词+-ed 后缀，如 open-minded、warm-hearted、cold-blooded、good-tempered、absent-minded、white-haired；

形容词+形容词，如 light-green、dark-blue；

形容词+现在分词，如 ordinary-looking、good-looking、easy-going、far-reaching、ever-lasting；

副词+现在分词，如 hard-working、ever-lasting；

形容词 + 过去分词，如 new-born、ready-made、wide-spread、hard-won、quick-frozen；

副词 + 过去分词，如 newly-built、well-informed、well-educated、poorly-dressed、well-known；

副词+形容词，如 ever-green、all-round；

副词+名词，如 fast-food；

介词+名词，如 indoor；

(3)合成动词的组合方式。

副词+动词，如 overcome、upset、withhold、overwhelm；

名词+动词，如 typewrite、sunbathe、sidetrack、sleepwalk；

形容词+动词，如 sugarcoat、blackmail、whitewash；

(4)合成副词的组合方式。

形容词+名词，如 hotfoot；

形容词+副词，如 everywhere、somewhat；

副词+副词，如 however；

介词+名词，如 beforehand；

介词+副词，如 forever；

(5)合成代词的组合方式。

代词宾格+self，如 themselves；

物主代词+self，如 myself；

形容词+名词，如 anything；

(6)合成介词的组合方式。

副词+名词，如 outside；

介词+介词，如 within。

3. 转化构词法

转化构词法是在词形不变的情况下，把一个词从一种词性转化为另一种词性的构词方法，主要包括由名词转化成动词、由动词转化为名词、由形容词转化为动词、由副词转化为动词、由形容词转化为名词等。

(1)名词转化为动词。

如 pump、knife、father、mail、hand、water、book、can 等，具体见下列例子：

The workers pumped water at the construction site.

The butcher knifed the meat.

They fathered the children.

James mailed the letter to her aunt.

Please hand in the papers.

She watered the flowers everyday.

I have booked the tickets.

My mother canned the food.

(2)动词转化为名词。

如 stand、rest、look、move 等，具体见下列例子：

What is your stand in this matter?

take a rest

have a look

make a move

(3)形容词转化为动词。

如 better、slow、back 等，具体见下列例子：

better the situation

slow the growth of trees

back a car

(4)副词转化为动词。

如 out，具体见下列例子：

Murder will out.

(5)形容词转化为名词。

如 red、poor、rich、wounded、blind 等，具体见下列例子：

the girl in red

the poor

the rich

the wounded

the blind

4. 截短构词法

截去单词的一部分将之缩写，保持词义和词性不变的构词法称为截短构词法，主要包括截头、去尾、截头去尾等形式。

(1)截头(front clipping)。

指将单词的前面一部分截去，如：

telephone→phone

airplane→plane

(2)去尾(back clipping)。

指将单词的最后面一部分截去，如：

examination→exam

kilogram→kilo

laboratory→lab

taxicab→taxi

advertisement→ad

(3)截头去尾。

指将单词的前、后两部分均截去，只保留中间部分，如：

influenza→flu

prescription→script

5. 混合构词法

混合构词法各取两个单词的一部分，构成一个新词，如：

television broadcast→telecast

helicopter airport→heliport

automobile suicide→ autocide

medical care→ medicare

6. 首字母缩略法和首字母连写法

首字母缩略法和首字母连写法都是取几个单词的首字母构成一个新词，其不同点在于首字母缩略法按照一个单词来读，如 TOEFL、IELTS、NATO 等，而首字母连写法构成的单词需要按照连写后构成的单词把字母逐一读出来，如 GRE、ATM 等。

首字母缩略词的例子如下：

Testing of English as a Foreign Language→TOEFL

International English Language Testing System→IELTS

North Atlantic Treaty Organization→NATO

Acquired Immune Deficiency Syndrome→AIDS

首字母连写词的例子如下：

Graduate Record Examination→GRE

Automated Teller Machine→ATM

Internet Protocol→IP

World Trade Organization→WTO

在英语词汇教学中，教师可以利用英语构词法解析词汇构成，向学生讲解构词法知识，并设计改变词性、创造新词、猜词之类的练习强化学生的构词知识，帮助学生习得和积累更多的词汇。

（三）构式语法

构式语法是认知语法研究的一个重要分支，是在反思和批判生成语法的基础上形成的一个新的语言学理论。其理论来源主要包括菲尔墨（Fillmore）的格语法（case grammar）和框架语义学（frame semantics）、莱考夫的认知语义学以及兰盖克的认知语法（cognitive grammar）。构式语法秉承认知语言学的基本理论主张，反对语言自治观和语言模块观，接受体验哲学的观点，强调认知体验在语言形成和理解中的重要作用。按照构式语法的观点，构式是形式和意义的配对体，构式构成了语言的基本单位。构式可以是任何语言单位，小到单个的词素、单词，大到短语、语法结构甚至语篇都是构式研究的对象。构式语法对词汇教学有以下几点启示。

第一，在语言构式中学习和认识词汇。构式融形式、语义、语用交际功能为一体，词汇作为构式的一类，其词义知识和语法、语用知识不可分开，三者之间存在互动关系。词汇的意义呈现和词汇所出现的句法环境息息相关，句法构式影响或赋予出现在句子中的词汇的意义。因此，我们需要在句法构式中认识词汇的意义。构式语法下的词汇教学内容包括词汇的形式、语义、语用交际功能。词汇语义和句法、语用三者互相关联，产生互动，因此，对词汇的学习不可脱离句法和语用环境。

第二，重视体验和语言使用在词汇教学中的作用。构式语法重视人们在现实世界的体验在语言形成中的作用，如高柏认为，对动词意义的理解需要涉及由动作的参与者所组成的一个语义框架，并使用语义角色、参与者等框架元素来描述动词的意义。[①] 对动词的理解需要认知主体激活相关的语义框架，以及位于框架中的施事、受事等论元角色。构式语法重视场景以及体验在语言中的作用，在体验观的启示下，在讲授动词时，教师可以适当引入场景，分析语义角色，加深学生对词汇意义的认识，使学生深度掌握动词意义，提高学生的学习兴趣。

第三，在词汇教学中重视词块教学，善于归纳和总结词块、词汇的构式义。英语中很多抽象的构式具有规约性的图式意义，如动词词块 make up 以及

---

① Goldberg, A. E., *Constructions at Work: The Nature of Generalization in Language*. New York: Oxford University Press, 2006.

习语性表达 let alone。构式语法采用“自上而下”和“自下而上”相结合的研究方法，基于对大量语言实例的观察，总结这些语言实例的共性特点，从而得出抽象的构式。诸如 make up 以及 let alone 之类的构式建构在人类体验的基础上，是说话者对语言实例进行概括而形成的，在不同的句法环境中有不同的语义呈现，教学中学生对其语义的捕捉和把握稍显困难。

如果使用传统词汇学习中的语义特征分析方法，自下而上式地将词块组成部分的语义特征进行叠加，学生就不能有效理解词块意义。事实上，格式塔心理学强调感知和行为的整体性，反对将整体视为部分之和。构式的意义不是其构成成分意义之和。因此，语块教学要侧重阐释语言单位的整体意义和功能，重视词块整体意义的识解，整体讲授词汇的语义、语法、语用意义。在词汇教学中，教师应该培养学生观察、发现、归纳的能力，在教学中可以先提供给学生足够的语言输入，给予学生合理的引导，让学生自主归纳词块的抽象构式义，在此基础上发挥构式的能产性，在具体的语境中正确识别出语言实例的意义。这样做一方面能够扩大学生的词汇量，另一方面能够加深学生对词汇意义的理解。

（四）认知隐喻和转喻理论

对隐喻和转喻的研究大多是在修辞学范畴内进行的。修辞学认为隐喻和转喻是人们为了达到一定的交际效果而采取的修辞手段，是语言中的特殊现象。莱考夫和约翰逊（Johnson）合著的《我们赖以生存的隐喻》一书引发了人们从认知语言学视角对隐喻和转喻的审视和思考。我们将认知语言学关于隐喻和转喻的观点归纳为以下几点。

第一，隐喻和转喻并非两种可有可无的修辞手段，而是基本的、无处不在的认知和思维方式；第二，隐喻和转喻的发生依赖于我们对世界的认知体验。在日常认知中，基于体验的相似性，我们倾向于使用简单、易于感知的事物去理解复杂抽象的事物。隐喻和转喻的发生都以我们对世界的体验为基础，这就解释了为什么在不同文化中，我们有不同的隐喻、转喻系统。第三，隐喻是一种基于认知相似性的跨域映射，转喻的发生基于认知临近性。具体来说，通过隐喻，认知主体根据源域（source domain）和目标域（target domain）之间的认知相似性，将源域的认知图式结构特征映射至目标域上，以达到理解目标域的目的。而转喻发生在同一认知域中，用同一认知域中容易感知加工的部分指代同一认知域中不易感知的另一部分。本质上来讲，转喻是一种替代关系，我们可以用部分替代整体，如 hand 指代 worker；部分替代部分，如 the kettle 替代 water。兰盖克认为转喻是一种认知参照点现象，认知主体以认知上凸显的事物为认知参照点，为另一个不那么凸显的事物提供心理可及性，引导听话者或读者将注意力转移至目标事物。①

认知隐喻、转喻理论给词汇教学带来了诸多启示。首先，在词汇教学中使用认知隐喻理论讲授多义词可以有效解释多义词不同义项之间的语义关联。多义词有多个义项，不厘清多个义项之间的语义关联，一味地死记硬背将给词汇学习带来困难。认知隐喻理论认为，多义词的不同义项是在词汇历时语义发展过程中产生的，本质上是一种隐喻语义延伸。当新的事物和已知事物之间具有认知相似性时，源域的结构特点被映射到目标域上，用来描述目标域事物的特征，实现了语义的扩展，就产生了一词多义现象。因此，在词汇教学中，教师可以通过讲述词汇的词源，追溯词汇的历时语义发展，引导学生通过归纳、类比、推理的方式了解多个意义之间的隐喻认知理据。这样既激发了学生的词汇学习兴趣，也强化和加深了学生对词汇语义的理解。

其次，在跨文化交际的视野下辨析词汇的文化隐喻义能够培养学生的跨文化意识。一方面，人类认知、身体体验具有相似性，这使得跨文化交际成为可能。同理，通过隐喻认知，我们会进行相同或类似的跨域映射操作，如在汉语中比喻一个人狡猾得像狐狸，在英语中也有 foxy 的表述。但因为地理位置、文化、宗教、历史、意识形态等方面的差异，有着不同文化的人在思考时也存在一些不同，如中西方颜色词具有不同的内涵，在中国文化中白色可以代表"死亡"，而西方文化中白色多象征"优雅""纯洁"。因此，在词汇教学中，教师要引导学生注意中西方的文化差异，增强学生的跨文化交际意识，帮助学生了解不同文化的思维特点，发现词汇背后的文化隐喻义。

再次，使用意象图式理论等相关理论帮助学生理解词汇的隐喻理据。莱考夫将意象图式定义为正在发生中的有序的事件中反复出现的模式、形状和规约手段。② 意象图式是我们基于自己反复的体验而形成的一种抽象的认知结构，并作用于我们的认知体验和思维中。作为一种格式塔结构，意象图式是对我们感知经验的浓缩，是意义的支架(skeleton of meaning)，构成了认知的前提和基础。基于对世界的体验，我们形成了容器图式、管道图式、整体—部分图式、中心—边缘图式、力图式等图式，并在日常认知中使用这些意象图式进行认知

---

① Langacker R. W., *Foundations of Cognitive Grammar* (Vol. I): *Descriptive Application*, Stanford, Stanford University Press, 1991.

② Johnson, M., *The Body in the Mind*: *The Bodily Basis of Meaning*, *Imagination*, *and Reason*, Chicago, University of Chicago Press, 1987, p. 29.

加工。对于抽象概念的理解有两种方式，一种是从物理域向抽象域的隐喻映射，另一种是从基本范畴向上位范畴或下位范畴的映射。意象图式为隐喻的跨域映射提供了基本的结构，如"Life is a journey."基于路径图式形成。英语中的很多介词具有多义性，大部分的语义延伸都是基于空间意象图式。使用认知隐喻理论解释词汇的语义衍生，对于学生学习和把握介词的意义有一定的帮助作用。

最后，转喻理论对阐释一词多义、转化词、习语、上下义词的语义联系等有一定裨益。和隐喻一样，转喻也是多义词的语义延伸机制之一。两种事物之间具有相邻性时，其中显著的事物能够激活次显著的事物，如句子"He backed his wife in this matter."中 back 本来是一个名词，表示身体部位，在这里是一个动词，表示强力的支持。英语中很多转化词的语义都是通过转喻衍生而来。典型的转喻模式包括部分代整体(part for whole)，拥有者代被拥有物(possessor for possessed)，行为代行为主体(action for participant)等。

(五)框架语义学

框架是理解词汇语义的一种途径，顾名思义，要理解词汇的意义，我们需要将其置于相应的框架内。我们可以把框架看作一种知识结构，要充分理解词汇，认知主体需要具备和这个词相关的语义框架或认知结构知识。框架语义学主张，要理解词汇，前提是理解并建构和词汇相关的框架。当框架中的一个元素被说话人提及时，同一框架中的其他元素相应会得以激活。个人体验是框架得以建构和激活的前提，是构建词汇意义的必要环节，这和认知语言学的观点一致，即"在现实和语言之间存在'认知'这一中间环节"①。

框架是框架语义学理论的中心话题，菲尔墨使用框架来指称图式(schema)、文本(script)、场景(scenario)、认知模型(cognitive model)等这些在心理学、语义学中经常出现的术语。他提出，(框架是)相互关联的系统概念，要理解其中的概念，需要理解概念所在的整个结构。当这个结构中的一个事物被引入一个文本或对话时，结构中的其他事物也会相应被激活。② 总的来说，框架是用来描述和理解词汇意义的一种工具。

框架元素和框架描述对于框架的理解至关重要，框架元素是场景的图式性表征，主要包括事件的参与者，事件的大致历程以及其他认知要素。有的框架

---

① 王寅：《认知语言学的翻译观》，载《中国翻译》，2005(5)。

② 北京大学汉语语言学研究中心《语言学论丛》编委会：《语言学论丛(第二十七辑)》，382~412页，北京，商务印书馆，2003。

元素是不可或缺的，有的则可有可无。以典型的交易事件(commercial event)框架为例，此框架的框架元素包括买方、卖方、商品、资金等。此框架可以被描述为“买方通过付钱获得商品，卖方获得钱款”。buy这个单词能够激活交易事件框架，理解了交易事件中的框架、框架元素和框架描述后，学生就不难理解buy的语义了。

框架语义学对二语词汇教学具有很大的启示。鉴于框架对于意义理解的重要作用，词汇学习的重点是建构和激活语义框架。由于人类体验具有相似性，母语和目标语激活的框架也有可能具有相似性，这时学习词汇比较便利。同时，鉴于中西方地理环境、文化思维模式的不同，我们在感知世界的过程中可能会形成不同的图式，母语所激活的框架和目标词汇所激活的框架有可能会存在差异。因此，在教学中，教师应该重视帮助学生建构目标语词汇的图式框架，尤其要重视观察汉语和英语词汇框架的差异，重构目标语语义框架。

三、英语学习活动观指导下的词汇教学

新课标提出英语学科核心素养、课程内容六要素及英语学习活动观的理念，并指出，英语课程总目标是促进学生英语学科核心素养的发展，具体目标是培养和发展学生的语言能力、文化意识、思维品质和学习能力。为实现上述课程目标，在具体的课程内容和教学方式设计上，课程标准提出了由主题语境、语篇类型、语言知识、文化知识、语言技能和学习策略六个要素构成的课程内容以及指向学科核心素养发展的英语学习活动观。英语学习活动是英语课堂教学的基本组织形式，是落实课程目标的主要途径。实施好英语课程需要有机整合课程内容，精心设计学习活动，以实现教学目标、教学内容和教学方法的融合统一。

词汇教学设计也应以上述指导性原则为引领。在教学目标上，教师应以扩充学生的词汇知识为基础和驱动，提高学生的词汇使用能力，让其能够正确识别具体语篇中的词汇意义并有效地使用词汇实现其表意功能和人际功能。对一些具有文化内涵的词汇，教师要引导学生识别其在目标语中的意义，在此基础上比较文化异同，培养学生的跨文化交际能力。在词汇学习中教师还需要培养学生的类推、概括等逻辑思辨能力，并充分发挥这些思维方式在词汇学习中的作用，从而提高学生学习词汇的效率。教师还要在教学中潜移默化地促使学生形成正确的学习态度，使用适合自己的词汇学习策略和方法，以词汇学习为契机，从总体上提高学生的学习能力和思维品质。

教学内容上，词汇知识属于语言知识的一个重要组成部分，是提高学生语

言能力的重要基础，词汇的学习不能脱离具体的语境和语篇，在教学中教师要引导学生将词汇知识和文化背景知识进行整合，以发现英语词汇的文化内涵。另外，在教学中教师需要设计有效的词汇学习活动，鼓励学生运用所学词汇进行交际，实现有效的语言使用。教学方法上，教师可以以具体的英语学习活动为基本的课堂组织形式，设计综合、整合、关联的并具有可操作性、可实践性的词汇学习活动，从而完成教学内容，实现指向核心素养的教学目标。

进行词汇教学时，教师可以以基于认知隐喻理论的词汇学习策略为主线，开展学习理解类活动、应用实践类活动及迁移创新类活动。而词汇语义关系理论、英语构词法、认知隐喻理论、认知转喻理论、框架语义学理论等为词汇教学活动的设计和开展提供了理论指导。上述理论对英语词汇构成的分解、不同词汇语义之间的关联、词汇语义的延伸机制及词汇语义的生成机制等提供了科学有效的解释。基于上述理论所设计的各类词汇教学活动是顺应词汇学习规律的，能够有效培养和发展学生的语言能力、文化意识、思维品质和学习能力。

基于上述认识，在词汇学习中，教师应该设计科学可行的词汇学习活动，以课程内容六要素中的某一要素为引领，将课程六要素有机关联，促进学生的词汇学习，发展英语学科核心素养。如以认知隐喻理论为指导，以新词汇所出现的语篇为依托，在具体的主题语境内，帮助学生实现语言知识、文化知识的习得和语言技能的提高。

第三节　词汇教学设计案例

案例一：词汇语义的隐喻延伸——以 break up 的语义教学为例

1. 词汇来源与教材分析

需要学习的词汇为词块 break up，来自高中英语人教版必修二(2007)第五单元的阅读部分(Reading)，出现在句子“The band broke up about 1970, but happily they reunited in the mid-1980s.”中。这一单元的主题语境为“人与社会”，主题群是“文学、艺术与体育”，具体语境为“门基乐队”(the Monkees)。本阅读材料的关键词为“乐队”“门基乐队”。本文为记叙文，向读者介绍了门基乐队的发展历程。作为一个非虚构性文本，通过本语篇的学习，学生能够了解真实的乐队，丰富自己的生活经历，体验不同的情感。文章以论述如何形成乐队开始，进而引入门基乐队，主体部分主要涉及门基乐队如何形成、乐队成员的介绍以及乐队的发展历程。通过学习，学生能够了解乐队以及门基乐队的相关知识。

2. 词汇教学目标

初级目标：

通过学习，学生应该正确识别 break up 这一词块在本篇文章中的正确含义，并能够有效地在不同主题语境中使用此词汇。

中级目标：

通过学习，学生能够发现 break up 的核心意义，并基于对语料的观察，通过联想、类比等思维方式发现 break up 在具体语境中的语义呈现，建构 break up 不同语义之间的关联。

高级目标：

通过学习，学生能够了解隐喻认知机制在词汇语义衍生中的作用，掌握符合认知规律的词汇学习策略。

3. 词汇教学内容

词汇的学习不是在孤立的脱离语境的情况下的词语操练。对词汇的学习需要依托具体的语境，需要学习者运用具体策略进行综合性的实践学习。词汇学习活动涉及对词汇主题意义的感知和理解，包括词汇的词性、内涵和外延义的解读、词汇的搭配；也包括使用词汇进行语言组织和思想观点的表达。《高中课标(2020)》明确指出，“在课堂上，教师要注意词块的呈现，帮助学生关注动词词组、介词词组、名词词组、形容词词组和副词词组的习惯搭配和表达”①。break up 为一个独立的词块，是形式和意义的结合体，其具体意义不是 break 和 up 意义的叠加，因此教师设计的学习活动需要能够以培养学生的理解性技能为侧重点，引导学生在具体的语篇语境中习得这一词块，帮助学生关注这一动词词组的习惯搭配和表达，最终使其掌握正确的词汇学习策略。

4. 教学过程

鉴于本词汇项目的特点，本教学设计以课程内容六要素中的学习策略为引领，设计能够培养学生理解性技能的学习活动，让学生识别词汇中的隐喻、类比等认知机制，正确理解词汇意义衍生机制，从而有效提高语言学习技能，掌握正确的词汇习得策略。具体的步骤如下：

---

① 教育部：《普通高中英语课程标准(2017 年版 2020 年修订)》，23 页，北京，人民教育出版社，2020。

第一步，教师向学生提问：

Can you make up sentences containing the word *break*?

学生给出包含动词 break 的句子，如：

I broke the window.

The glass broke into pieces.

The old lady broke her bones.

教师给出其他句子，如：

The bad guy broke the law.

That girl broke a promise.

The company broke an agreement.

第二步，教师向学生提问：

Can you translate the last three sentences I have given?

学生给出以上句子的翻译，分别为：

那个坏人违反法律了。

那个女孩没有信守诺言。

公司违反了协议。

第三步，教师向学生提问：

How does the meaning of *break* change in these sentences? What is the connection between different senses of "*break*"?

学生回答：break 的语义由可视的"打碎""破裂""折断"变为不可视的"违背""失约"，意义发生了从具体到抽象的转变。

第四步，教师给出包含 break up 的句子，如：

Sally broke up the ice.

Mary broke up the vase.

Their marriage broke up.

教师向学生提问：

What's the proper translation of the above phrases?

How does the meaning of *break up* change in these sentences?

What is the meaning of *break up* in "*The band broke up about* 1970, *but happily they reunited in the mid*-1980*s*"?

学生给出以上句子的翻译，发现 break up 的语义从具体的"打破东西"转变为抽象的"关系破裂"。在句子"The band broke up about 1970, but happily they reunited in the mid-1980s"中，词块 break up 表示"解散"。

第五步，引申：教师给出词块，如下：

break up of a marriage

break up of a relationship

让学生猜测 break up 的意思，学生轻而易举地回答：

婚姻破裂，关系破裂。

第六步，教师总结该词汇学习中所使用的思维方式和词汇中存在的词汇语义延伸途径，即 break up 的词汇语义经历了由具体到抽象的转变，这是词汇语义中所存在的隐喻衍生机制。

5. 案例点评

这一词汇教学活动以课程内容六要素中的学习策略为主线，以语篇为依托，在课文所提供的主题语境中增强学生的语言知识和文化知识，发展学生的语言技能。教师循循善诱地向学生展示与 break 以及 break up 相关的词块和搭配，引导学生进行思考，从而主动地去探寻 break 以及 break up 的语义衍生机制，使得学生明白词汇语义衍生中存在的隐喻机制，在日后的词汇以及语言学习中主动进行隐喻性思维，提高自己的语言理解以及语言表达能力。这一教学活动能够有效地训练学生的词汇学习和认知策略，培养学生词汇学习中的逻辑推理能力，使学生通过联想等方式记忆单词、巩固单词、激活单词，发展多元思维和批判性思维，提高英语学习能力和运用能力。这一活动还能培养学生概括信息，建构新概念，分析、推断信息逻辑关系的能力，激发学生学习英语的兴趣。

案例二：构式语法理论指导下的 Verb…of…语义教学

1. 词汇来源与教材分析

本案例要学习的词汇来自人教版高中英语必修五(2007)第四单元，本单元的中心话题是“新闻制作”(Making the news)，主要讲述新闻工作者应该具备的素质、新闻采访的基本程序等。需要学习的词汇来自第四单元练习部分的使用单词和表达(Using Words and Expression)部分，本练习的教学目标是通过学习和练习让学生掌握英语中“Verb…of…”这一固定搭配，包括 ask…of…，warn…of…，accuse…of…，rob…of…，break…of…。在课本中，该练习的要求如下：

In English many verbs are used in a similar pattern as *accuse sb of sth/doing sth.* Read the verbs below and use them to complete the passage.

ask…of…

warn…of…

accuse…of…

rob…of…

break…of…

Long time ago, there was a young man called Alex, who was an honest but strange person. One day his landlord accused him of committing a crime. He claimed Alex had robbed him of many bags of gold while he was asleep. Alex did not deny it. He said that he had warned his landlord of this danger but that he had not listened. Alex did not want his landlord to sleep with all his gold under his bed and decided to break him of this habit. So, he pretended to steal it. When he heard this, the landlord turned very skeptical and asked Alex to leave his house. But first Alex asked a favor of him. He promised to go if his landlord put the gold in a bank. His landlord laughed and agreed. So Alex return the bags of gold and his landlord allowed him to stay in the house free.

2. 词汇教学目标

本教学中需要学生学习的词汇为英语动词固定搭配 ask…of…, warn…of…, accuse…of…, rob…of…, break…of…, 主要教学目标如下：

初级目标：

通过学习，学生理解词块 ask…of…, warn…of…, accuse…of…, rob…of…, break…of…的含义，同时习得这五个词块的正确搭配知识、语境知识以及语用知识，能够理解并在语言产出中正确使用这几个词块。

中级目标：

在总结 ask…of…, warn…of…, accuse…of…, rob…of…, break…of…的搭配、语义、语用知识的基础上，引导学生进行反思和归纳，提炼得出结构 V (Verb) sb of sth，并归纳出该结构的形式特征，发现其核心构式义。

高级目标：

在完成初级、中级目标的基础上，教师向学生介绍语言学习中词块和构式的概念，让学生明白英语中存在大大小小的构式和词块，它们是形义配对体，有自己的形式特征以及核心构式义，同时在不同的结构中有各自的意义，而 V sb of sth 是英语中一个独特的构式，在习得 V someone of(doing) something 后，让学生初步了解其他的相关构式，如 V someone into doing something。

3. 词汇教学内容

本次词汇教学的主要内容包括：第一，ask…of…, warn…of…, accuse…of…, rob…of…, break…of 这五个词块的形式和意义的讲析；第二，ask…

of…, warn…of…, accuse…of…, rob…of…, break…of…这五个词块在不同语境中的语用知识；第三，基于语料，提炼出结构 V sb of sth，并对这一构式的形式和意义进行讲析；第四，引出英语中构式、词块的相关概念，并具体阐释；第五，引申出和 V someone of something 相关的 V someone into doing something 这一结构，并对其形式和意义进行讲析。

4. 教学过程

为有效实现以上教学内容的学习，本次词汇教学以课程内容六要素中的语言知识为基点设计相关活动，引导学生积累和所学词块类似的动词词组搭配，在积累词汇语言知识的基础上，提高学生识别、概括并理解语言构式的能力，培养学生主动去发现新的英语语言构式，并运用构式进行表意的能力。

《高中课标(2020)》指出："语言知识包括语音、词汇、语法、语篇和语用知识。学习语言知识的目的是发展语言运用能力，因此要特别关注语言知识的表意功能。"①ask…of…, warn…of…, accuse…of…, rob…of…, break…of…均为词块，是形式和意义的结合体。因此，教学活动将以词汇和语法知识的学习为主线和基点，综合学习其他五个课程要素的内容。教师通过教学设计，能够培养学生理解性技能、类推性技能的学习活动，使学生正确理解词块、构式的语义衍生机制，并习得更多的词块，从而有效提高语言技能和理解能力。

具体的步骤如下。

第一步，教师首先讲授这五个词块的形式和意义。

具体如下：从结构上来看，ask…of…, warn…of…, accuse…of…, rob…of…, break…of…的结构可以归纳为 V someone of (doing) something，这是英语中的一个独特构式。从意义上来说，微观上动词 ask、warn、accuse 都有告知的含义，someone 是动词的接收者，同时也是后面 doing 的施事者。接下来，为了发现这一结构的构式意义，教师向学生提问：

What do sentences with such a structure mean?

What is the core meaning of such structures?

学生给出答案：

Someone informs someone else that something will happen by act of asking/accusing/warning.

第二步，教师总结这一构式的意义，并引申出更多的相关表达。

---

① 教育部：《普通高中英语课程标准(2017 年版 2020 年修订)》，19 页，北京，人民教育出版社，2020。

教师向学生提问：

Can you give us some sentences with *verb someone of* (*doing*) *something* structure?

学生给出相关词块和句子：

控告某人犯某罪，指责某人做某事：

accuse someone of (doing) something

They accused him of taking bribes.

使某人想起某事物：

remind someone of (doing) something

It reminds me of my days with him.

通知某人某事：

inform someone of (doing) something

The singer informed us of their arrival.

警告某人某事：

warn someone of (doing) something

They warned him of the danger.

使某人确信：

convince someone of (doing) something

He convinced me of his truthfulness to me.

使某人确信：

tell someone of (doing) something

I told her of my experience the night before.

第三步，教师向学生讲解构式的概念。

基于对大量语言事实的观察，教师向学生讲解构式的概念。英语中存在大量的构式，构式可抽象、可具体。构式可以是一个单词，也可以是一个动词词组或句子。在学习时，我们应该基于构式来理解句子的意义，而不是简单地将句子的各个部分进行意义组合或相加。V someone of (doing) something 是一个形式—意义配对的整体，有其独立的构式整体意义。此构式包含了不同的语义角色，而 ask…of…，warn…of…，accuse…of…，rob…of …，break…of…都是该构式具体的例示化。在学习动词词组时，我们还需要关注动词所进入的句子的构式义，词汇和构式、词汇和句法不能分割开来理解。

第四步，教师引导学生进入学习的延伸阶段。

教师向学生提问：

Can you list other grammatical structure which have constructional meaning?

学生的回答：

V someone into(doing)something

fool someone into doing something

He has fooled a lot of people into believing that he is an honest statesman.

trap someone into doing something

I was trapped into signing a confession.

cheat someone into doing something

The salesman cheated me into buying a fake.

trick someone into doing something

You trick me into making the error!

force someone into doing something

The robber forced him into handing over the money.

argue someone into doing something

My parents argued me into accepting this job.

talk someone into doing something

He talked me into going out with him.

terrify someone into doing something

The girl was terrified into opening the door.

frighten someone into doing something

He was frightened into crying.

persuade someone into doing something.

I was persuaded into taking this offer.

教师提问：

What does V someone from doing something mean? Please give us more examples that have constructional meaning.

学生的回答：

V someone from doing something means prevent someone doing/meeting something bad.

keep someone from doing something

Trees keep soil from being taken away by flood.

stop someone from doing something

He stopped the robbers from beating the girl.

discourage someone from doing something

This event discouraged me from taking risks.

5. 案例点评

本次词汇教学活动以课程内容六要素之一的语言知识为基点，以对五个词块 ask…of…，warn…of…，accuse…of…，rob…of…，break…of…的学习为基点，培养学生观察语言实例，发现并归纳语言规律，提取语言实例的共性的能力；在此基础上深化学生对语言规律的认识，培养学生的探索能力和思维能力。本案例所设计的教学活动首先能够加强学生对这五个词块相关语言知识的学习，使学生掌握这五个词块的具体含义以及在具体情境中的用法。在接下来的学习环节中，在教师的引导下，学生能够主动去观察并归纳这五个词块之间的内在联系，总结出它们共有的核心意义，最后明白这五个词块属于一个英语构式，并习得这一构式的构式义，发现能够正确识别进入该构式的名词和动词的语义特征。在此基础上，教师通过引导，让学生提供其他构式，并发现其构式义。通过这次学习，学生共学习了三个构式，包括 V someone of (doing) something，V someone into doing something 以及 V someone from doing something，从而掌握了这三种构式的形式、语义以及语用知识，发现了进入各构式的动词的限制条件。除了获得语言知识外，教师引导学生从大量的具体语言用例中概括出抽象的构式意义，理解了构式的语义、语用知识，这一活动提高了学生的语言观察能力以及抽象概括能力，使学生对语言结构的形成和语言结构的语义、语用等有了更深入的理解。教师在完成对具体语言知识学习的教学的同时，也实现了培养学生抽象思维能力的目的，从而有效地实现了课程内容六要素的有机整合。这一系列教学活动环环相扣，由简单到复杂，由具体到抽象，既包含以学习词汇知识为目的，通过对语言实例的观察发现并总结规则的学习理解类活动，还包括基于构式知识产出具体语言构式的应用实践类活动。

案例三：构式语法理论指导下的词块 pick up、make up、protect from 语义教学

1. 词汇来源与教材分析

本教学案例需要学习的词汇为三个固定搭配动词词块，分别如下。

(1) pick up，来自高中英语人教版必修二(2007)第二单元的阅读(Reading)部分。本篇文章主要讲述了希腊神话故事中关于竞技运动的相关知识，介绍了公主阿塔兰忒与其追求者希波墨涅斯赛跑的故事，主题语境为“人与社会”。pick up 出现在句子“When she stops to pick it up, you will be able to run past her and win.”中。

（2）make up，来自高中英语人教版必修一（2007）第三单元的阅读（Reading）部分。这一单元的主题语境为“人与自然”，主题是“旅行”，具体语境为“描述一段旅程计划”。本文为记叙文，向读者介绍了作者去湄公河的计划。本文是一个非文学性文本，通过学习，学生能够了解旅行前的准备以及湄公河的相关知识。make up 出现在句子“Once she has made up her mind, nothing can change it. ”中。

（3）protect from，来自高中英语人教版必修二（2007）第四单元的阅读（Reading）部分。这一单元的主题语境为“人与自然”，主题群是“环境保护”，具体语境为“野生动物保护”。本文为记叙文，向读者介绍了主人公参观濒临灭绝野生动物的历程，通过学习本语篇，学生能够了解野生动物的现状，丰富自己的生活经历，激起保护野生动物的欲望。protect from 出现在句子“I'm protecting myself from mosquitoes. ”中。

2. 词汇教学目标

通过学习，学生能够领会 pick up，make up，protect from 这些动词词块在本篇文章中的含义，在此基础上解读出词块的核心意义。同时，教师通过展示不同的例句使学生发现词汇在具体语境下的语义呈现，建构词汇的语义网络，并能够有效地在不同语境中使用这些词汇。通过本次学习，学生能探索发现词汇语义衍生的联想、类比、隐喻等机制，掌握符合认知规律的词汇学习策略，提高词汇学习兴趣。本词汇教学具体目标如下：

初级目标：

正确识别 pick up，make up，protect from 在句子中的含义，发现和总结 pick up、make up、protect from 的核心义；在具体的语境中正确使用这四个词组进行语言输出。

中级目标：

发现 pick up，make up，protect from 在不同语境中所呈现出的多个义项，找出词块的核心意义以及不同义项之间的联系，有效建构各个词块的语义网络。

高级目标：

正确识别 pick up，make up，protect from 核心义向其他语义衍生的隐喻机制，培养学生类比、归纳等词汇学习认知能力，引导学生形成正确的词汇学习策略，培养学生类比、隐喻等思维模式。

3. 词汇教学内容

pick up，make up，protect from 为三个独立的词块，这三个动词词块都是形式和意义的结合体，其具体意义不是每个单词意义的叠加，而是在不同的语境中有不同的语义呈现。比较可取的教学方法是视这三个词块为构式，即形式和意义的配对体，发现构式的核心义，在具体的语境中考察其语义呈现，在此基础上建构每一个词块不同语义呈现之间的语义关联，建构语义网络。为了达到这一目的，在教学中，我们以课程内容六要素中的学习策略为引领，设计能够培养学生理解性技能的学习活动，提高学生对语言事实的观察力，识别词汇语义衍生中的隐喻机制，从而有效提高学生的语言技能，提高学生的隐喻思维能力。教师需要设置具体的教学活动，在具体语境中呈现包含词块的句子，引导学生在具体的语篇语境中习得这些词块，帮助学生正确理解这些词块的语义呈现，发现词块的核心义和边缘义，建构词块构式的语义延伸路径，并正确掌握这些词块的用法。

4. 教学过程

(1) pick up。

ⅰ. 引入。

教师向学生提问：

What is the meaning of "pick"?

Please make sentences by using this word.

学生回答出 pick 的意义为：

a. choose or select something or someone(挑选)

b. harvest the crop, fruit or flower(采摘)

如：

I liked picking wildflowers in the wet fields when I was small.

We are going to pick apples on Sunday.

I picked the color red.

ⅱ. 呈现语言实例。

教师给出其他例句，并向学生提问：

We used to pick the flowers in summer and use it to decorate our house.

I will try my best to pick the right meeting hour.

She bent to pick up the fallen petals on the floor.

The small boy picked up the habit of collecting stones when he was with his grandmother.

I will pick you up at seven o'clock in the morning.

What does *pick* and *pick up* mean in these sentences?

基于语言实例，学生总结 pick 的意义分别为“采摘；赶上；捡起”；pick

up 的意义分别为养成做某事的习惯，接某人。

ⅲ. 观察、思考和总结。

教师向学生提问：

What are the differences between *pick* and *pick up*? Is it the combination of the meaning of *pick* and the meaning of *up*?

Do you know the meaning of *pick up* in the following sentences?

I picked up the fallen tickets for the old lady.

I'll pick my book up at your home.

Please pick up the phone. Someone is calling.

The thief was picked up by police on the street.

My father drove to the airport the next morning to pick up my son.

We picked up radio signals from the damaged plane.

If you live in Paris, I am sure you will pick up French easily.

Some young people picked up smoking out of curiosity.

How does the meaning of *pick up* in each of the above sentence differ from each other?

学生总结上述句子中 pick up 的意义分别为：

捡起；拿；接电话；逮捕；用交通工具接某人；接收(信号)；习得(语言)；养成(习惯)。

上述义项呈现出由具体到抽象的变化，且在大部分句子中，pick up 的语义并非 pick 和 up 语义的叠加。

ⅳ. 总结。

教师总结词组 pick up 的语义延伸机制，为学生深入理解该词组提供便利。

pick up 为一个动词词块，其字面义为捡起，如 pick up the toy，但通过隐喻，其可以衍生为 pick sb up，pick up a habit，pick up a language 等。此处的隐喻，并非一种语言修辞方法，而是普遍存在的思维方式，隐喻基于两种事物之间的相似性产生，我们可以通过跨域映射的方式将具体事物的特征投射到抽象事物身上，借助这一思维方式，我们得以理解抽象事物。pick up the toy 和 pick up sb 以及 pick up the habit 之间存在一种体验上的相似性，正是这种跨域映射使得 pick up 的语义由具体衍生为抽象，使得我们理解 pick up 的抽象义成为可能。

（2）make up。

具体的步骤如下。

ⅰ. 引入。

教师给出包含 make up 的句子，如：

I think it's very unkind of you to make up stories about him.

She spent too much time making herself up.

They will do all they can to make up for the economic losses.

教师向学生提问：

Can you translate these sentences containing the phrase *make up*?

What is the meaning of the phrase *make up*?

学生给出以上句子的翻译，分别为：

我认为你编造他的谣言很不厚道。

她在化妆上花费了太多时间。

他们要尽一切力量弥补这些经济损失。

教师引导学生总结、归纳 make up 的意思：

“构成，组成”“编造，捏造”“化妆，打扮”“弥补”。

ⅱ. 讨论和思考。

教师向学生提问：

What is the meaning of *make up* and *make up her mind* in“*Once she has made up her mind, nothing can change it.*”?

What's the proper translation of the sentence“*Once she has made up her mind, nothing can change it.*”?

学生对 make up 的不同含义进行讨论，在句子“*Once she has made up her mind, nothing can change it.*”中，make up 的宾语是 one's mind（思想，头脑），根据句子的语境，发现与 mind 连用时，make up 被赋予“决定，打算”的意义，这一意义是“构成，组成”义的隐喻引申义。基于学生的讨论，教师给出解释，make up one's mind 的意思引申为“下定决心做某事”，即 make a decision about something，并提醒学生注意 make up 与这些抽象名词连用时，其意思需要进行延伸。

ⅲ. 引申。

教师给出 make up one's effort to do something，让学生猜测该词块的意思，并提醒学生注意 make up 与这些抽象名词连用时，其意思需要进行引申。学生能够轻松答出该词块的意思为“竭尽全力做某事”。

ⅳ. 总结。

教师总结该词汇学习中所使用的思维方式和词汇中存在的词汇延伸途径：由表面意义到抽象意义，进而提出词汇中所存在的隐喻衍生机制。

(3) protect from。

具体的步骤为：

ⅰ. 引入。

教师播放关于濒临灭绝野生动物的视频。教师提问：

What is this video about?

What should people do to rescue endangered animals?

学生回答：

It's about wildlife, and their numbers are decreasing. We should protect them.

ⅱ. 教师向学生提问。

Can you make up sentences containing the word *protect*?

学生给出包含动词 protect 的句子，如：

I protect the bird.

Parents protect kids.

The law protects the people.

ⅲ. 思考和讨论。

教师给出其他句子，如：

Curtains protect people from the sunlight.

Umbrellas protect people from rains.

The clothes protect people from cold.

教师向学生提问：

Can you translate the last three sentences I have given?

学生给出以上句子的翻译，分别为：

窗帘保护人们不受阳光照射。

雨伞保护人们不被雨淋。

衣服保护人们免受寒冷。

教师向学生提问：

What is the meaning of *protect from* in "*I'm protecting myself from mosquitoes.*"?

学生给出句子翻译：

我保护自己免受蚊子的伤害。

ⅳ. 总结。

protect 在不同的句法环境下呈现出从具体到抽象的转变，不同的语义之间的关联由隐喻性思维建构。

5．案例点评

本教学案例以动词词块为教学单位，在具体的句子中，按照由简单到复杂、由具体到抽象的顺序，向学生展示多个包含 make up、pick up、protect from 的句子。教师基于语言事实，引导学生透过语言实例看到词汇各个义项之间的关联，主动地去构建词块 make up、pick up、protect from 不同义项的语义衍生机制。通过这样的教学设计，学生能够主动去探索、发现词汇语义衍生中存在的隐喻机制，在日后的词汇以及语言学习中主动发展隐喻性思维，提高自己的语言理解以及语言表达能力。这一教学活动能够有效地训练学生的认知策略，培养学生在词汇学习中的逻辑推理能力，通过联想等方式记忆单词、巩固单词、激活单词，发展多元思维和批判性思维，提高英语学习能力和运用能力；也能够培养学生的概括信息，建构新概念，分析、推断信息的逻辑能力；还能够激发学生学习英语的兴趣，逐步提高学生使用英语学习其他学科知识的意识和能力。

案例四：英语学习活动观指导下的词汇学习

1．词汇来源与教材分析

本教学案例需要学习的词汇来自高中英语人教版必修三（2020）第一单元阅读和思考（Reading and Thinking）部分的阅读课文“Why do we celebrate festivals?”本单元主要话题为“节日和庆典”（FESTIVALS AND CELEBRATIONS），本阅读材料主要介绍了世界各地的节日和节日庆典活动。文章首先介绍了世界节日的共性，即不管世界上节日的庆祝方式有多大的差异，节日中所蕴含的欢乐、感恩和和平的主题是一致的；第二部分介绍了世界各地常见的丰收节；第三部分主要讲述随着时间的变化，世界各国庆祝节日的习俗的演变；第四部分介绍了当代商业化对节日庆祝的影响；第五部分讲述了节日在我们日常生活中的作用。通过学习，学生能够了解世界各地的不同节日以及节日庆典活动，通过节日透视民族文化，反思社会。此阅读文章中出现的新词汇包括：range、origins、figure、joy、harvest、crop、gather、grateful、feature、decorate、church、significant、typical、commercial、media、reflect、belief、faith 和 occasions 等。这些目标词汇都和节日相关，出现在阅读文本之中，构成了表达文本主要内容的关键语言材料。

2．词汇教学目标

通过本课的学习，学生能够识记和掌握目标词汇，能够在不同主题语境中有效地使用相关词汇，并掌握一定的词汇学习策略，同时习得和节日相关的文化知识。

初级目标：

有效习得本阅读语篇中的重点话题词汇，获得语言知识和文化知识，在具体语境中能够正确使用相关词汇，表达自己的思想。

中级目标：

借助话题词汇，回答和阅读语篇相关的问题，使用目标词汇，完成讨论任务和介绍 festivals around the world 的任务，进一步内化所学语言知识。

高级目标：

通过完成题为“What is your opinion on the commercialization of festivals?”的写作任务，在语言输出性活动中实现目标词汇的创造性运用，实现知识的迁移创新。

3. 词汇教学内容

本单元的主题语境为“人与社会”，主题群是“节日和庆典”，具体语境为“世界各地的节日”。本文为记叙文，向读者介绍了世界各地的主要节日，包括丰收节(Harvest Festival)、中秋节(Mid-Autumn Day)和春节(Spring Festival)等。通过相关词汇的学习，学生能够了解世界各地的不同节日，从而开阔自己的视野，加深对各地文化的了解。在教学中，学生以语篇为载体学习词汇，教师积极创设和节日庆祝相关的语境，融语言知识和文化知识的学习为一体。教师通过学习理解类活动、应用实践类活动以及迁移创新类活动的开展，分步骤、分阶段开展词汇教学活动，提高学生的语言能力和文化素养。

4. 教学过程

Activity 1：针对阅读文本内容，教师提出以下问题：

What are the origins of festivals?

What is the commonality of festivals all over the world?

What is harvest season? How do people celebrate harvest season in different cultures?

How does the tradition of celebrating Chinese New Year change?

How does the tradition of celebrating festivals change over time? Give examples to illustrate it.

What caused the commercialization of festivals?

What role does festival play in society?

学生快速阅读文本，回答上述问题。

设计意图：此活动为学习理解类活动，基于文章主题内容，通过设计和文章内容相关的问题，让学生带着问题去探索语篇意义。在问题的启发下，学生对文章内容进行思考，激活关于节日的前期知识，并在新知和旧知之间建立联系，以方便对课文相关内容的认知处理。回答问题的过程能够引起学生对相关词汇的关注，并在表达中使用相关词汇。通过此方式，学生获得并强化了关于各种节日的名称，节日的来源，如何庆祝节日等语言知识和文化知识，并通过口语表达掌握词汇的正确用法，为后面的应用实践类以及迁移创新类活动做好了铺垫。

Activity 2：展示和目标词汇相关的图片，建构具体的主题语境，在语境中开展词汇教学活动，用在旧知和新知之间建立关联的方式学习新知，实现旧知到新知的顺利过渡，激发学生的学习兴趣。具体的步骤如下。

在学习具体名词和动词时，教师可以展示和所学词汇相关的图片，对图片进行描述，让学生猜测图片所描述的词汇，在此过程中可以给学生适当提示，帮助学生激活已知，以达到顺利习得目标词汇的目的。比如，在学习 harvest 和 crop 这两个单词时，教师可以向学生展示秋季丰收的图片，并提供句子语境“Autumn is the season of h________.”。学生根据图片内容和句子语境将单词补全为 harvest；接着，教师展示农作物的图片，并继续提供句子“Farmers gather c________ in Autumn.”。学生根据上下文语境将单词补全为 crops；教师再提供一些春节贴对联的图片，并附带“During Spring Festival, people d________ their house with spring couplet.”。学生根据图片内容和提示将单词补全为 decorate。

设计意图：该活动为应用实践类活动，深入语篇，利用图片创设新的语境，使学生在新的语境中运用已知进行语言输出，促进词汇知识的内化。

Activity 3：基于已学语篇，让学生就题目“What is your opinion on the commercialization of festivals?”完成一篇文章。

教师可以先引导学生进行头脑风暴，从世界上节日的来源、节日的种类、节日的庆祝方式、节日在人们日常生活中的作用，以及节日的商业化这五个方面分小组展开讨论，重点讨论当代社会商业化以及人们的消费观对节日庆祝的影响。学生在合作探究中展开丰富的想象，建构新的语境，在写作中综合运用语言技能，进行多元思维，促进话题词汇的深度学习。

设计意图：此活动为应用实践类活动，超越语篇，学生在小组合作讨论中使用话题词汇进行意义建构，在写作中再次运用相关词汇。口头和书面表达能够让学生将词汇知识运用到新的语篇中，强化词汇的学习，从而逐步将其内化，为后续的创造性运用和输出做铺垫，落实教学目标。

5. 案例点评

本节课教师通过开设学习理解类活动、应用实践类活动，以回答问题、看图片猜词以及小组讨论并写作的方式，成功完成本课词汇的学习目标。词汇教学活动以语篇为载体，分步骤地引导学生聚焦话题词汇，对需要学习的目标词汇进行系统的学习、实践、运用、内化和迁移创新。在不同的学习阶段开展不同的学习活动，逐步完成从低阶的词汇语义识别到高阶的综合、创造性运用的过渡。

案例五：框架语义学理论指导下的词汇教学

1. 词汇来源与教材分析

本节词汇课需要学习的词汇与野生动植物保护的主题有关，来自高中英语人教版必修二(2007)第四单元，标题为“Wildlife protection”。本单元的中心话题是“野生动植物保护”，主题为“人与自然”。通过本单元的学习，学生能够认识到当前野生动植物所面临的危险，从具体的物种灭绝的事例中吸取经验教训，意识到保护野生动植物的重要性，学会保护野生动植物的方法，并采取有效行动保护濒临灭绝的动植物。本教学案例中需要学习的词汇来自热身(Warm-up)部分，这个部分展示了关于濒临灭绝动物的报告，讲述了中国濒临灭绝的野生动植物的现状，出现的新单词包括 wild、decrease、die out、loss、reserve、hunting、zone、in peace。

2. 词汇教学目标

初级目标：

学生在词汇学习之后，能够领会 wild、decrease、die out、loss、reserve、hunting、zone、in peace 在文中的具体意义。

中级目标：

学生运用本课所学词汇知识，能够自如地表达有关动植物保护的话题，并能在书面以及口头表达中使用 endangered animals、wildlife protection、habitat、over-hunting、food shortage、pollution、destroy of habitat 等与动植物保护相关的词汇和短语表达自己的意图和情感。

高级目标：

学生掌握一定的词汇学习策略，领会到语义框架、背景知识在词汇语义学习中的重要作用，能够利用语境、框架知识学习词汇。

3. 词汇教学内容

本节课要学习的主题词汇和“野生动植物保护”这一中心话题有关，学生需要掌握相关词汇，并能够用所习得的词汇进行书面和口头表达。在教学中教师可以引导学生建构和野生动植物保护相关的语篇语境，利用语篇语境信息建构具体词汇的意义，用这样的方法掌握科学有效的词汇学习策略，增强词汇学习的兴趣和信心。鉴于此，在本教学案例中我们使用框架语义学的相关理论来指导教学设计，组织词汇教学活动。

众所周知，词汇学习不能脱离具体的语境。根据框架语义学理论，框架、场景、图式、认知域等背景信息在知识的组织、理解的发生过程中起着非常重要的作用。框架知识和百科知识与人类经验有关，来自个体对世界的体验。一个具体的语言项目可以在人的大脑中激活相关的百科知识和经验知识，从而驱使个体进行语义加工。从这个意义上来讲，词汇项目只有在参照储存在个体大脑中的个体经验、信念、行为等信息的情况下才能被理解。这些储存在大脑中的前期知识构成了框架，是理解词汇意义的前提条件。框架由多个要素组成，包括参与者、场景、事件等，这些要素对于词汇意义的理解不可或缺。比如，buy 在认知加工者的大脑中激活了一个商业交易框架，包含买者、卖者、商品、货币等框架要素。在英语动词 buy 的学习过程中，学生只有理解了这些框架元素，才能正确解读 buy 的意义。教师将框架的概念运用于词汇教学中将有效指导词汇教学。

在框架语义学理论的启示下，在教授词汇时，教师可以通过讲述、展示图片、放音频视频、建构场景等方式进行框架建构，以此调用和要学习的词汇相关的背景知识，激活框架；框架激活之后，教师指导学生通过框架确认、描写和分析等活动理解词汇意义，习得词汇语用知识；在最后一个阶段，教师可以通过具体的练习巩固词汇。

4. 教学过程

本次词汇教学共分为三个阶段，包括导入、框架建构、框架中的语义识别。

第一步：导入阶段。

教师在导入部分主要设计了两个活动，通过图片展示法和听说教学法完成。

图片展示法：

图片展示法主要通过向学生展示和所学词汇相关的图片，建构新的主题语境，引导学生对主题词汇进行语境感悟。教师通过布置相关任务让学生在主题语境中反复使用所学词汇，激活相关背景知识，并能够使用主题词汇进行表达。具体的做法如下：教师向学生展示濒危动植物的图片，引出文章的主题

“野生动植物保护”。同时，教师对图片进行描述，介绍濒临灭绝动植物的现状，引导学生思考野生动植物灭绝的原因，并进行归纳、总结。在这个过程中，教师的提问和学生的回答中会使用很多和濒临灭绝物种以及野生动植物保护相关的词汇，成功实现学生对词汇知识的运用和内化。这一活动能够在激发学生进行积极思维的同时，激活相关背景知识，使用相关词汇，为新词汇的学习做好铺垫。

听说教学法：

教师向学生播放关于野生动植物保护的英文视频，以听和看的方式向学生输入相关词汇，视频能够激发学生对野生动植物保护进行思考。在此基础上，教师通过提问的方式与学生探讨动植物保护方法，引导学生进行语言输出，进一步激活和强化学生的相关词汇的背景知识。

第二步：框架建构。

教师给出指示，要求学生阅读文章，并根据在第一个活动阶段已经建构的背景知识以及当前单词的上下文语境猜测当前所学单词的意义。一些单词比较具体，其意义相对而言容易推测，对于比较复杂的单词，教师鼓励学生猜测它们出现的框架。在此活动中，待学单词的上下文以及学生的前期知识对建构框架知识起着至关重要的作用。教师引导学生使用语境知识猜测新单词的意义，以 wild 为例，wild 出现的语境为：

Wild plants and animals have to look after themselves. They need food, a good environment and safety.

教师向学生讲解，要理解这一单词的关键点在于 wild 后面的内容，即“plants and animals have to look after themselves”。“They need food, a good environment and safety.”。作为一个定语，wild 出现的框架为“动植物框架”，wild 修饰的是动植物，这样的动植物“需要自己照顾自己，需要食物、好的环境和安全”。

以 decrease、die out 为例，decrease、die out 出现在下句中：

If their habitat is threatened or they cannot find enough food, their numbers may decrease. As a result, these endangered animals may even die out.

根据 their numbers may decrease，decrease 激活的框架为改变数量框架（number change frame），die out 出现的句子环境为 these endangered animals may even die out，die out 所激活的框架为状态改变框架（state change frame）。

第三步：框架中的语义识别。

wild 所出现的框架为动植物框架，这一框架中的框架元素包括主体，即生物。生物具有的属性①：能够自己照顾自己的；生物具有的属性②：需要有食物以及安全的环境。在这些框架元素的基础上，wild animal 的语义可以被阐释为：在具有食物、安全的环境中能自己照顾自己的生物，可推测 wild 的意思为"野生的"，和 domestic(家养的) 相对。

decrease 所涉及的框架元素包括：the number of wild animal、cause 及 change of event。其语义可以描述为：野生动物的数量在外力的作用下发生改变，学生再根据前文的信息"If their habitat is threatened or they cannot find enough food"，在这一负面的外力作用下，可知 decrease 表达野生动物的数量在外力的作用下下降的意思。

die out 所涉及的框架元素包括：wild animal、cause 及 change of state。其语义可以描述为：野生动物在外力的作用下发生状态的改变。学生再根据前文的信息"If their habitat is threatened or they cannot find enough food, their numbers may decrease."可知野生动物处在这一负面的外力作用下，进而能理解 die out 的意思为"灭绝"。

5. 案例点评

本教学设计中教师从框架语义学角度来进行词汇教学。框架语义学立足于对人类语义认知加工的科学认识的基础之上，对词汇意义的感知和建构建立在学习者的经验和前期知识基础之上，框架在词汇意义建构中起着很重要的作用。在本教学设计中，教师先通过向学生展示关于野生动植物的图片并播放相关视频，激活学生大脑中相关的图式框架，使学生在阅读语篇的基础上进行框架建构，在具体的语境中进行词汇学习。学生通过构建词汇的框架，识别框架中的语义元素，正确习得词汇的意义。教师通过引入框架、视角、语义元素等概念，摆脱了传统的以脱离语境罗列义项、释义为主的词汇教学模式，深化了学生对词汇意义的认识，有效地提高了词汇教学效果。

案例六：语义场理论指导下的词汇学习

1. 词汇来源与教材分析

本次教学案例中需要学习的词汇包括 disaster、earthquake、tornado、drought、landslide、tsunami、flood、volcanic eruption、hurricane、rescue、damage、destroy、death、affect 和 shelter 等，来自高中英语人教版必修一(2020)第四单元的听说(Listening and Speaking)部分。本单元的主题为"自然灾害"(NATURAL DISASTERS)。教学过程由观看视频、听新闻报道以及准备关于自然灾害的口头报道组成。在听和说部分，教学内容主要涉及对不同自然灾害的介绍、自然灾害给人类带来的伤害和人类在灾后的急救和重建工作等。通过听说学习，学生能够了解到自然灾害的种类，自然灾害对人类的影响以及人类应该如何应对自然灾害。

2. 词汇教学目标

初级目标：

通过学习，学生能够正确识别 disaster、earthquake、tornado、drought、landslide、tsunami、flood、volcanic eruption、hurricane、rescue、damage、destroy、death、affect 和 shelter 等在本篇文章中的正确含义。

中级目标：

学生能够正确识别出 disaster 和 earthquake、tornado、drought、landslide、tsunami、flood、volcanic eruption、hurricane 之间的上下义语义关系；正确识别 rescue 和 damage、destroy 的反义关系以及 damage 和 destroy 之间的同义关系；在具体的灾难语义场景中习得诸如 rescue、damage、destroy、death、affect、shelter 之类的词汇；通过听说的学习方式，强化已经学过的和自然灾害相关的词汇知识，能够在新的语境中准确使用已学词汇。

高级目标：

学生能够掌握正确的词汇学习策略，在词汇学习中能够运用词汇语义关系识记单词，理解词汇意义。

3. 词汇教学内容

本学习板块旨在通过听说活动的开展提高学生的听说技能。在听力过程中理解和掌握的词汇为接受性词汇(receptive vocabulary)，在口语表达过程中理解和掌握的词汇为产出性词汇(productive vocabulary)。在听力部分，学生主要关注的是识别所输入的文本的语义，顺利辨析文本中所出现的生词的意义，从而能够清除听力理解中的障碍，建构文本背景框架。在口语表达部分，学生需要正确使用词汇表达意义，确保语言信息的正确输出。本单元所学词汇均和自然灾害相关，共享“灾难”这一语义要素，在这一语义要素的支配下，地震、海啸、飓风、瘟疫、泥石流通过聚合构成了自然灾害这一语义场。同时，在口语表达时不可避免会使用和灾难相关的名词以及和救灾、灾后重建相关的动词。这些词并非彼此孤立，它们的语义相互关联，共处于同一语义场内，形成了不同的语义关系。在教学中，学生可以通过建构、分析词与词之间的语义关系来理解词汇的内涵。正确识别词汇之间的同义、上下义、反义等语义关系能够为词汇语义认知加工提供便利，从而构成了重要的教学内容之一。

4. 教学过程

鉴于本课所学词汇的特点，本教学设计以课程内容六要素中的学习策略为引领，设计能够培养学生理解性技能的学习活动，识别处于同一语义场中词汇的同义、上下义、反义等语义关系，正确发掘和理解词汇之间的语义关联，从而有效提高学生的语言学习技能，使学生掌握正确的词汇习得策略。具体的步骤如下。

(1)教师向学生展示课本47页的图片，并向学生提问。

What's going on in this photo?

What kind of natural disaster can you think of?

学生回答：

Someone was injured and people were rescuing him.

It was an earthquake.

通过一张图片，教师引出本单元的话题"自然灾害"。接着，教师可以引申话题，继续向学生介绍自然灾害的种类，发生自然灾害之后人类应该如何应对等。在这个过程中，教师可能会使用 injure、destroy、rescue、earthquake、hurricane 等和灾害相关的词汇，这对学生来讲形成了有效的词汇输入。

(2)教师播放自然灾害相关视频，并展示相关图片，让学生写下灾害的英文名，如下。

earthquake、tornado、tsunami、landslide、wildfire、flood.

此活动通过看视频和图片创建语境、问问题、回答问题进行词汇运用的方式，实现处在同一语义场的词汇的有效呈现，为下一步有效建构和 natural disaster 相关的语义场奠定了基础。natural disaster 是上义词，earthquake、tornado、tsunami、landslide、wildfire 和 flood 构成了 natural disaster 的下义词，它们之间是一种类属的关系。教师可以继续提问学生："What are the other natural disasters you can think of?"让学生进行头脑风暴，输出更多的 natural disaster 的下义词。

(3)学生听新闻，找出听到的关于自然灾害的词。

此活动为应用实践类活动，在听之前，学生关于自然灾害的相关知识已经被顺利激活，且学生通过题目的指示已经知道下面的任务是找出自然灾害的类别，因此只关注自然灾害的名称即可。输入的词汇中，既包含 earthquake、tornado、wildfire、tsunami、landslide、volcanic eruption 等已学单词，也包括 drought、flood 两个新单词。教师引导学生对听力文本进行分析与判断，强化已学词汇的学习效果，同时达到了学习新词汇的目的。

(4)学生在要回答的问题上圈出关键词，确定应听什么信息，之后再次听新闻回答问题。

此活动旨在培养学生捕捉细节信息的能力，听之前教师可以告知学生和natural disaster这一语义场相关的语义要素，告知学生在听的过程中主要关注和语义要素相关的信息。相关的语义要素具体如下：

Number：How many people were affected by the disaster?

Date：When did the disaster happen?

Time：How many times did it happen?

Address：Which buildings were damaged?

Activity：What did the recuse workers do in the area?

Reason：What caused the disaster?

(5)学生阅读关于灾害的三篇新闻，选择其中的一个做报告并向同学展示。

a. Earthauake

Wenchuan, China

14：28 Monday, 12 May

Magnitude 8.0

At least 8500 killed(by 13 May)

Rescue workers(medical teams、troops、volunteers, etc.) organized quickly.

b. Wildfire

Albert, Canada

Began on 1 May

2400 homes destroyed

Almost 88000 people evacuated

Hundreds of firefighters arrived

Planes, helicopters used to fight the fire

No deaths, no injuries

c. Flood

Colombo, Sri Lanka

Began in May

82 killed, 500000 affected

Rescue teams provided food and water

Shelters set up by the government

此活动为应用实践类活动，教师向学生提供真实的情境，让学生分析判断，加深理解，生成新的语篇。在这一活动中，可以利用词汇之间的语义关系完成词汇的运用。教师根据三个新闻报道中所描述的事件的内容，让学生基于关键词汇的语义关系，列出上下义词、同义词、近义词和反义词；在此基础上教师要求学生运用上述词汇形成口头报告。三个报告中所涉及的语义关系为：

上义词：natural disaster

下义词：earthquake、wildfire、flood

同义词或近义词：destroy、damage

反义词：destroy、damage↔rescue

bury↔evacuate

救灾语义场：

灾害的负面影响(damages caused by the natural disaster)：kill people、affect the victims

活动(activities)：set up shelters、evacuate people、provide food and water

人群(people)：rescue workers、soldiers、firefighters、Red Cross、victims

同义词、反义词、上下义词的语义相互关联，在进行语言输出前，教师通过明示这些词汇之间的语义关系，能让学生比较顺利地完成口头汇报，并实现词汇知识的内化和思维能力的提高。

5. 案例点评

本次词汇教学中，听力材料构成了语言输入，口语表达构成了语言输出。教师在本次教学中，遵循循序渐进的原则，在听前对词汇进行处理，通过话题导入的方式激活学生头脑中已有的和自然灾害相关的词汇，并顺利过渡到新词汇的引出。在听力和口头表达部分，教师充分利用听力文本和口头表达中所出现的语义关系，如自然灾害(disaster)—自然灾害种类(earthquake、tornado、drought、landslide、tsunami、flood、volcanic eruption、hurricane)形成的上下义关系，灾害场景—救灾场景中的动词之间的反义关系，救灾语义场中各种事件的表达，向学生明示各种语义关系，让其在头脑中建构语义网络，这样有助于学生在词汇的听力输入和口语输出中轻松提取并加工所学词汇，为词汇的学习提供便利。

案例七：构词法和英语词汇教学

1. 词汇来源与教材分析

本教学案例的词汇来自人教版高中英语必修一(2020)的词汇表，本节课是一节词汇复习课。本节课的词汇学习是脱离语境的，目标词汇量大，组织相对混乱，如何设定规则对词汇进行分类，使得词汇教学有据可循是教学的关键。鉴于此，本次教学将在构词法知识的指导下对词汇的构成进行解析，利用形态学知识，引导学生对词汇表中的词汇进行观察，总结规律，发现规则，利用英语构词法阐释词汇构成。在此基础上，让学生梳理本册课本的词汇，将庞杂的词汇按照构词方式的不同进行分类，以利于词汇的学习。最后辅以相应的练习，如猜词游戏、改变词形、选择单词等强化学生对词汇的学习以及对构词法知识的理解。本次教学主要选取词汇表中能够使用构词法进行解析的词汇，涉及的构词法包括派生构词法、合成构词法、首字母缩略法等。

2. 词汇教学目标

初级目标：

学生复习本学期所学的词汇，巩固词汇知识。

中级目标：

学生获得构词法知识，了解英语构词的基本规则，能够使用构词法知识解构英语词汇，并能使用构词法知识建构新的英语单词。

高级目标：

学生通过对语言词汇实例的观察发现构词法规则，培养类比等抽象思维能力；通过词汇练习培养学生的语言综合运用能力，提高词汇学习兴趣。

3. 词汇教学内容

本教学案例将使用派生构词法、合成构词法以及首字母缩略法三类构词法进行以下词汇的教学。

(1)通过派生构词法构成的词汇：

accommodate→accommodation

actual→actually

addict→addicted

advance→advanced

amazed→amazing

annoy→annoyed

apart→apartment

architect→architecture

champion→championship

confident→confidence

confuse→confused→confusing

register→registration

nation→nationality

design→designer

impress→impression

organize→organization

teenage→teenager

responsible→responsibility

economy→economic

Spain→Spanish

injure→injured, injury

revive→revival

refer→reference

(2)通过合成构词法构成的词汇:

extra-curricular

push-up

outgoing

greenhouse

freshman

package

push-up

landslide

landfall

(3)通过首字母缩略法构成的词汇:

p. m.

a. m.

FIFA

在教学中，首先，教师向学生阐释英语构词法的概念和构词方式的分类；其次，教师详述派生构词法、合成构成法以及首字母缩略法三类构词法的构词规则；再次，教师让学生观察词汇表中的词汇，对词汇表中的词汇按照派生词、合成词以及首字母缩略词进行归类，阐释每一类别中词汇的构成和意义；最后，教师设计相关词汇练习，强化构词法知识，加深学生对词汇的学习。

4. 教学过程

第一步：教师以单词表中的词汇为例，向学生讲授英语构词法的概念以及不同的构词规则，让学生理解什么是派生词、合成词及首字母缩略词。

第二步：教师让学生浏览教材单词表中的词汇，对单词表中的单词按照派生词、合成词及首字母缩略词的范畴进行归类。

第三步：教师引导学生观察所收集整理的派生词，分析派生词的构词规律，识别派生词的前缀、后缀等构词成分，发现词缀的意义。分析这些派生词的特点，并对派生词的构成规则进行总结和归纳。学生总结的派生词的构成规则如下：

V+-tion→N

Adj+-ly→Adv

V+-ed→Adj

V+-ing→Adj

V+ -ment→N

V+ -ture→N

N+-ship→N

V +-ent→Adj

Adj+-ity→N

V+-er, -r→N

V+-ion→N

N+-ic→Adj

V+-ry→N

V+-al→N

V+-ence→N

第四步：教师设计练习，让学生内化语言知识。具体练习如下：

用单词的正确形式填空。

A Spanish is a person from Spain. (Spain)

Smoking is a serious problem among teenagers in China. (smoke)

This book is for reference only. (refer)

He had to spend two years bedridden with an injury. (injure)

There are encouraging signs of an artistic revival. (revive)

You can get help from counselors at voluntary organizations. (organize)

Our accommodation guarantee ensures that undergraduate and postgraduate students arriving in September can live in a single study bedroom. (accommodate)

He seems to be doing nothing, but actually he is just biding his time. (actual)

He is addicted to smoking. (addict)

Self-learning is suitable for advanced learners. (advance)

She has made amazing progress. (amaze)

She was rather annoyed by her son. (annoy)
They live in a small apartment in the downtown area. (apart)
His lecture is about the different styles of architecture in that city. (architect)
Our school basketball team won the championship. (champion)
She is confident about her success. (confidence)
This event is very confusing to us. (confuse)
I will register with the British Embassy. (registration)
Mr Jones, what is your nationality? (nation)
Coco Chanel is a famous fashion designer. (design)
Her way of presenting the lecture left me with deep impression. (impress)

5. 案例点评

语言学习通常分为以意义为中心的输入学习(meaning-focused input)、以意义为中心的输出学习(meaning-focused output)、以语言学习为中心的学习(meaning-focused learning)以及以提高流利度(developing fluency)为目的的语言学习。[①] 词汇的学习可以发生在不同类型的学习活动中，且不同类型的词汇学习有不同的词汇学习目标。在以意义为中心的输入学习中，学习的主要目标是成功理解语言输入的意义，如在听力和阅读学习活动中，词汇学习的目标为理解听力和阅读中的生词即可；在以意义为中心的输出学习中，词汇学习发生在口头表达和书面文本产出中；在以语言学习为中心的学习中，词汇学习本身就是直接的学习目标；在以提高流利度为目的的学习中，词汇学习的主要目标是巩固所学词汇。

本课是一节专讲词汇的复习课，同时具有以语言学习为中心和以提高流利度为目的的词汇学习的特点。词汇本身的学习构成了焦点，不再依附于听力理解或阅读理解。因此，在教学中，教师需要引导学生关注词汇的意义、词汇的构成、词汇的语音与书写形式、词汇的搭配、词汇的使用等，采取正确的词汇学习策略才能达到对词汇的深度学习。因此，本节课以构词法为突破点，解析词汇的不同成分及其组合，举一反三，教会学生识别以及记忆词汇的正确方法，帮助学生掌握正确的词汇学习策略。

思考题

1. 英语中有很多多义词、同义词、上下义词，在这些词汇的教学中，应该采用什么样的教学方法？

① 何亚男、金怡、张育青等：《高中英语词汇教学活动设计》，3 页，上海，上海教育出版社，2015。

2. 在词汇教学中，如何恰当使用同义词、多义词、上下义词等语义关系提高词汇教学效果？

3. 英语构词法有哪几种？在教学中应如何引入构词法进行词汇教学？

4. 如何将认知隐喻、认知转喻运用到词汇教学中，指导词汇教学？

5. 构式语法对词汇教学提供了何种理论指导？如何设计基于构式语法的词汇教学？

6. 框架语义学给词汇教学的启示是什么？请基于框架语义学设计词汇教学。

推荐阅读

[1]保罗·内申，顾永琦. 外语词汇教学的方法[M]. 北京：外语教学与研究出版社，2019.

[2]何爱晶. 名—动转类的转喻理据与词汇学习[D]. 重庆：西南大学，2009.

[3]何亚男，金怡，张育青等. 高中英语词汇教学活动设计[M]. 上海：上海教育出版社，2015.

[4]汪立荣. 框架语义学对二语词汇教学的启示[J]. 外语研究，2011(3).

[5]汪榕培，王之江. 英语词汇学高级教程读本[M]. 上海：上海外语教育出版社，2006.

[6]王寅，李弘. 语言能力、交际能力、隐喻能力"三合一"教学观——当代隐喻认知理论在外语教学中的应用[J]. 四川外语学院学报，2004 (6).

[7]王寅. 认知构式语法[J]. 外语学刊，2011 (2).

[8]王寅. 认知语言学的哲学基础：体验哲学[J]. 外语教学与研究，2002(2).

[9]徐浩，孙桐，蒋炎富. 英语词汇教学[M]. 北京：外语教学与研究出版社，2018.

第四章　语法教学设计

章前导语

语法是语言项目进行组合、形成完整句子需要遵循的规则，语法规则制约着句子中语言元素的组合。和具体的词汇相比，语法规则抽象概括，具有极大的能产性，相当于语言这个大厦的支架。习得抽象的语法知识对中学生构成了一定的挑战。总的说来，围绕着“是否讲语法？如何讲语法?”这些争议问题，过去的语法教学遵循着两种路径进行。第一种教学路径主张脱离具体语境，在教学中只传授语法知识，不谈语言交际功能。这种重视语法形式，脱离语言交际，忽视语言功能的教学方法在传统语法教学中非常普遍。另一种教学路径主张在教学中以完成任务为导向，排斥语法的学习。只要学生能够形成正确的语言表达，语法错误可以忽略。以上两种方法在语法教学中比较极端也比较常见，不能有效实现语法学习目标。新课标一方面强调语法知识的学习，同时也重视语境、语用因素等在语法学习中的作用，要求学生学会在语境中理解和运用新的语法知识。因此，在语法教学中，教师要以语言使用为导向，树立“形式—意义—使用”三维动态语法观，在英语学习活动观的指导下，视语法为构式，重视用法、情境在语法学习中的作用。在语言学理论的指导下，科学设计语法教学活动，以提高学生的语法意识，培养学生对语法的学习兴趣，提高语法学习效率。

通过本章的学习您将能够：

了解中学英语语法教学的重点和难点；

了解当前中学英语语法教学面临的困难和挑战；

了解和领会英语语法教学相关理论；

根据不同的语法教学目标，科学地设计符合新课标教学理念的英语语法教学活动；

了解理论语法如认知语言学的基本主张，并能够在构式语法等理论语法的指导下设计中学英语语法教学活动；

正确认识语法、语用、语境的关系，融语法学习于语言使用和语言情境之中，在交际语境中习得语法，深化语法的学习。

第一节　语法教学概述

语法是对语言系统中词、句等语言项目的组合规则进行抽象和概括后所形成的规则系统。语法对语言项目的组合方式进行描述，进而形成规则系统。从这个意义上来讲，语法是系统的、抽象的、概括性的。同时，语法的力量是强大的，因为我们可以使用有限的、抽象的语法规则生成无限的语言表达。英语的主谓宾结构、时态、体态、分词、不定式、各种不同的句式制约着语言的合法生成，同时也使得语言形成了一个开放的系统，具有巨大的能产性。掌握了语法，学生就可以使用有效的词汇，生成无限的句子。因此，语法教学在整个英语教学中的地位非常重要。初中英语语法教学要求学生能够初步意识到语言使用中的语法知识是“形式—意义—使用”的统一体，明确学习语法的目的是在语境中运用语法知识理解和表达意义；了解句子的结构特征，如句子的种类、成分、语序及主谓一致；在口语和书面语篇中理解、体会所学语法的形式和表意功能；在语境中运用所学语法知识进行描述、叙述和说明等。①《高中课标(2020)》指出，高中阶段英语语法知识的学习是义务教育阶段语法学习的延伸和继续，学生应在更加丰富的语境中通过各种英语学习和实践活动进一步巩固和恰当运用义务教育阶段所学的语法知识，学会在语境中理解和运用新的语法知识，进一步发展英语语法意识②。因此，语法教学要树立以语言运用为导向的“形式—意义—使用”三维动态语法观，把语音、词汇、语法、语篇和语用知识结合起来，引导学生不断加强准确、恰当、得体地使用语言的意识，培养和提高学生的语法能力和抽象思维能力。在具体的操作中，语法课应根据主题语法知识的要求，科学合理地设计和安排语法教学活动，为听说、读写课的顺利进行铺平道路。

一、语法教学的重要性

作为一种规则系统，语法被视为语言的支架，没有语法的存在，人们在交流思想的时候，就没有统一的公认形式。语法学习作为语音、词汇、篇章等学习模块的重要组成部分，在听、说、读、看、写等语言技能的提高方面发挥重

---

① 教育部：《义务教育英语课程标准(2022 年版)》，21 页，北京，北京师范大学出版社，2022。

② 教育部：《普通高中英语课程标准(2017 年版 2020 年修订)》，23 页，北京，人民教育出版社，2020。

要作用。语法构成了语言表达的框架，打好扎实的语法基础犹如建筑稳健的地基，学好语法是学好英语的必备条件之一。在新课标的指引下，语法教学不是单纯地传授语法知识，让学生记住语法规则。在教学中教师需要有机地把语言的意义及形式与实际的交际功能结合起来，把语言的实际运用与语篇理解结合起来，提高学生的综合能力。

20 世纪 80 年代以来，在课程改革的推动下，国内英语语法教学发生了一些改变，从脱离语境、关注孤立的语法形式和意义转变为重视语言交际且更加关注语法项目在实际语境和交际中的运用。这样的变化确实为语法教学带来了一些改变，但受此影响，有的教师在语法教学上步入了另一个极端，认为枯燥的语法教学不符合新课标的理念，在课堂中只讲语法是过时、老套的；在教学中为了突出对学生交际能力的培养，以任务为导向，以完成交际任务为目标，只要表达了自己的思想，顺利完成了交际任务，句子是否合乎语法都是次要的。在这种教学法下，学生无法有效获得语法知识，不能成功实现新课标的教学目标。

可喜的是，20 世纪 90 年代，人们对以形式为中心的语法教学重新产生兴趣，对语法教学法进行重新认识和研究。目前，探索语法教学新途径又成为语言教学的一个热点①。不可否认，语法的学习是有用的，语法是语言组织的规则，是语言建构的基础，语法知识是语言知识不可或缺的一部分，没有语法，人们无法进行精准的交际。另外，语法学习是中学英语课程标准的要求，是考试的必考项目。因此我们在教学中不能排斥语法教学，科学有效的语法教学活动的设计是语法教学顺利进行的有效保障。

二、语法教学的相关概念

鉴于理论视角以及对语言本质看法的差异，不同的教学理论对语法有不同的认识，因此产生了不同的语法教学模式。

(一) 语法教学理论

在语法教学史上，历史上每一时期的语法教学都受到当时心理学、社会学、语言学思想的影响，教学理念和教学方法都有当时时代思潮的印记。我们在此对在历史中对语法教学影响较大的几个理论流派做出回顾。

---

① 朱玉山：《隐性语法教学视角下的大学英语写作型任务设计》，载《外语与外语教学》，2007（9）。

1. 行为主义理论指导下的语法教学

行为主义视知识的获得为一种反复的刺激—强化—反应的过程，语言知识的习得在本质上也是一种刺激—反应的过程。按照行为主义的观点，语言可以通过模仿、反复练习、强化而逐渐获得。行为主义强调语言外部环境以及强化在学习过程中的重要作用。具体来说，语言输入充当刺激，促使说话人做出反应，当做出正确的反应时，学习者会得到教师的奖赏或鼓励，此时为一种正强化，而当学习者做出错误的反应时，教师及时纠错，此时是一种负强化。

在具体的教学方法上，结构主义语言学为行为主义下的语言学习实践提供了指导。结构主义，尤其是以鲍厄斯为代表的美国描写语言学派注重对语言结构的形式描写。在结构主义学者看来，语言由不同层次的结构构成，其中，句法结构是最基本的结构之一，结构主义采用直接成分分析法分析句法结构。按照这样的思路，语法知识是学习者在对语法结构进行分解、重建等反复实践的过程中习得的。在教学中，教师要求学生进行大量的句法操练，在此基础上归纳并掌握语法知识。在行为主义和结构主义理论指导下，产生了以 PPT 语法教学模式为代表的教学思路，这一模式由展示(presentation)、练习(practice)、测试(test)构成。

在展示阶段，教师直接向学生讲解语法，展示语法规则，并使用具体的语言实例分析其用法，通过演绎的方法阐明语法规则，如讲名词短语从句时，先讲名词短语从句的构成和规则，再给出具体的例句进行分析；或者通过语言材料的呈现归纳性地展示语法规则，如先给出具体的包含大量名词短语的语篇，引导学生自主发现名词短语的形式、意义和语用特征。练习是语法学习中比较重要的一个环节，教师通常会以句型为中心，进行句型操练，设计如句型转化、模仿例句进行造句和翻译之类的练习题。通过这样的强化练习的方法，让学生归纳语法知识，并加固语法知识的学习。测试环节的设置主要是为了检验学习的效果，确保学生掌握所学的语法规则，检测教学目标是否达到。

在行为主义语法教学模式下，学生把大部分时间用在了语法规则的背诵和练习之中。在课堂上以教师为主导，学生被动地接受训练，以习得语法规则、会产出合乎语法的句子为语法学习目标。这种以机械训练为主的教学模式往往脱离了具体的语境，没有兼顾语用和交际需求，无法保证学生能够运用语法知识在语境中正确表达思想，传达信息，解决问题。新课标要求语言学习要强调语境的真实或类似真实性，语言产出应该符合实际交际的需求。很明显，这种重语法规则学习，轻语言交际能力培养的教学模式脱离了语言的实际运用，和新课标的要求背道而驰。

2. 交际教学理论下的语法教学

交际教学法（communicative language teaching，CLT），也称功能法（functional approach）、意念法（notional approach）或功能—意念法（functional-notional approach）。交际教学法重视语言的意义和交际功能，认为语言首先是一种交际体系。语言教学的目的是培养学生使用目标语进行交际的能力。因此，语言教学需要关注的是使用语言表达意义以及完成社会交际功能，而不仅仅是语言结构规则的掌握。在语言学习中占据重要地位的除了语言形式和语言规则外，还包括语言在实际交际中的运用。在教学中，交际教学法以意义、功能、交际为重点，在真实或类似真实的语境中使用语言材料进行语言交际以完成语言教学。学生是交际和学习的主体，教师的任务主要是促进交际，其次才是改正语言和语法错误。教师的角色不再局限于指挥学生进行句型训练，而是引导学生发挥主体性进行交际。

在交际教学法下，为了反映现实情境和交流需要，在课堂中所使用的材料以及所设置的场景要尽量贴合真实的社会情境，切实保证在交际中学生的听、说、读、看、写等语言技能得到综合运用和提高。常见的教学活动包括教师引导学生扮演角色、表演剧本、完成设定任务等，以便使学生能够在不同的社会语境下使用目标语进行交际。

在语法学习上，与行为主义教学观不同的是，交际教学论认为，语法的学习也是为交际服务的，语法并非语言学习的目的，因此，脱离语言交际孤立地学习语法知识是不可取的。交际教学论认为语法的学习必须通过活动、交际和完成任务的方式进行。在语法教学中，教师可以设计一些交际活动，如让学生完成在具体场景中的任务来学习语法项目。在交际教学论的指引下，出现了不同的语法交际教学模式，如“呈现—练习—在语境中练习”（present-practice-practice in context）、“引入—练习—产出（交流）”[introduce-practice-produce（communicate）]、“交流—语言呈现—操练—交流”（communicate-present language-drill practice-communicate）。

（二）内隐式语法学习和外显式语法学习

语言知识包括外显语言知识（explicit language knowledge）和内隐语言知识（implicit language knowledge）。外显语言知识是关于语言知识（包括语音、词汇、语法、语用、语篇规则）的知识。称其为外显语言知识，是因为这种知识可以显性地通过语言得以表达。一般来讲，外显语言知识可以通过正式、有计划的课堂语法学习而获得，是一种有意识的、刻意的语法学习活动。因此，外显语言知识的获得可以发生在任何年龄段。外显语法知识是关于语法规则、语法片段的陈述性(declarative)知识，学习者可以使用元语言描写语法、语用规则，分析语言结构，因此，外显语法知识也是一种元语言知识，包括很多语法术语。外显的语言能力使得学习者具有语法规则描述以及语法结构分析的能力。

与之相反的是，内隐语法知识是缄默知识(tacit knowledge)，第一语言习得者在自然语言环境中习得本族语言，第二语言习得者在自然的二语环境中习得第二语言，这两种情况下都能获得内隐语法能力。有了内隐语法能力，学习者能够理解和生成合乎语法的句子，具有识别他人语法错误的能力。内隐语法知识是学习者在日常交际中无意识获取的，无论是否进行过课堂语法学习，第一语言习得者都具有内隐语法能力。内隐语法能力构成了语言交往的基础。内隐语法知识是基于直觉的、程序性的知识，由语言习得者在没有超越语言习得关键时期内无意识获得，因而是自然习得的。说它是隐性的，是因为内隐语法知识没有被付诸语言表达。

埃利斯(Ellis)认为显性语法知识和隐性语法知识之间相互分离却又互相合作(dissociable but cooperative)。[①] 隐性知识是主要的、首位的，因为"大部分知识都是缄默知识；大部分学习都是内隐式学习，我们大多数认知处理都是无意识的"。相比之下，内隐知识在二语习得中具有更加重要的意义。二语习得过程就是内隐知识的发展过程，或者说是知识表征的变化过程。知识表征的变化意味着学习者形成新的知识结构，或者重构与确认已有的知识结构。[②] 二语语法知识的学习，就是通过语言以及语境知识的输入，促使外显知识通过建构和重组顺利转化为内隐知识的过程。

在语法教学课堂中，实施语法教学的目的不是使学习者获得显性的语法知识，而是通过显性的语法知识的传递，加速学习者内隐语法能力的发展。如果教师脱离语言使用，孤立地进行语法教学，学习者就只能获得外显的语法知识，无法有效使用语法知识进行交际。在语法教学中教师应该融语法知识于具体的语言交际环境中，这样才能有效助力外显语法知识的内化。教师将显性语法教学和隐性语法教学相结合，在教学中可以通过语言事实向学生呈现语法现象，引导学生归纳语法规则，对语法规则进行描述，并辅以各种具体的语言交际活动，培养学生的隐性语法能力。

(三)语法教学的几种方法

在语法教学中，比较常用的两种教学方法为演绎式语法教学和归纳式语法

---

① 埃利斯：《第二语言习得研究(第二版)》，424 页，上海，上海外语教育出版社，2013。

② 杨烈祥、阳志清：《外显知识在语法习得中的认知作用》，载《外语学刊》，2007 (5)。

教学。演绎式语法教学从讲解语法规则开始，配合例证和练习；归纳式语法教学从例证开始，配合练习，最后总结语法规则。

1. 归纳式教学法

归纳式语法学习方法是以对语法规则的认识从感性认识上升到理性认识为特点的语法学习方法。归纳式语法教学中，教师给学生提供包含语法教学项目的语言材料，让学生观察语言材料，获得感性认识，然后从语言实例中发现语法规则并归纳、总结，从而获得关于语法规则和语法概念的理性认识。因为从感性认识到理性认识的发展往往需要一段时间，因此归纳教学法往往需要持续较长时间，同时在语法教学中需要考虑到语境、语用因素。

2. 演绎式教学法

演绎式教学法也叫规例法，这种语法教学方法直接从语法概念、语法规则入手，以教师直接进行语法知识的讲解为特点。在课堂中，教师首先向学生展示语法规则，然后举例分析其用法，以便理解和开展练习。

演绎式教学法较机械，需要学生具有一定的抽象思维能力和理解能力。相比之下，通过诱发式学习，归纳式语法教学可通过语料呈现的方式增加学生对语言的接触，有助于培养学生的观察能力和发现能力，深化学生对语法概念和规则的理解，避免灌输式教学。传统的语法翻译法和当代的认知符号法都采用演绎语法教学方式，而其他的教学法，如直接法、情境法、听说法、交际法、自然法等，主要采用归纳教学法。

三、新课标下的语法教学

《高中课标(2020)》对高中生需要学习的语法知识内容提出了具体的要求。必修课程要求学生能够在语篇中理解和使用过去将来时态，现在进行和现在完成时态的被动语态，动词不定式作句子中的定语和结果状语，动词-ing 形式作句子中的定语、状语和补语，动词-ed 形式作句子中的定语、状语和补语，以及由关系代词 that、which、who、whom、whose 和关系副词 when、where、why 引导的限制性定语从句等。选择性必修课程要求学生能够认识英汉语法的不同；能够运用语法知识，理解语篇意义，进行自我表达；在语篇中正确理解和使用过去完成、将来进行和现在完成进行时；正确理解和使用过去进行和过去完成时态的被动语态；正确理解和使用动词不定式作句子中的主语和表语；正确理解和使用动词-ing 形式作句子的主语、宾语和表语；正确理解和使用动词-ed 形式作句子的表语；正确理解和使用由关系代词和副词引导的非限制性定语从句、主语从句和表语从句；能够正确使用五类句子成分有选择地对长句和难句进行分析。而选修(提高类)课程要求学生能够在语篇中理解和使用倒装、强调、同位语从句等结构传递意义，并恰当地理解和使用虚拟语气。

《高中课标(2020)》明确指出，英语语法知识包括词法知识和句法知识：词法关注词的形态变化，如名词的数、格，动词的时、态(体)等；句法关注句子结构，如句子的成分、语序、种类等。词法和句法之间的关系非常紧密。在语言使用中，语法知识是“形式—意义—使用”的统一体，与语音、词汇、语篇和语用知识紧密相连，直接影响语言理解和表达的准确性和得体性。①

在语法课程的实施上，新课标提出了指向学科核心素养的英语学习活动观，通过具体的语法学习活动，教师需要将课程内容六要素进行有机结合，以达到提高学生核心素养的目的。语法教学也应体现这一思想，教师在教学中需要兼顾语言形式、意义以及语言使用，在教学时改变过去碎片化、模块化的教学模式，关注语音、韵律、词汇、语篇、语用知识与语法的相互作用。在语法教学中教师可以以主题语境以及语篇为主线，设计语法学习活动，提高语法教学效果。

本书将语法教学实施过程中的要点归纳如下。

第一，教师要在情境、语境中教语法，让学生在语言交际活动中学习语法。学生是语法学习的主体，语法教学首先要给学生创设一个有意义的、可操练的情境，在情境中进行语法教学可以有效避免语法教学的枯燥感和机械性。在具体的教学实践中，教师可以借助实物、图表、图片、简笔画以及多媒体课件等直观的手段创设语言情境，促使语法教学更为形象化，借此激发学生的学习兴趣，维系学生长时间的注意力。除此以外，语言情境的创设要讲究真实性，突出语言的语用功能，注重“在正确的场合，使用正确的语言，说正确的话”。根据具体的情境，教师要采取不同的语法形式，以培养学生的语用意识。

第二，教师要在语篇中教语法。语言在交际中产生，为交际服务，而语言交际发生在具体的语篇之中，因此，语言无法离开具体的语篇而存在。人们交流思想和获取信息都是在一定的语境中进行的，而创设语境的载体是语篇。传统语法教学大多以句子为单位，主要剖析一个句子中所体现出来的语法，或者培养学生使用语法规则建构句子的能力，语法学习很少超越句子。而事实上，很多语法知识是超越句子作用于语篇的，如倒装、强调、同位语从句等结构。除了发挥语法功能，传递语法意义外，它们还具有比较明显的语用功能。而对

① 教育部：《普通高中英语课程标准(2017年版2020年修订)》，23页，北京，人民教育出版社，2020。

它们的学习理解要求我们将它们置于段落甚至整个语篇之中。在平时教授语法知识和语法规则时，教师要从篇章语境出发，从语篇的结构和意义出发，让学生更好地理解所学的语法知识，在通篇理解中提升学生运用语法的能力。实践经验表明，语篇给学生所提供的是真实的语言环境，在语篇中教语法有利于改变只注重语言形式，忽视语言意义，忽视语用功能的现象。

第三，教师要注重语法和词汇、语篇等语言单位之间的相互作用。按照构式语法的观点，作为承载意义的语言单位，语法、词汇、篇章都是构式。对词汇意义的解读离不开词汇所出现的语法环境。同样，语法知识的学习也以句子、语篇、语境为依托和载体。具体语法项目的意义受其所出现的句法环境和语篇环境的影响。在语法教学中，可取的方法是关注语法意义在具体句子和语篇中的呈现，而不是抛开词汇、语篇讲语法。脱离了语篇的语法学习是空洞、枯燥的，在学习中，学生需要关注词汇、语法、语篇之间的相互作用。

第二节　本书语法教学设计理念

一、语法教学现状

总的来说，中学英语语法课堂主要被两种语法教学模式所主导。第一种语法教学模式强调语法作为规则的作用，忽视语法的使用语境和使用目的。这种语法教学延续了传统的做法，教师在课堂上脱离具体的语言使用环境，以灌输规约性的语法规则为主，授课结束后学生进行大量脱离实际语境的语法练习，试图通过反复操练强化语法学习的效果。这种教学模式具有以下弊端：语法规则讲解枯燥，语法操练过于机械，教学情境设置过于虚假，真实语用环境缺乏。这样机械的教学模式不重视语言在具体语境中的使用，重视语言形式、抽象的语法规则的讲授，忽视语言的意义以及语言在具体语境中的使用，没有充分考虑到学生的认知学习特点和规律。有备考经验的教师在上课时会自觉或不自觉地强调英语语法学习的重要性，如此一来，很容易给同学们传达一种为学语法而学英语的错误思想，学生看到或听到句子的第一反应是分析句子的语法结构。这种教学方式的后果就是学生对于语法规则、语法知识倒背如流，但是在实际语言情境中却很难说出符合交际语用规约的句子。

另一种教学模式则以重语言交际的名义，不重视语法规则的传授，在教学中以使用语言把意思表达清楚为教学目标，让学生在语言环境下自己去领会语法。殊不知，缺少了适当的引导，学生虽可以大致表达自己的意图，实现语言的交际功能，但所说的句子大多不合语法。淡化英语语法知识传授的现象在年轻英语教师中比较常见。在英语教学的过程中，如果教师没有足够重视英语语法的学习，使学生的语法知识匮乏，那学生在交际中就很难说出或写出正确的句子，这样很难达到新课标的要求。

埃利斯认为语法在语言教学中一直处于中心位置。① 新课标不提倡脱离语境机械死板地进行语法规则的阐释和练习的语法学习方法，而并非语法知识学习本身。按照新课标的教学理念，语法知识在具体语境中的正确使用也是教学的重点之一。

功能语法、认知语法、构式语法等语言学理论为人们观察和分析语言提供了新的视角，给语法教学带来新的启发。语义、功能、语用等因素并非独立于语法之外，它们是语法本身的有机组成部分，语法技能是交际技能得以顺利获得和提高的前提。和传统的语法教学的做法不同，强调认知—功能的认知语言学关注语言意义，强调语言的使用以及语言使用过程中概括、类比、范畴化等认知加工对建构语言意义的作用。以认知语言学为指导的语法教学有效地避免了上述两种教学模式的弊端，这样的语言观更新了我们对语法的理解，为英语语法教学开拓了新的视阈，也为本书的语法教学设计提供了新的思路和指导。

二、英语学习活动观指导下的语法教学

本书的语法教学设计秉承基于语境和用法，以获得构式知识为主要目的、以语言运用为导向的“形式—意义—使用”三维动态语法观。我们在语法教学设计中对语法教学提出了新的要求，即语法教学应该基于具体情境，整合语音、词汇、语义、语用、篇章等各个语言模块的知识，语法形式和意义并重，重视语法本身的意义以及语法在具体语境中所发挥的语用功能。本书中的语法教学设计主要以认知语言学所提出的语境观、构式观、用法观为理论指引。下面我们对这三种理论路径做出简述。

(一)语境观

基于语境观的语法教学强调语境在语法教学中的重要性。这里的语境，包括言内语境(即语法所出现的上下文以及具体语篇)以及言外语境(即话语内容所指涉和发生的具体外部语境)。一方面，在教学中，教师要注重言内语境的重要性，即重视语法项目所出现的文内环境，关注语篇内的语音、词汇、篇章

① Ellis, R., “Current Issues in the Teaching of Grammar: An SLA Perspective,” TESOL Quarterly, 2006(1), pp. 83-107.

等信息在语法知识中的作用。在语言运用中，语音、词汇、语法、语篇和语用知识总是交织在一起，构成语言意义建构的重要基础。语法参与语篇意义的建构，而语法形式的选择取决于具体语境中所表达的语用意义。传统语法教学通常视语法为句法，讲语法就是讲句法，讲句式的变化，很少涉及语篇以及语境、语用信息。比如，讲到主动句和被动句时，往往视两个句子的意义为对等，其不同就在于表达形式的不同，而很少或不去深入探讨这两个句子的语篇功能以及在实际语境中的语用功能。事实上，主动句和被动句表达不同的意义，它们的不同在于其凸显对象的不同，主动句凸显的是动作过程的施事，被动句凸显的是动作过程的受事，两个句子所激起的意象各异。要想阐释清楚这一点，在语法教学中，教师可以通过适当援引语言学理论的主张，建构不同的语境来帮助学生理解主动句和被动句的语义差异。

另一方面，在讲授语法时，教师需要着力建构适合语法教学的言外语境，达到“在正确的场合，使用正确的语法形式，说正确的话”的语法教学效果。英语学习活动观强调语法与语境之间的关联。语法知识的使用不仅需要做到准确和达意，还要做到得体，因为语法形式的准确性并不等同于语言使用的有效性，有效的语言使用还涉及说话人的意图、情感态度及其对具体语境下参与人角色和身份的理解，这些都离不开说话者的语用意识和相关的语用知识。因此，在教学活动中，教师应重视在语境中呈现新的语法知识，在语境中指导学生观察所学语法项目的使用场合、表达形式、基本意义和语用功能，并通过开展课堂内和课堂外的练习和活动，巩固所学语法知识，在语境中帮助学生学会应用语法知识理解和表达意义，引导学生不断加强准确、恰当、得体地使用语言形式的意识。在练习和活动的选择和设计上，教师应根据学生实际需求，围绕“形式—意义—使用”三个维度，设计不同类型的学习实践活动，用既有层次又强调整合的教学活动来引导学生发展英语语法意识和能力。

（二）构式观

按照构式语法的观点，构式是一种象征单位，是形式和意义的配对。[①] 构式包括各层级语言项目，小到词素、词，大到短语、习语以及句子等。和传统语法不同的是，这些大大小小的语言单位可具体、可抽象，它们之间没有明显的界限，构成了一个连续统。语法构式理应成为语法教学的主要内容。以构式为教学单位的语法教学既要关注构式的形式，也要兼顾其意义内容。需要注意

① Goldberg, A. E., *Constructions: A Construction Grammar Approach to Argument Structure*, Chicago, University of Chicago Press, 1995, p. 4.

的是，构式的意义不是其组成部分的意义的叠加，具体构式出现的语境知识、语篇知识也是构式意义的重要组成部分。

从构式的抽象程度上来说，一种语言中的构式可抽象也可具体，抽象构式是图式性的，具体构式是抽象构式的例示。人们在学习、使用语言时对所接触到的诸如词汇、短语、句法等具体构式进行概括和抽象之后，能够得出由图式性知识构成的抽象构式。

传统语法教学教师侧重对规范性语法规则的讲解，学生往往很难理解、掌握并运用这些抽象的语法知识。构式语法语言规则为我们提出了一个新的思路，教学活动的组织应该本着引导学生从具体的构式中发现和归纳规则，从而概括出抽象的构式的目的，从而做到“从具体到抽象”“从例到类”的转换。在教学中要注重对语言使用背后规则的抽象和概括，注重语法形式与意义或功能的结合，注重探究语法现象背后的理据。

(三)用法观

如上文所述，认知语言学所倡导的构式语法认为语言是基于使用的(usage-based)。具体而言，语法构式是说话者在无数次的语言使用过程中通过抽象和概括而获得的。对于母语学习者而言，儿童在多次接受类似的语言输入的基础上，通过类比、概括等认知方式进行抽象和范畴化，从而习得语言构式。归根结底，语法规则的习得是在语言使用过程中通过概括和范畴化形成的，也就是，先有实际的语言使用用例，后有抽象的语法规则。同样的道理也适用于第二语言习得，英语语法学习也应该遵循“语言是基于使用的”这一原则。从这个意义上来讲，传统的以讲授为主的语法教学采用的是一种逆向的方法，即先有语法规则，后有具体的语言使用，这并不符合人类认知和学习的规律。在语法教学中，比较可取的方法是教师向学生提供大量语言的例示，引导学生从中进行概括和抽象，提炼语法规则，在此基础上进行大量的在真实或者类似真实的语境中的语言使用，从而做到基于用法来学习语法。

第三节　语法教学设计案例

案例一：构式语法指导下的主语从句教学

1. 语法来源与教材分析

本教学案例中需要学习的语法点为名词性从句中的主语从句，来自高中英语人教版选修(2020)第四单元听力(Listening)部分。主语从句是高中英语中的一个重要的语法项目，它在高考中占有一定的比例，在阅读、完型、语法填空、改错题中出现。因此，主语从句的教学一直是高中英语语法教学中的重点项目。

2. 语法教学目标

初级目标：

学生能够识别英语主语从句的形式特征，掌握其语义以及语用知识。

中级目标：

学生能够了解构式的概念，在构式语法的指导下了解语法构式的概念，在构式语法理论的指导下学习主语从句。

高级目标：

学生能够将自下而上的认知能力和自上而下的认知能力相结合，提高类推及归纳的学习和认知能力。

3. 语法教学内容

本节课的教学重点是辨认主语从句的引导词，发现主语从句的句法、语义特征，在语境中正确使用主语从句。在教学中，我们将以构式语法相关理论为理论指引，在构式语法理论的框架内设计相应的教学活动，以达成本课的语法教学目标。

按照构式语法的观点，构式分为具体构式和图式性构式，它们涵盖语言的各个层级。具体构式指涉及我们日常表达中所使用的单个具体的语言表达，大到单个句子，小到短语、词汇、语素等。图式性构式是千千万万个具体构式的抽象化。可以说，习得了图式性构式，就基本掌握了语法规则。在语法学习的过程中，教师可以改变过去讲授枯燥的语法规则的方法，给学生提供大量的由具体构式组成的语言输入，引导和鼓励学生对输入的语言项目不断地进行抽象(abstraction)和概括(generalization)，逐渐习得抽象构式。在本节课教学中，教师可以首先给学生提供主语从句的实例，给予其适当的引导和提示，自下而上，在对大量语言实例进行观察的基础上，让学生归纳主语从句的形式特征和语义特征。在掌握主语从句的形式规则和语义内容之后，给学生布置任务，在具体的语境中正确产出主语从句，通过语言使用达成语法知识内化的目的，实现主语从句语法知识的有效习得。

4. 教学过程

(1)教师给出几个句子，让学生找出句子的主语，如：

Jane is good at playing piano.

To see is to believe.

Smoking is bad for health.

What he has said is true.

学生给出答案，这几个句子的主语分别为：

Jane、to see、smoking 及 what he has said。

经过教师的提示，学生观察这四个句子后可以得出名词、不定式、动名词和从句都可以做主语的结论，从而引出主语从句的定义，即主语从句是在复合句中充当主语成分的句子。教师引导学生观察上述句子的主语的不同，并概括出主语从句的结构形式；再根据具体的语境讲解每一个句子的意思，并概括出主语从句的抽象构式义。学生掌握了主语从句的抽象构式义后，便能在需要的时候输出相应的语言实例。

(2)教师给出四个包含主语从句的句子，让学生分组讨论，找出句子中的主语从句，观察主语从句的形式特征，并说明辨认主语从句的技巧，如：

That the earth travels round the sun is a well-known fact.

Whether the artist can do it or not is uncertain.

Why he did it remains a mystery.

Whoever breaks the law will be punished.

学生经过讨论得出结论，四个句子的主语从句分别为：

that the earth travels round the sun, whether the artist can do it or not, why he did it 及 whoever breaks the law。

学生还发现，主语从句都是陈述语序，主句中的谓语动词常用单数，that、whether、why 及 whoever 等都可以引导主语从句。教师讲解分析主语从句的技巧：在找主语从句时，首先要找出谓语，谓语动词之前的一般都是主语从句，这样学生就能够成功辨认出句子中的主语从句。

(3)教师分别给出不同的例子，对主语从句的引导词的选择进行补充和说明。主语从句引导词的选择根据从句的结构和意义来确定，可分为从属连词(that/whether)、连接代词[who(ever)/which(ever)/what(ever)]以及连接副词[where(ever)/when(ever)/why/how]。如果从句的意义和结构完整，则选用 that/whether，that 本身无意义，不作句子成分，位于句首时不能省略，whether 表示“是否”，不作句子成分；如果从句的意义和结构不完整，则需要根据从句的意义和结构选择相应的连接代词，连接代词在从句中担当一定成分；连接副词在从句中作状语，使从句意思更加完整。

(4)教师给出两组句子，让学生根据所学的知识将两个句子合成一句话，帮助学生理解主语从句，如：

He passed the exam.

It made the teacher happy.

When will he come?

It is not clear.

学生很快说出答案，分别为：

That he passed the exam made the teacher happy.

When he will come is not clear.

(5)拓展延伸。教师给出两组句子并进行讲解，如：

That he will win the match is certain.

It is certain that he will win the match.

一般来说主语从句都是放在句首，但有时为了使句子保持平衡，避免“头重脚轻”，常用 it 作形式主语，把主语从句放在句尾。

(6)教师让学生总结主语从句的规律。学生很快得出：

主语从句一律用陈述语序；

主语从句的谓语动词多用单数形式；

连接词 that 在从句中无实际意义，但不能省略。

5. 案例点评

传统的语法教学中，教师多关注对语法形式、语法规则的讲解，学生则被动地接受教师所讲授的语法知识，这种做法忽略了语法结构的意义以及语法结构在具体语境中的使用，缺乏学生自主探索和归纳语言事实背后语言规则、通过语言使用进行语法知识内化的两个环节。这种做法不符合语言教学与语言学习规律，给语言学习，特别是外语学习带来了一定的难度。构式语法视构式为语言形式与意义及功能的结合体，强调语法结构的整体构式义，注重语言使用在强化语法知识方面所发挥的作用。本案例中，教师根据构式语法的理念，视主语从句为抽象构式，在具体的语法教学中遵循从具体构式到抽象构式、从简单构式到复杂构式的教学方法。教师根据教学要求创建相应语境，学生在具体的语境中学习语法，形式和意义并重，既习得了语法知识，也习得了语义、语用知识。通过引导学生基于具体的语言实例概括抽象的图式知识，学生领会了语言学习的一般规律，抽象概括能力得以提高。

案例二：基于用法的语法教学——以英语短语为例

1. 语法来源与教材分析

本案例中要学的语法项目来源于人教版高中英语必修一(2020)第一单元

(TEENAGE LIFE)，这一单元的语法主要涉及短语(phrase)和词组(word group)。短语或词组是具有一定意义的一组词，由两个或两个以上单词构成，主要包括名词短语(noun phrase)、形容词短语(adjective phrase)、副词短语(adverb phrase)、介词短语(prepositional phrase)等，它们遵循一定规则组合而成。短语是语言中的一个重要语法单位，英语中存在大量的能产性极强的短语。掌握短语的基本概念、了解其句法形式和语义特征、熟悉短语的使用对学生听、说、读、看、写等多方面语言能力的培养都具有重要意义。

2. 语法教学目标

通过具体的教学活动，教师引导学生领会英语中短语的概念，明白短语的范畴，界定短语的范畴成员。在此基础上，学生深入了解本课需要学习的三种短语：名词短语、形容词短语以及副词短语，了解这三类短语的定义、分类、组合规则以及代表性示例，并能在具体语境中熟练使用这三类短语进行交际。

初级目标：

学生掌握英语中短语的概念，熟悉短语这一语法范畴及其具体分类，了解名词短语、形容词短语以及副词短语的句法、语义特征，掌握它们的用法。

中级目标：

教师培养学生在使用中学习语法的能力，掌握基于语言使用的语法学习方法，形成相关的学习策略。

高级目标：

提高学生进行类推、归纳的能力，培养学生自下而上与自上而下相结合的认知能力，激发学生语法学习兴趣。

3. 语法教学内容

本节课的教学重点是界定英语中短语的范畴，使学生了解名词短语、形容词短语以及副词短语的形式、语义特征，并能根据它们的语法组合规则建构名词短语、形容词短语以及副词短语，在具体语境中熟练使用这三类短语进行交际。

按照构式语法的观点，构式分为具体构式和图式性构式，后者是前者的抽象，具体构式是抽象构式在真实语境中的千千万万个实例。习得了图式性构式，就基本掌握了语法规则。在这一理论主张的启发下，在语法学习的过程中，教师应该改变过去讲授枯燥的语法规则的思路，给学生提供大量的由具体构式组成的语言输入，引导和鼓励学生对输入的语言项目进行抽象和概括，逐渐习得抽象构式。在教学中我们将运用观察法和归纳法，让学生自主观察，然后归纳、总结名词短语、形容词短语以及副词短语的结构和基本规则，通过抽象和归纳的方法习得抽象的图式性构式，然后通过大量语言实例强化学生对该语法结构的认识，并通过翻译、填空、辨析具体结构等练习让学生在具体语境中运用语法规则生成语言，达到在语言使用中学习语法知识的目的。

4. 教学过程

Activity 1：在具体语境中自主探究，归纳短语的共性和个性特征。

仔细观察下列三组例句，发现并归纳画线部分的共性。

例 1. The first week was a little confusing.

His mother is a beautiful lady.

The dog has big ears.

例 2. The building is so big that I'm completely lost.

Rabbits runs very quickly!

例 3. My first French class was very confusing.

The teacher spoke so quickly.

The dining room is decorated very plainly.

让学生分组讨论，并向学生提问：以上句子画线部分的形式特征和语义特征是什么；它们具有哪些共同之处，又具有哪些个体特征。

教师总结学生的答案并做出评析，以上述语言事实为观察对象，向学生阐释短语和词组的相关语法知识：上述例句中画线部分都是短语，由两个或两个以上的单词构成，上述句子中的短语包括名词短语、形容词短语以及副词短语，它们具有共同的语法和语义特征，同时又具有个性特征。

Activity 2：阐明短语的概念和种类。

教师向学生提问：何为短语？从上述句子中出现的短语来看，短语的句法语义特征是什么？让学生带着这些问题去思考，之后教师就上述问题给出答案。

名词短语的定义：

Word group with a noun as its head word.（以名词为中心构成的短语。）

名词短语的功能：

和名词一样，名词短语可以在句子中充当主语，如下面例 1 中的 countryside in autumn；名词短语可以在句子中充当宾语，如例 2 中的 teaching English；名词短语可以在句子中充当表语，如例 3 中的 a good teacher；名词短语可以在句子中充当宾语补足语，如例 4 中的 a clever boy。

例 1. Countryside in autumn is very beautiful.

例 2. I enjoy teaching English.

例 3. He is a good teacher.

例 4. I found him a clever boy.

形容词短语的定义：

Word group with an adjective as its head word.（以形容词为中心构成的短语。）

形容词短语的功能：

形容词短语在句子中发挥形容词的功能，修饰名词、代词等。形容词短语可以由两个形容词组合而成，如下面例 1 中的 tall but foolish，例 2 的形容词加 enough 形成 good enough，例 3 的副词加形容词形成 awfully distasteful，例 4 中的形容词 worthy 后面跟介词短语，形成 worthy of collection。

例 1. The boy is tall but foolish.

例 2. These apples are good enough to eat.

例 3. The food is awfully distasteful.

例 4. Stamps are worthy of collection.

副词短语的定义：

Word group with an adverb as its head word.（以副词为中心构成的短语。）

副词短语的功能：

副词短语发挥副词的功能，修饰动词、形容词或者副词，副词短语的位置灵活，可以在句前，也可以在动词之后。例如：

例 1. Finally I went home.

例 2. My mother did her work pretty well.

例 3. I stood here yesterday.

例 4. I am fully aware of the fact that he lied to me.

Activity 3：在使用中学习语法，基于语言用例归纳、总结语法规则。

在了解了各类短语的定义、句法特征以及语义功能之后，教师给学生提供短语的实际用例，要求学生将短语翻译成汉语，在接受大量语言输出的基础上培养学生的语感，为学生抽象出短语的语法知识提供语言用例的储备，实现基于语言用例的规则抽象。

练习 1：将以下名词短语翻译成汉语，并总结其组合规则。

action movie（动作片）

bed time（就寝时间）

computer game（电脑游戏）

family name（姓氏）

ice cream(冰激凌)
ID card(身份证)
movie star(电影明星)
pen pal/friend(笔友)
phone number(电话号码)
school day(上学日)
school trip(郊游)
summer camp(夏令营)
talent show(天才表演)
上述名词短语的组合规则为：名词+名词。
the girl(那个女孩)
a book(一本书)
two boys(两个男孩)
an apple(一个苹果)
some roses(一些玫瑰)
that desk(那张桌子)
上述名词短语的组合规则为：限定词+名词。
beautiful flowers(漂亮的花)
ugly men(丑陋的人们)
confusing words(令人费解的言辞)
上述名词短语的组合规则为：形容词+名词。
练习 2：将以下形容词词组翻译成汉语，并总结其组合规则。
the most beautiful(最美丽的)
very glad(非常高兴的)
pretty good(非常好的)
completely wrong(完全错的)
上述形容词短语的组合规则为：副词+形容词。
old enough(年龄足够的)
good enough(足够好的)
上述形容词短语的组合规则为：形容词+enough。
good for nothing(一无是处的)
worthy of careful study(值得认真学习的)

上述形容词短语的组合规则：形容词+介词短语。

well worthy of praise(值得赞扬的)

上述形容词短语的组合规则：副词+形容词+介词短语。

large and beautiful(又大又美的)

small but strong(小而强大的)

cold and hungry (饥寒交迫的)

上述形容词短语的组合规则：形容词+形容词。

练习 3：将以下副词词组翻译成汉语，并总结其组合规则。

much more beautifully(美丽得多地)

very well(非常好地)

上述副词短语的组合规则：副词+副词。

Activity 4：在使用中学习语法，强化学生对规则的认识。

练习 1：翻译以下句子。

我们学校里面有一个很大的花园。(There is a big garden in our school.)

她的衣服非常时尚。(Her clothes are very fashionable.)

他打字非常快。(He types very quickly.)

你开车太快了，这样太危险了。(You drive too fast. It's very dangerous.)

练习 2：画出下面例句中的名词短语、形容词短语以及副词短语。

I went to the train station to pick up my brother.

The famous writer will come to our school to give a lecture.

He has lived a life without any worry.

Who is the man standing by the door?

He is not good enough.

I bought a very big bottle.

Your mother is pretty and hardworking.

This meal is awfully distasteful.

It is the most beautiful bird I have ever seen.

He ran strangely slowly.

You are driving too fast.

5. 案例点评

本次语法课主要学习英语短语，包括高中阶段常见的名词短语、形容词短语和副词短语。教师通过教学帮助学生了解英语短语的概念、分类、短语的构成、短语的语义以及短语的语用功能等。该教学案例的设计受认知语法“语言基于用法”这一思想的指导。基于用法的英语语法教学以认知语法理论为指引，该理论认为，语言结构的心智表征(mental representation)植根于语言使用。根据“基于用法”的语言观，语法知识源于我们在语言使用过程中的体验和认知。人们对于语法结构的认知加工和人的一般认知加工规律一致。我们具有从反复使用的日常语言实例中抽象出语法化程度更高的语法结构的能力，这些结构和词汇形成了词汇—语法连续体。和传统语法教学注重语法规则的讲授以及通过句型学习语法不同的是，基于用法的语法教学模式通过大量语言实例的呈现引导学生归纳语法规则。在教学中，一个个具体的语言用例构成了教学的基础，如名词性短语 big eyes、beautiful garden 属于语言的规约表达，在对大量语言用例进行归纳的基础上，学生抽象出形容词加名词构成名词短语语法的规则，从而掌握语法知识。

以使用为基础的语法教学主要有以下几个特点：第一，以使用为基础，教师首先通过反复使用的方式给学生输入名词短语、形容词短语以及副词短语的具体用例，在此基础上学生进行自下而上的认知加工，总结、归纳出各类短语的语法组合规则，形成抽象的语法图式。第二，培养学生的范畴化能力，基于对大量具体的语言实例的观察，归纳抽象化的语法规则，并有效进行范畴化。第三，重视语法构式的语义信息。按照认知语言学的观点，名词短语、形容词短语等抽象的语法单位也具有抽象的构式义。这些抽象的语法构式具有图式性特征，表达抽象的图式意义，通过给学生呈现出大量的语言实例，学生能够归纳、总结出各种短语结构共享的抽象图式意义。第四，在使用中实现语法知识的内化。学生在领会各种短语结构的图式性意义后，通过大量的练习强化语法知识，使之内化为具体的语言知识。

案例三：基于语境的语法教学——以使用英语现在进行时表将来为例

1. 语法来源与教材分析

本节课需要学习的语法项目为“使用英语现在进行时表达将来事件或过程”(the present continuous tense for future use)，来自高中英语人教版必修一(2020)第二单元的语法学习(Discovering Useful Structures)部分。本单元主题为“环游世界”(TRAVELLING AROUND)。这一单元的主题语境为“人与自然”，主题群是“自然生态”，具体语境为“旅游”。语法知识的学习，能够加深学生对现在进行时的理解，掌握使用现在进行时表达将来过程或事件的用法，丰富学生关于现在进行时的相关语法知识，并能够在具体语境下使用现在进行时表达将来过程或事件。

2. 语法教学目标

本课要学的语法知识为英语现在进行时表示将来的用法，对该语法项目的学习不仅仅局限于句法知识的学习。通过学习，学生也需要了解用现在进行时表示将来过程的语境、对进入该句式的动词的选择限制关系，以及该句式中可以出现的时间标记等。英语表示将来的现在进行时结构是“形式—意义—使用”的统一体，通过本节课的语法学习，学生应该了解英语现在进行时表将来事件或过程的含义，并掌握其正确用法；能够有效地在不同主题语境中使用此语法项目，描述真实和想象世界中的人和物、情境和事件，简单地表达观点、意图和情感态度，在生活中进行一般性的人际交流；能够掌握符合认知规律的语法学习策略。

初级目标：

学生能够识别现在进行时表示将来事件的语法和语义特征，正确判断能够用现在进行时表示将来的句式的动词以及时间标记。

中级目标：

学生能够在听力、阅读活动中有效辨认现在进行时表达将来事件的用法，正确解读文本意义；在口语、写作、翻译活动中有效使用现在进行时表示将来发生的事件或过程，正确表达个人观点。

高级目标：

教师培养学生在具体语境中学习语法的能力，使学生掌握正确的语法学习策略。

3. 语法教学内容

大部分语法书对英语现在进行时的定义为：现在进行时表示现在或当前一段时间正在进行的动作。除此以外，现在进行时还可以表示将来发生的动作。本语法课的主要学习内容为英语现在进行时表达将来事件的用法。本课的主要教学内容为：英语现在进行时表示将来事件的语法形式；英语现在进行时表示将来事件的语义特征；对用英语现在进行时表示将来的结构的动词的限制；英语现在进行时表示将来事件的语用特征。

4. 教学过程

为了完成上述教学内容，实现教学目标，本教学设计以课程内容六要素中的学习策略为引领，以培养学生在语境中进行语法学习的策略，设计能够培养学生理解性技能的学习活动，在具体的语境中使用现在进行时表示将来事件，识别语句中现在进行时的具体含义，并能正确使用现在进行时表达将来事件，从而有效提高学生的语用能力。具体的步骤为：

Activity 1：以呈现例句和问问题的方式引出语法项目。

教师向学生呈现以下句子：

I'm travelling around Europe for two weeks with my aunt and uncle on next Monday.

We're renting a car and driving on Tuesday.

My parents are taking me to Hong Kong during the October holiday.

教师向学生提问：

Can you translate the three sentences I have given?

学生给出以上句子的翻译：

我将与姑姑和姑父在欧洲旅游两周。

我们打算租一辆车周四开。

十一假期，父母将带我去香港。

教师向学生提问：

What do you think the tense in the sentences expresses? What is the function of present continuous tense in the above sentences?

学生回答：

It means a future action. The present continuous tense can be used to express a plan or an arrangement. It can also be used to describe actions or events that are planned for the future.

此部分通过具体的句子引发学生对现在进行时表达将来事件这一用法的关注。教师引导学生发现此类句子的特点，学生通过观察此类句子发现这一组句子的共同特征为“表示按计划或安排要发生的动作”，有“意图”、“安排”或“打算”的含义。

Activity 2：教师向学生阐释现在进行时表示将来过程的语法、语义特征以及对进入该句式的动词的限制条件。学生讨论，发现现在进行时表示将来的结构和意义。

教师向学生提问：

What are the grammatical features of these sentences?

学生讨论后回答：现在进行时表示将来的句法形式为：主语+be+现在分词。现在进行时可以用来表示一个最近计划要进行的动作，表示将来意义的现在进行时由句中表示将来时间的词汇或者上下文表明，如上面例子中的 on next Monday、on Tuesday 及 during the October holiday。

教师向学生提问：

What kind of verbs can occur in present continuous form to express future event?

学生讨论，之后教师给出回答：表示交通方式、位移以及行程安排的动词，如 go、come、leave、start、arrive、give、return、sleep、stay、play、do、take、get、see off、travel、fly、drive、walk、reach、take(a bus, a taxi)、meet，等等。

具体例句如下：

I am leaving here next Tuesday.

My sister is staying here for three months.

I am leaving here for Beijing.

学生展开对话并发现句子中的现在进行时结构，与小组成员讨论现在进行时表达的含义。

Amy: Hello, Jeremy! What are you doing this weekend?

Jeremy: Hi, Amy! Some friends and I are going to that new water park on Saturday. Do you want to join us?

Amy: Sure, I'd love to! What time and where?

Jeremy: We're meeting at 10: 00 a. m. at the bus stop near our school.

Amy: How about lunch? Are you eating at the water park?

Jeremy: Well, I'm bringing my own lunch. I think some of the others are eating at the park, but the food there is really expensive.

教师向学生提问：

How does the meaning of present continuous tense change in these sentences?

What is the connection between different senses of present continuous tense?

The present continuous tense in the sentences above express future actions. These actions are planned actions. Present continuous tense can express ongoing actions as well as future actions which are planned to happen in the future.

此部分教师给定具体的语言使用情境，并提供了使用现在进行时表达将来事件的句子的具体语篇。该语篇主题语境贴近学生生活，实用性强，语言地道真实，通过若干个现在进行时表达将来事件的句子呈现了此类用法出现的具体语境以及表达的功能。

Activity 3：教师引导学生进行语法练习，运用所学的现在进行时表将来替换句中的一般将来时态。

I've just booked my air ticket! I'll visit my grandparents in December.

Gary might visit China next year, but he's still not sure.

Kate has been invited to a meeting in Iceland. She will apply for a visa soon.

Could you help me with this box, please? I'm afraid I will drop it.

A: Hey, are you free for dinner tonight?

B: I'm sorry, no. I'll have dinner with my cousins tonight.

Suggested Answers:

学生回答如下:

I've just booked my air ticket! I am visiting my grandparents in December.

Gary is visiting China next year, but he's still not sure.

Kate has been invited to a meeting in Iceland. She is applying for a visa soon.

Could you help me with this box, please? I'm afraid I'm dropping it.

A: Hey, are you free for dinner tonight?

B: I'm sorry, no. I'm having dinner with my cousins tonight.

Activity 4: 教师让学生与伙伴参考给出的天气预报讨论周末计划。

示例:

A: What are you doing on Saturday morning?

B: Well, it's going to be sunny in the morning and not very windy, so I'm having a picnic with my friends.

这部分练习给定具体情境，即根据天气预报谈论周末的计划。在谈话中将表达将来计划完成的动作，涉及使用现在进行时表示计划要发生的将来动作过程，学生能够在具体的情境中运用所学的语法知识进行对话练习，提高语言使用能力。

Activity 5: 教师通过总结以及语料观察深化学生对现在进行时表示将来这一功能的认识。

教师总结:

Like the future tense, the present continuous can also describe future events. However, unlike the future tense, it describes that which someone is planning or expecting to do, as opposed to that which is at a fixed point in time in the future. Information from the rest of the sentence informs the future intention. In the following sentences, expressions *next year*, *after the Christmas break* and *later* indicate the speaker's future intention.

She is running for president next year.

I am taking my driving test after the Christmas break.

We are watching a movie later.

5. 案例点评

使用现在进行时表示将来的过程是现在进行时的重要语法功能之一，但是，并非所有现在进行时都可以表达将来过程。只有在一定的语境中我们才能使用现在进行时表示将来。当话语双方谈论按照计划安排将要发生的将来过程时，可以使用现在进行时。

在本课例中，教师创设了对应的语境，让学生在具体的语境中使用这一语法项目，凸显了语境在语法教学中的重要性。同时，教师通过在句子中呈现语法项目，向学生展示现在进行时表将来的用法，引导学生进行观察，发现这一语法结构对使用其句式的动词以及时间副词的限制，在对大量语言事实进行观察的基础上得出语法规则。在教学的下一阶段，为了深化学生对这一语法项目的理解，教师通过例句呈现的方式，让学生对比现在进行时表将来以及现在进行时表现在的差异，从而主动地去探寻句中现在进行时表示将来的特点。练习部分教师创设类似真实的语境，让学生在具体语境中运用该语法项目，实现新知和旧知的有效转化，发展多元思维，激发学生英语学习的兴趣。

案例四：力动态理论指导下的英语情态动词教学

1. 语法来源与教材分析

本语法教学案例中需要学习的语法点为英语情态动词，包括 may、must、can、ought to、might、had better、would、should 等，来自高中英语人教版必修三(2020)第五单元“发现有用的结构”(Discovering Useful Structure)部分。情态动词表达非现实性语义内容，是英语中一个举足轻重的语法范畴。情态动词是人们在日常语言表达中常用的语言单位，也是高中英语的必考项目。因此，情态动词的教学一直是高中英语语法教学的重中之重。鉴于大多数英语情态动词的多义性特点，情态动词的语义识别一直是难以掌握的语法点，而确定情态动词在具体语境中的意义构成了教学难点之一。

2. 语法教学目标

在本单元，教师需要引领学生了解情态以及情态动词的定义，建构英语情态动词的范畴；界定英语情态动词的基本成员，描述英语主要情态动词的语义特征以及含有情态动词的句子的形式特征；掌握含有情态动词的句子在不同句型中的转化的基本语法规则；能够在具体语境中熟练使用情态动词。

初级目标：

让学生了解情态以及情态动词的基本概念，识别英语中的主要情态动词，建构英语情态动词范畴，获得英语主要情态动词的形式、语义以及语用知识。

中级目标：

让学生了解英语中主要情态动词的语义特征，正确识别含有情态动词的句子的句法语义特征，能够在具体的语境中正确使用情态动词进行交际。

高级目标：

让学生了解多义情态动词语义延伸机制，发掘情态动词的力图式特点，在力图式理论的指导下深入了解情态动词的认知机制，深化学生对情态动词的理解和学习，掌握以情态动词为代表的多义词词汇学习策略。

3. 语法教学内容

引导学生进行观察，在对大量含有情态动词的语言实例进行观察的基础上，让学生总结英语情态动词的主要成员，并对情态动词进行分类，归纳情态动词的形式特征和语义特征，最后通过练习掌握情态动词的用法。本节课的教学重点是发现英语情态动词的主要成员，发现含有情态动词的句子的句法和语义特征，并能够正确使用情态动词进行交际。本节课的教学难点是区别不同情态动词以及发现多义情态动词的不同语义以及语义之间的联系。在教学中，教师向学生呈现情态动词的相关语料，学生进行归纳、总结，在新的练习中运用已经习得的情态动词的相关知识，把自下而上的认知能力和自上而下的认知能力相结合，培养进行类推、归纳以及自主解决问题的学习能力。

4. 教学过程

第一步：教师向学生呈现包含情态动词的句子。

must：

There must be some mistake.

To be healthy, a plant must receive a good supply of sunshine and moisture.

You must be back by 10 o'clock.

should：

I have sent off my diary a couple of days ago—you should get it soon.

The mountains should be visible from here.

You should do as he says.

can：

Even expert drivers can make mistakes.

Can it be in the drawer?

It can't be true.

Can you remember where they live?

Magda can speak three languages by the age of six.

will:

You will feel better after taking this medicine.

That'll be the postman.

If litmus paper is dipped in acid, it will turn red.

Oil will float on water.

I'll write as soon as I can.

Will you help me to address these letters?

I mean I don't think the bibliography should suffer because we can't find a publisher who will do the whole thing.

I'll put them in the post today.

Your Lordship will know what her age was.

I think the bulk of this year's students will go into industry.

may:

We may never succeed.

You may be right.

You may borrow my bicycle if you wish.

You may leave when you like.

ought to:

We ought to give him another chance.

had better:

You had better arrive home by 3 o'clock.

might:

That might be in your favor.

There might be some complaints.

Who knows England might win the next World Cup.

would:

They told me that they probably wouldn't come.

Hurry up! It would be a shame to miss the beginning of the play.

She burned the letters so that her husband would never read them.

I wish you'd be quiet for a minute.

could:

They could produce the food we need.

Could I speak to Bradley?

How could it be true?

Her performance was the best that could be hoped for.

第二步：语料观察和分类。

让学生观察这些包含情态动词的语料，发现句子中情态动词的语义呈现，按照表必要（necessity）、可能性（possibility）、义务（obligation）、要求（request）、建议（advice）、意图（intention）、允准（permission）、能力（ability）的八种语义类型对语料中的情态动词进行归类。学生的发现如下：

necessity：

To be healthy, a plant must receive a good supply of sunshine and moisture.

possibility：

There must be some mistake.

I have sent off my diary a couple of days ago—you should get it soon.

The mountains should be visible from here.

Even expert drivers can make mistakes.

Can it be in the drawer?

It can't be true.

You will feel better after taking this medicine.

That'll be the postman.

If litmus paper is dipped in acid, it will turn red.

Oil will float on water.

Your Lordship will know what her age was.

I think the bulk of this year's students will go into industry.

We may never succeed.

You may be right.

There might be some complaints.

Who knows England might win the next World Cup.

That might be in your favor.

They told me that they probably wouldn't come.

Hurry up! It would be a shame to miss the beginning of the play.

She burned the letters so that her husband would never read them.

How could it be true?

Her performance was the best that could be hoped for.

obligation：

You must be back by 10 o'clock.

We ought to give him another chance.

request：

You should do as he says.

advice：

You had better arrive home by 3 o'clock.

intention：

I'll write as soon as I can.

Will you help me to address these letters?

I mean I don't think the bibliography should suffer because we can't find a publisher who will do the whole thing.

I'll put them in the post today.

permission：

You may borrow my bicycle if you wish.

You may leave when you like.

Could I speak to Bradley?

ability：

Can you remember where they live?

Magda can speak three languages by the age of six.

They could produce the food we need.

第三步：学生总结每一个情态动词的语义。

may：可能(possibility)、允准(permission)；

must：必要(necessity)、义务(obligation)、可能(possibility)；

can：能力(ability)、可能(possibility)；

ought to：义务(obligation)；

might：可能(possibility)；

had better：建议(advice)；

would：意愿(intention)、可能(possibility)；

should：义务(obligation)、可能(possibility)、要求(request)。

第四步：基于语料和学生的理解，教师向学生就情态动词的形式和意义做出总结。

情态动词自身没有形式上的变化，在句子中出现在主要动词的前面。英语情态动词多义现象比较普遍，总的来看，情态动词可以表示具有做某事的能力、允准做某事、推测某事有发生的可能性等。

第五步：在力动态理论的框架下理解情态动词的语义。

教师向学生引入认知语言学中的力动态概念，根据培尔米(Talmy)的力动态(force dynamics)理论，力动态作用于物理域、心理域以及社会认知推理域，协助我们组织和形成意义，指引和建构我们的思维和论证模式。① 情态动词是一个蕴含着力动态的语法范畴。情态动词的语义力图式可以被视为包含一个力施加者和接受者的心理力互动过程。如 can 表示能力和判断力，will 表示意愿力和判断力，may 表示允准力和判断力，同一情态动词的多义性可以通过隐喻理论得以阐释，即允准力、意愿力以及判断力之间存在隐喻映射的关系。通过隐喻映射，可以表示比较具体的认识判断力。同一情态动词的多种语义之间存在隐喻衍生关系。比如，情态动词 will 表示有做某事的意愿或义务，以及某事有发生的可能。从力动态来讲，will 表示外界压力阻止主体实施某一动作行为，而主体拒绝屈服于外界压力。如“I will go there no matter what happens tomorrow.”，此句中 will 是一种意愿力，表示主体有去那里的强烈意愿。而在“I think it will rain tomorrow.”中，will 表示说话人的推测，此时的 will 承载的是认识判断力，表明说话者对当前事态发展趋势的认识形成了一种认知推力，促使说话人做出明天下雨的推断。意愿力和认识判断力之间存在一种从物理域到认知推理域的跨域映射。

第六步：设计相应的练习题，强化情态动词的学习。

Read the passage and fill in the blanks with suitable modal verbs.

In the film *The Million Pound Bank Note*, Henry Adams is stuck in a foreign country without money and friends, and with nowhere to stay. While this situation ________ seem unusable, it can sometimes happen to travellers. In case it happens to you on a trip abroad, what ________ you do? First, and most importantly, you ________ stay calm. Fear ________ cause you to become confused. You need to think clearly. Second, you should go to your nearest consulate. They ________ be able to help to some extent. Third, you ________ do well to check with some local charities. They ________ offer help to travelers in need. Fourth, you ________ avoid getting into trouble. You ________ think that stealing some money or food would help you, but you should not do so. Getting caught ________ ruin your life.

① Talmy, L., “Force Dynamics in Language and Cognition”, Cognitive Science, 1988(12), pp. 49-100.

参考答案：

may、would、should、can、will、can、may、should、may、will

5. 案例点评

如何建构一种语言系统中的情态动词范畴，描述情态动词的各个义项，并有效建构情态动词的语义网络构成了情态动词教学的重点和难点。本教学案例采用归纳法和观察法，基于大量包含情态动词的语言实例，让学生观察、发现情态动词在各个句子中的语义呈现，并归纳情态动词的语义类型为能力、意愿、允准、可能、建议、命令等。之后引入认知语法力动态概念，阐释情态动词多个义项之间的语义延伸，为情态动词的语义关系提供认知理据，升华学生对情态动词的认识。

案例五："形式—意义—使用"语法观指导下的定语从句教学

1. 语法来源与教材分析

本案例的语法学习材料来自人教版高中英语必修一(2020)第四单元的语法学习(Discovering Useful Structures)部分，本部分为阅读材料 The Night the Earth Didn't Sleep 的后续部分，主要介绍的语法项目为定语从句。本单元的话题为"自然灾害"(NATURAL DISASTERS)，阅读部分的关键词为"唐山大地震"。文章首先介绍了地震发生前的各种迹象，其次介绍了地震发生的范围和影响以及地震可能给人们生活带来的影响和伤害，最后介绍震后我国军队的救援行为，包括对受灾地区提供援助，以及与受灾的人们齐心协力应对灾害，从而使受灾地区重新获得生机。需要学习的语法点为由关系代词 that、which、who、whose 引导的定语从句。

2. 语法教学目标

由关系代词 that、which、who、whose 引导的定语从句是高中阶段英语语法学习的重点。本节课的语法教学目标是通过阅读 The Night the Earth Didn't Sleep 这篇文章，在具体的语篇语境中学习定语从句，并通过书面和口头表达运用定语从句建构语篇，表达自己的观点。在教学中，教师通过设计相关教学活动，实现在主题语境中助力学生掌握定语从句的"形式—意义—使用"。

初级目标：

学生能够通过具体语篇的学习，在主题语境中了解定语从句的形式特征、语义特征以及语用特征。

中级目标：

学生能够通过运用所学定语从句的知识，在具体语境中正确使用定语从句建构书面和口语语篇，表达意义。

高级目标：

学生能够在定语从句的学习中践行英语学习观，提高思维品质，实现语言知识的迁移和创新。

3. 语法教学内容

英语学习活动观强调在英语学习中语境知识的不可或缺性，语法学习更是与语境密不可分，脱离了语境的语法学习只是语言组合规则的学习，不能达到正确使用语言的目的。本次语法教学将以语境观为指导，设置合适的语境，在语境中呈现定语从句，在语境中指导学生观察所学语法项目的使用场合、表达形式、基本意义和语用功能，并通过课内外的练习和活动，巩固所学语法知识，在“形式—意义—使用”三个维度，设计不同类型的学习活动，以既有层次又强调整合的多种教学活动来引导学生发展英语语法意识和能力。教学大致分为三大部分。第一部分通过对语篇中具体的定语从句的学习让学生开展学习理解类活动。首先，教师引导学生阅读语篇 The Night the Earth Didn't Sleep，语篇中含有大量定语从句，让学生通过对定语从句的解读获得文章大意；第二部分开展应用实践类活动，在深入语篇的基础上，教师引导学生认识定语从句，总结定语从句的形式特征；第三部分开展迁移创新类活动，基于话题，创设新的交际语境，在新的语境中完成新任务，把学到的知识迁移到真实的交际语境中。

4. 教学过程

(1)开展学习理解类活动。

教师向学生展示关于唐山大地震以及旧金山大地震的图片并提问(Warming up)：

Where are the two cities?

Do you know what happened to them in the past? Have a discussion.

学生回答：

Tangshan is in Hebei Province, and San Francisco is in the USA. Both of them had a big earthquake in the last century.

教师向学生引入地震的话题，并详细介绍这两次大地震的发生背景、对人们的危害以及震后的救援措施，为顺利过渡到阅读语篇做好准备。

教师让学生快速阅读语篇 The Night the Earth Didn't Sleep，并回答以下问题：

What happened to the wells before the earthquake?

How long is Tangshan from Beijing?

这些问题激励学生展开讨论，并在阅读中寻找答案。

There were deep cracks that appeared in the well walls.

Tangshan is more than two hundred kilometers away from Beijing.

教师向学生提问：

How did the people of Tangshan feel before the earthquake?

Has the earthquake affected other cities?

What happened in the earthquake?

学生回答：

One million people of the city, who thought little of these events, were sleep as usual that night.

It was felt in Beijing, which is more than two hundred kilometers away.

A huge crack that was eight kilometers long and thirty meters wide cut across houses, roads and canals.

教师问问题，学生带着问题去阅读，教师引导学生主动寻找答案，深刻理解阅读材料的意义。教师将学生的回答中含有定语从句的句子记录下来。这些理解性学习活动使得学生能够深入理解阅读材料。同时，回答问题使学生认识到定语从句的形式和意义，为下一步的深入学习打好基础。

(2)开展应用实践类活动。

在以语言运用为导向的"形式—意义—使用"三维动态语法观指导下，教师引导学生在具体语境中恰当地运用所学语法知识来理解和表达意义，进一步促进学生培养英语语法意识以及对所学语法点的理解和运用。具体步骤为：

教师给出两组图片。在第一组图片中，一张图片是一位女士的照片，下面署名为 Miss Wang；另一张图片是这位女士正在教小朋友学习英语的照片。教师让学生描述这两幅图片，并提出问题："Who is this lady in the picture? What is she doing?"学生给出的答案是：

The lady is Miss Wang.

She is teaching children English.

在第二组图片中，第一张图片是华山的照片，第二张图片是几个人在爬华山的情景。教师让学生描述这两幅图片，并提出问题："What is this mountain? What are they doing?"学生给出的答案是：

The mountain is Hua Mountain.

They are climbing the Hua Mountain.

教师将以上两组句子分别变为并列句后呈现给学生：

The lady is Miss Wang and she is teaching children English.

The mountain is Hua Mountain and they are climbing it.

教师向学生呈现两个定语从句：

The lady who is teaching children English is Miss Wang.

The mountain which/that they are climbing is Hua Mountain.

基于定语从句的语言用例，教师将定语从句的形式特征描述为：

名词或代词+引导词(that/who/which/whom/whose…) +句子。

定语从句的定义为：

定语从句是在复合句中作定语的从句，定语从句所修饰的词叫先行词，从句通常出现在先行词的后面，先行词后面的 who、which、that 为关系代词。一般情况下，当先行词指人时，用 who 引导；当先行词指物时，用 which 引导；而 that 既可以指人也可以指物，关系代词 whose 是关系代词 who 的所有格，当先行词与从句中的某个名词有所属关系时，用关系代词 whose 引导定语从句，如：

His daughter is the little girl whose coat was lost.

It is a small gadget whose function is very important.

定语从句对名词或代词起修饰或限定作用。

(3)开展迁移创新类活动。

设计练习开展迁移创新类学习活动，在真实或者类似真实的语境中使用所学习的关于定语从句的知识，把学到的语法知识迁移到交际语境中。教师给学生布置以下任务：

任务一：

Complete each sentences with that, which, who, whose, whom.

These are the people________have survived the tsunami.

Tsunami is a kind of natural disaster________power is so huge that homes can be destroyed.

After that earthquake, a lot of homes________have been destroyed were rebuilt by soldiers.

After he recovered from the injury, he wrote a thank you letter to the kind man by________he was rescued.

I would like to choose the room________window faces the garden.

任务二：

教师通过给学生看图片的方式创设具体的语境，让学生使用定语从句描述图片内容，在语境中实现知识的迁移创新。教师向学生展示泸定地震的视频，第一个视频中，幼儿园教师紧急转移熟睡的孩子；第二个视频中，士兵正在徒手挖出被埋在废墟中的伤者；第三个视频中，震区的道路被山上掉下来的石头隔断。教师要求学生运用尽可能多的定语从句描述上述三张图片。

教师向学生提问：

Work in groups of three and take turns to ask each other about the pictures. Make sentences with restrictive relative clauses using that, which, who, whose, or whom.

What are the teachers doing?

They are carrying babies who are asleep to safe place.

What is the rescue soldier doing?

He is trying to remove the mud which was from the victim's body.

What happen to the road?

The road was covered by big rocks which has fallen down from the mountains during the earthquake.

5. 案例点评

本次语法教学中，首先，教师以语言运用为导向，以精心设计的语境为载体，以“形式—意义—使用”三维动态语法观为理论指引，通过阅读语篇呈现定语从句，引入定语从句的概念，通过对语言事实的观察，描述定语从句的句法、语义特征，使学生了解定语从句中关系代词 who、which、that、whose、whom 的不同用法。其次，教师在应用实践类教学活动中，通过图片展示的方式建构语境，并讲解合并句子的方式，在具体语境中引导学生运用所学的定语从句的语法知识来理解和表达意义，进一步促进学生英语语法意识的树立以及对所学语法点的理解和运用。再次，教师通过做练习的方式巩固学生的语法知识，如 who、which、that、whose 等关系代词的具体用法知识。最后，教师以在具体场景中完成对话的方式开展迁移创新类活动，在新的语境中实现知识的迁移创新，将无意义的语言形式运用到有意义的语境当中，培养了学生的语言能力，同时增强了学生的文化意识，提高了学生的思维品质。

思考题

1. 如何在中学英语语法教学设计中贯彻英语学习活动观？
2. 如何设计科学的中学英语语法教学活动？
3. 面对中学英语语法教学难点，如情态动词、从句的教学，应该采用什么样的语法教学方法？
4. 如何提高中学生的英语语法学习兴趣？

5. 归纳式语法教学和演绎式语法教学的利与弊分别是什么？

6. 在语法教学中如何进行归纳式语法教学和演绎式语法教学？如何正确使用两种教学法？

7. 构式语法给语法教学带来了何种启示？

8. 如何在构式语法的指导下进行语法教学？

9. 内隐式语法知识和外显式语法知识有什么关系？

10. 如何在教学中合理平衡内隐式语法知识和外显式语法知识的关系？

推荐阅读

[1]埃利斯. 第二语言习得研究(第二版)[M]. 上海：上海外语教育出版社，2013.

[2]埃利斯. 语法学习与教学[M]. 上海：上海外语教育出版社，2010.

[3]喻红. 挑战传统：英语语法教学中的语言任务设计研究[M]. 成都：四川大学出版社，2013.

第五章　阅读教学设计

章前导语

阅读是人们获得知识和信息的重要方式之一。阅读语篇中蕴含了词汇、语法、语篇以及社会文化知识。因此，作为一种输入性的语言认知加工活动，和词汇、语法的学习加工相比，阅读的认知加工过程更为复杂。在阅读教学中，教师需要考虑方方面面的问题，包括阅读的量，阅读材料的难易程度，阅读材料的语篇和题材类型等。鉴于理解的不可视性，教师还需要具有关于阅读理解模式的知识，对于阅读理解的认知加工过程有所了解。除此以外，教师还要熟悉常见的阅读教学模式和阅读教学方法，科学地进行阅读教学设计，培养学生的阅读技能，提高学生的思维能力和品质。

通过本章的学习您将能够：

了解新课标对英语阅读教学的新要求；

了解相关阅读理论，洞悉阅读理解的认知加工过程；

使用科学的理论指导英语阅读教学；

了解当前中学英语阅读教学现状；

设计科学的英语阅读教学活动。

第一节　阅读教学概述

阅读活动作为一种语言输入性活动，无论是在日常语言使用中，还是在英语考试中，都占有很大的比重。从语言学习的角度来讲，和词汇、语法相比，阅读语篇蕴含了语音、词汇、语法、语篇、文化等知识，为语言学习提供了相对完整的语言输入。要想有效地进行阅读，学生需要利用自己的词汇、语法、语篇知识等资源，进行认知加工，从而成功建构语篇的意义。可以说，阅读学习过程是一个个体利用各层级语言资源，发挥个人认知思维能力，积极地进行语言意义建构的过程。阅读过程涉及个体对词汇、语法、语篇等各个层级语言项目的认知处理，构成了一个综合、复杂的认知加工过程。阅读的过程不是被动消极的语言解码过程，学生不能只做到理解语言的表层意义，还需要运用自己的认知加工机制，利用所阅读语篇中的语言线索积极地进行语篇意义的建构。从这个意义上来讲，阅读是学习者与语篇之间互动的一种信息加工方式，是读者积极主动地运用自己的前期语言知识及背景知识，对文章的信息进行重新加工以达到意义建构的过程。

鉴于以上认识，我们既可以视英语阅读为英语学习者的学习目的，又可以把其看作一种语言学习手段。有效的英语阅读是积累语言文化知识、培养阅读学习策略、提高英语学习兴趣、提高思维品质和能力的主要途径，对于发展核心素养有着重要意义。作为听、说、读、看、写五大技能中的重要技能之一，英语阅读技能的培养和提高在英语学习中占据举足轻重的地位。

一、阅读教学的重要性

阅读可以扩展学生的词汇量，可以增强学生对语法知识的熟悉程度和敏感度，可以帮助学生获得自然、科技、文化、历史等百科知识，还可以拓展学生的跨文化交际视野，提高学生的文化素养；此外，阅读还可以培养和提高学生的批判性思维能力和品质，教会学生如何思考，陶冶学生的情操。不可否认，作为一个综合性的语言学习活动，阅读学习能够让学生整合各级语言资源，能动地启动各类认知学习加工机制，综合提高语言、文化和思维能力。因此，阅读在英语学习中的作用不容小觑。

英语学科核心素养对英语阅读教学提出了更高的要求，高中英语阅读不再仅仅局限于帮助学生培养和提高语言技能，在开拓高中生视野和提升其语言综合素质方面也发挥了重要作用。阅读教学的目标不能只限于提高学生阅读的能力，还应在帮助学生掌握阅读技巧的基础上，充分利用语篇知识有效地获取和传递信息，表达观点和态度，运用语言与他人沟通交流。阅读教学要以语篇为依托，有意识地渗透给学生基本的语篇知识，帮助学生形成语篇意识，把握语篇的结构特征，从而提高学生理解语篇意义的能力。

二、新课标下的阅读教学

从英语阅读材料的来源上来讲，中学英语阅读选材越来越丰富。从语篇主题上来讲，现在比较通用的中学英语教材中的文章主题丰富多样，取材来自与我们生活密切相关的方方面面，语篇主题渗透了各级社会生活，包括人文、社会、自然、历史、科学等。这其中既有遥远的宇宙太空探索，也有深不可测的地球内部探秘，还有对历史、文化、人类自身的探究。上述内容对丰富学生语言文化知识，提高学生思维能力有很大的帮助。

从阅读语篇的内容上来讲，现在通用的中学英语教材中，英语阅读语篇呈现了基本的日常词汇、常用语法和句式，这样的语言输入为提高学生的语言知识奠定了基础。阅读语篇中所蕴含的历史、文化、政治等信息为学生积累文化知识提供了原材料。英语阅读材料越来越具有时效性，内容也越来越贴近生活，如高中英语阅读会讲述世界各地的节日，某一国家的地理、历史文化，科技的新发展等。阅读语篇涉及的内容广泛，涵盖了生活的方方面面，并具有一定的教育意义。通过对这些文章的阅读，学生将逐渐养成良好的情感态度，形成乐观积极的人生观和价值观。

从阅读语篇的语言风格上来讲，现行教科书中的语篇语言简洁、浅显、纯正地道，可以培养学生良好的语感。阅读语篇提供给学生大量的词汇和句式，对学生阅读能力、语用能力的提高都有很大的帮助。

新课标提出发展学生核心素养这一课程目标，而完成英语课程设定的内容是实现课程目标的基础。英语课程内容包含六个要素：主题语境、语篇类型、语言知识、文化知识、语言技能和学习策略。作为语言技能的组成部分之一，阅读技能对于学生理解书面语篇所传递的信息，并利用所学语言知识和文化知识，通过书面形式创造新语篇具有重要意义。

《高中课标(2020)》明确指出，学生应通过大量的专项和综合性语言实践活动，发展语言技能，为真实语言交际打基础。[①]《义务课标(2022)》要求初中学生能够理解书面语篇的整体意义和主要内容；根据标题或图片预测书面语篇的大概内容、故事的情节发展或结局；提取、梳理、分析和整合书面语篇的主要或关键信息；识别和判断书面语篇中句子之间的逻辑关系；根据书面语篇的上下文推断生词意义；阅读故事，整体理解主要内容，对所读内容进行简要的概括、描述与评价，等等。[②] 可见，按照新课标的要求，阅读教学并不是简简单单地通过识别单词意义、语法结构而读懂意义的过程，阅读学习涉及对语篇信息的处理，包括发现语篇的结构，建构语篇的连贯关系，辨认语篇的价值取向，发现语篇的修辞特点，以及洞悉语篇所呈现的文化现象及其背后的文化价值取向等各个方面。阅读学习是一个综合性的语言学习实践活动。通过具体的阅读学习活动，教师需要将课程内容六要素进行有机结合，以达到发展学生核心素养的目的。

《高中课标(2020)》对普通高中英语课程的阅读教学提出了具体的要求：

---

① 教育部：《普通高中英语课程标准(2017 年版 2020 年修订)》，35 页，北京，人民教育出版社，2020。

② 教育部：《义务教育英语课程标准(2022 年版)》，27~28 页，北京，北京师范大学出版社，2022。

必修课程要求学生课外阅读量平均每周不少于 1500 词(必修课程阶段不少于 4.5 万词)；选择性必修课程要求学生课外阅读量平均每周不少于 2500 词(选择性必修课程阶段不少于 10 万词)；选修(提高类)课程没有对学生的阅读量作具体要求，但要求学生能够识别语篇中的修辞手段，分辨语篇中的冗余信息等。[①] 课标还对一些微技能做出了要求，包括阅读中的预测、略读、扫读、根据上下文猜测词义等技能。

以往的英语教学视词汇、语法知识为主要课程内容，在教学中采取脱离语境的碎片化教学方式，脱离语篇单讲词汇或语法。按照新课标的要求，阅读能力是综合的能力，阅读教学强调多学科知识的贯通和融合，教师除了要明白阅读语篇中的词汇、语法难点，在教学中还要注重培养学生的语篇分析能力、文化价值判断能力以及逻辑思维能力。新课标要求围绕核心素养整体设计教学单元，教学内容由主题语境、语篇类型、语言知识、文化知识、语言技能和学习策略六个要素构成。

中学英语阅读的材料一般为蕴含时代特征和社会进步等主题的独立完整的语篇。因此，阅读教学应该改变以词汇、语法知识为主要课程内容的教学模式，实现以语篇为教学的依托和学习活动的有效载体，学习词汇、语法、语篇等语言知识，汲取语篇中所蕴含的文化知识，在阅读中注意发展学生的语言技能，帮助学生掌握有效的阅读学习策略。

在教学活动的设计中，阅读教学应该进行一体化设计，以提高学生的语言能力、文化意识、思维品质和学习能力这四个方面的核心素养为目标。教学设计以一个教学单元为整体来呈现教学内容，以单元主题为引领，以语篇为依托，融语言知识、文化知识、语言技能和学习策略的习得为一体。阅读材料所选内容应体现时代特征和社会进步，聚焦人与自我、人与社会和人与自然的主题。在教学方法上，教师应该改变脱离语境的碎片化教学方式，践行英语学习活动观，变革传统的以教师讲授，学生被动接受为主的教学模式，做到以学生为主体，让学生在体验中学习，在实践中运用以及在迁移中创新。

《高中课标(2020)》指出："指向学生学科核心素养发展的英语教学应以主题意义为引领，以语篇为依托，整合语言知识、文化知识、语言技能和学习策略等学习内容，创设具有综合性、关联性和实践性的英语学习活动，引导学生采用自主、合作的学习方式，参与主题意义的探究活动，并从中学习语言知

① 教育部：《普通高中英语课程标准(2017 年版 2020 年修订)》，37~38 页，北京，人民教育出版社，2020。

识，发展语言技能，汲取文化营养，促进多元思维，塑造良好品格，优化学习策略，提高学习效率，确保语言能力、文化意识、思维品质和学习能力的同步提升。”[①]教师在阅读教学时要认真研读和分析语篇，整合语言知识学习，发展语言技能，形成文化意识，培养学习策略，落实发展英语学科核心素养的目标。

三、阅读教学相关理论

阅读理解为什么能够发生？阅读理解是一个什么样的过程？阅读文本的信息是如何被读者顺利解构的？在信息建构过程中，作者、阅读文本、读者三者之间是什么样的关系？要想科学地进行阅读教学，教师首先需要洞悉阅读理解过程，对上述问题有所了解。

阅读理解是一种无形的认知心理加工过程，这一过程十分复杂。过去，学术界提出了不同的阅读模式来描述阅读理解的发生过程，比较有代表性的阅读理解模式有以下几种。

(一)编码—解码模式

纳托尔(Nuttall, C.)使用编码(encoding)、解码(decoding)这样的术语来描述作者/说话者对文本意义的编码过程以及读者/听话者对文本意义的解读过程。按照这一观点，作者/说话者为信息的发出者(sender)，扮演编码者(encoder)的角色，信息的发出者对大脑中的信息(message)进行编码形成口头或者书面文本(spoken/written text)，读者或听者为信息的接收者(receiver)，即文本的解码者(decoder)。[②] 阅读理解是一个解码过程，读者或听话者对蕴含作者或说话者信息的文本进行解码，交际即可完成。这一交际模式过于简化，实际上，语言意义的理解不是一个简单的编码—解码过程，作者编码的信息和读者解码的信息并非完全对等，不同读者对相同文本的解读也不尽相同。阅读理解的过程是意义建构的过程，阅读主体的个人前期知识、个人认知策略等直接决定了主体对文本意义的解读。

(二) 自下而上的阅读模式

自下而上的阅读模式也叫“文本驱动模式”。按照自下而上的模式，我们的阅读加工是一个线性的从低层次语言项目向高层次语言项目逐一展开的过

① 教育部：《普通高中英语课程标准(2017 年版 2020 年修订)》，8 页，北京，人民教育出版社，2020。

② Nuttall, C., *Teaching Reading Skills in a Foreign Language*, London, Heinemann Education Books, 1982, p. 233.

程。在阅读中，读者或听者按照语言的不同层级从低到高，先进行语素的识别和加工，接着依次进行词汇、句法、段落以及语篇的加工，这是一个单向累积的过程。要理解文本意义，读者或听话者需要正确理解各个层级的语言项目。这种模式将语言加工者置入一个被动的位置，读者和文本之间是单向的关系。这一模式没有考虑文本的上下文、背景知识的作用，也没有充分考虑读者的主观认知在意义建构中的作用。

（三）自上而下的阅读模式

古德曼（Goodman）提出了自上而下的理解模式，这一模式也被称为“图式驱动模式”。这一模式主张阅读是一种心理语言学猜测游戏（a psycholinguistic guessing game），强调已有知识在意义建构过程中的作用，阅读是一种主动的猜测—证实的活动。[①] 在阅读过程中，读者并不需要逐字逐句阅读以便进行意义的叠加，而是往往会挑选一部分文本中的语言项目充当线索，在这些语言项目的提示下，动用自己的前期知识和文本背景知识，积极地参与到文本意义的建构中。从这个意义上来讲，意义是建构而来的，认知加工者并不需要对所有语言成分进行自下而上式的认知加工。

（四）互动模式

1977 年，鲁梅尔哈特（Rumelhart）提出了互动模式（interactive model），该模式克服了自上而下和自下而上阅读模式的缺陷，认为阅读过程同时包含自上而下和自下而上两种加工模式。读者把来自书面文字的视觉输入和来自大脑中已有知识或背景知识的非视觉知识进行有机结合，从而进行意义的建构。对文本的正确理解一部分要依靠文本所提供的信息，另一部分依靠读者已经具有的图式知识，两者相互作用，共同建构文本意义。

（五）图式理论模式

图式的概念最早由德国哲学家康德于 19 世纪提出，在 20 世纪 20 年代，建构主义心理学家皮亚杰（Piaget）对其进行了发展，考察了图式在儿童心理发展中的作用。近年来，信息科学、认知科学以及心理学的发展进一步发展和完善了图式理论，并将其广泛运用于语言学、心理学、人工智能等领域。

按照图式理论（schema theory），人类的知识不是杂乱无章、无序储存的。在生活中，我们会对事物进行抽象化，发现并总结事物的重要特征。图式就是我们基于对大量事物的认识所形成的抽象知识，是对事物重要特征的总结，人

---

① Goodman, K. S., “Reading: A psycholinguistic guessing game,” Journal of Reading Specialists, 1967(6), pp. 123-135.

类在此基础上形成抽象的认知和知识结构。这些认知结构或知识结构被储存在我们的大脑中，形成图式。图式可大可小，可具体可抽象，可以是一个具体的事物，如“书”，也可能是一个动作，如“购物”，还可能是一个抽象的文化模式，如祭祀的过程。图式基于我们对世界的体验形成，并影响和指导我们后续对世界的理解和认知过程，为我们进行新的信息加工、认知理解提供便利。当我们遇到一个新的事物，进入新的场景时，可以根据大脑中与新事物以及新场景相关的图式进行知识建构。

图式理论有效地解释了知识的储存以及理解发生的过程，因此常被运用在语言教学中，解释语言的意义识别和建构过程。阅读理解是运用图式对阅读材料进行加工理解的过程。阅读理解涉及的环节包括建构图式、激活图式、使用图式和建构新知等。

（六）语篇分析理论模式

从结构方面看，语篇是大于句子的语言单位（discourse is a unit of language above the sentence）；从功能方面看，语篇是使用中的语言（discourse is language in use）。[①] 学界对语篇分析的研究在20世纪60年代取得了长足发展。语篇分析理论关注书面语篇（written text）以及口头语篇（spoken discourse）中句子与句子之间的逻辑关系，其对语言的描述和分析超越了句子的界限。

语篇分析主要关注两方面的问题：首先是在一定交际目的的驱动下语言形式的选择，包括语篇的结构、语篇的体裁、句子结构类型、用词、时态等的选择；其次是语篇的衔接和连贯，主要关注语篇中各个句子以及各个段落之间的形式和语义上的联系，如通过照应、省略、替代、词汇语法等手段达成语篇中语言成分在意义上的逻辑关联。

新课标认为，语篇是语言学习的主要载体。语言学习不应以孤立的单词或句子为单位，而应以语篇为单位。语言教学的主要任务之一是帮助学习者认识到语音、词汇、语法等语言要素是如何相互联系，如何共同组织和建构语篇的。在教学中，我们应该将重点放在学生的语篇衔接与连贯的意识和能力的培养上，这将有助于学生建构自然有效的语篇。

在阅读教学中，教师可以以表达完整意义的语篇（可以是一个段落，也可以是整个阅读文本）为基本的教学单位，把着眼点放在语篇的结构、中心思想以及句段之间的逻辑关系上，引导学生观察和分析语篇的结构和语言特征，关注语篇的各个组成部分以及语篇所用的语言是如何表达意义的。教师应从语篇

① 黄国文：《语篇分析的理论与实践：广告语篇研究》，5页，上海，上海外语教育出版社，2001。

的体裁、作者的叙事方式及叙事风格出发，关注文本的内部结构、段落结构及段落内部句际之间的联系，追踪语篇中故事的情节发展，审视语篇信息结构，以这样的方式展开教学，培养学生的语篇意识。

新课标明确指出，语篇知识是课程内容六要素中语言知识的重要组成部分之一，和词汇知识、语言知识、语用知识、语法知识享有同等重要的地位。基于语篇的英语阅读教学是面向学生全方位语言能力培养的综合性教学。在语篇意义的建构过程中，学生的词汇、语法、篇章知识能够得以积累，学生的思维能力得以发展，学生的文化意识得以培养。

那么，在中学英语阅读教学中应该如何落实语篇分析理论，指导阅读教学呢？韩礼德(Halliday)认为，语篇是意义单位，语篇内的各个部分通过一定的方式结合，从而在意义上相互关联，形成一个具有语义完整性的整体。[①] 不同类型的语篇有不同的语篇特征。中学英语阅读语篇类型包括记叙文、议论文、说明文、应用文等，不同类型的语篇具有不同的语篇结构、文体特征和表达方式。识别不同类型语篇的特征对于建构语篇意义尤为重要。

在教学中，教师要向学生说明语篇类型，引导学生洞悉语篇的特征，发现文本信息结构，让学生明白所学语篇如何构成，语篇如何表达意义，以及人们在交流过程中如何建构语篇等知识。正确建构语篇的微观和宏观组织结构，发现句子内部的语法结构、词语搭配、指代关系、句子的信息展开方式以及句与句、段与段、标题与正文之间的关系。

传统阅读教学中，教师通常先处理阅读语篇中的新词汇、语法和长难句以扫清阅读障碍，之后再逐句进行翻译，阅读教学停留在句子的层面，很少深入发掘超越句子的语篇信息，更不要提社会文化信息。在阅读教学中融合语篇分析，能够扭转过去对阅读文本进行碎片化的讲解和处理的状况，微观和宏观相结合，理解作者句法表征、语言措辞选择的理据，正确梳理文章脉络，发现作者的观点和态度，以达到对阅读文本的深层次理解。

对中学英语阅读材料进行语篇分析，就是对阅读文本中的语言、语境、文本结构、语篇中的衔接和连贯、语篇中的情感和态度等进行分析。要将语篇分析运用于阅读教学中，教师可以从以下几个方面着手做起。

第一，建构语篇语境，在语境中开展阅读教学活动。

所谓语境，通俗来讲，就是文本的背景知识。语篇语境涉及事件发生的时空情境以及话语双方的知识，包括时间、地点、人物以及人物所拥有的知识。

① Halliday, M. A. K., Hasan, R., *Cohesion in English*, London, Longman, 1976, p. 2.

胡壮麟(1994)将语境分为情境语境、文化语境以及上下文语境。[①] 情境语境是交际发生时的言语情境，包括时间、地点、人物、主题、话语参与者的关系等元素。文化语境指涉及语言使用背后的社会文化因素，每一个语言使用者的语言行为都受自身所处的社会文化背景的影响，因此在语篇分析中，也要重视文化因素在文本意义解读中的作用。上下文语境也叫语言内语境，指的是语篇的内部环境，即语言的上下文环境。对语言意义进行正确解读，需要将其置于具体的句子、段落或者语篇中，考察其上下文环境。

一定的语境知识能提高学生的阅读效率，帮助学生正确辨认词汇的意义。在阅读教学中，教师应该通过问问题、讲解文章背景以及视频音频导入等方式建构语境，激活学生大脑中文本背景知识，让学生在语境中解读阅读语篇的意义。

第二，分析语篇体裁，了解语篇特征。

中学阅读语篇体裁一般可以分为描写文、说明文、议论文和记叙文。描写文常用在日常谈话中，主要对人物、事件、景物特征进行描写，如写景、游记等。说明文回答怎么样，为什么之类的问题，对客观事物或者事理进行阐释，如介绍事物的特点，解释事物的原理等，具有科学性和实用性，主要包括说明书、章程、解说词等。议论文的主要写作目的是说理，通过分析论述，发表自己的观点，以说服读者接受作者的观点。记叙文是以描述在时间过程中发生的事、物、景的发展变化为主的文体。不同的语篇体裁关注点不同，其语篇结构、语言风格、词汇选择、句法特点也各异。在教学中，教师可以基于语篇分析其体裁特征，这有利于学生发现同类语篇的共同之处，了解各类型语篇的特征，为以后类似语篇的学习打好基础。

第三，解构语篇发展组织模式，发现语篇句段间逻辑关系。

语篇的组织模式(textual pattern)关注语篇中语言的组合。对语篇的组织模式的分析能揭示语篇中句段之间的各种逻辑关系，如因果、例证、时间、空间关系等，加深学生对语篇的理解，提高学生阅读兴趣。

鉴于中西方思维模式的不同，英汉语篇模式也有较大的差异，常见的英语语篇模式包括以下四种：一般—特殊模式(general-particular/general-specific pattern)、问题—解决模式(problem-solution pattern)、比较—匹配模式(comparison-matching pattern)、主张—反主张模式(claim-counterclaim pattern)。

一般—特殊模式由总说到分说进行拓展，通常由概括陈述(general

① 胡壮麟：《语篇的衔接与连贯》，181~186页，上海，上海外语教育出版社，1994。

statement)、具体陈述1(specific statement 1)、具体陈述2(specific statement 2)、具体陈述3(specific statement 3)……和总结性概括陈述(general statement)组成。这种语篇组织模式在英语中使用最为广泛。以问题—解决(problem-solution)模式为特点的语篇一般出现在说明文和记叙文中，这一类文本先提出需要解决的问题，然后分析问题产生的原因，最后提出解决问题的方法。以比较—匹配模式为篇章组织特点的文本通过比较的方法传递两种事物的异同，并以此拓展文章。主张—反主张模式常出现在论辩类、说明类语篇中，包括情景(situation)、主张(claim)、反应(response)等要素。作者先提出一种观点或主张，然后说明自己对此观点的看法，或提出反对意见。这一类语篇中常出现的词汇标记包括 assume、think、agree、confirm、deny、object to 等。

第四，辨认文本中的语篇衔接手段，建构连贯语篇。

韩礼德认为，衔接表示一种非结构性语篇意义关系，并区分了五种衔接：指称(reference)、替代(substitution)、省略(ellipsis)、连接(conjunction)、词汇衔接(lexical cohesion)。[①] 通过使用衔接手段，说话者将语篇中的句子按照一定的逻辑顺序连接起来，形成连贯的语篇。连贯是语篇中语义的相互关联，体现了语篇中各个成分之间的逻辑关系。连贯是衡量一个语篇是否有效的基本标准，是好的语篇需要具备的基本特征。语篇的连贯通过句法结构、信息分布和信息结构三种手段实现。通过使用形式上的衔接手段，语篇中的已知信息、新信息得以协调呈现。在阅读教学中，教师可以协助学生找出语篇中的衔接手段，分析语篇的连贯性，帮助学生正确梳理文本的结构脉络，理解文本的内部结构，发掘语篇的内在逻辑。

第二节　本书阅读教学设计理念

一、阅读教学现状

多年来，中学英语教学改革已经深入到了英语教学的方方面面，阅读教学也取得了长足发展，但时代的发展对阅读教学提出了更高的要求。当前中学英语阅读教学在教学方法、教学侧重点、阅读文本选择方面还未能完全达到新课标的要求，教师对新课程标准的理解以及对阅读教学规律的认识存在不足，亟

① Halliday, M. A. K., Hasan, R., *Cohesion in English*, London, Longman, 1976, p. 6.

待改进。

第一，教学方法的选择陈旧机械化。中学英语阅读教学中，大部分教师使用传统的教学方法讲解阅读语篇中的生单词、复杂语法，然后逐句翻译，简单的翻译之后，为了培养学生的应试能力，再进行大量的阅读练习。这种机械的以应试训练为主的教学方式成了主要的教学手段，不重视系统化的阅读策略的培养，也不利于培养学生分析问题和解决问题的能力。长此以往，由于缺乏教师引导，学生不能掌握有效的阅读技巧，阅读兴趣无法有效提高，阅读速度不能提升，自主学习能力也无法得到有效提高。

第二，学生的语言知识和文化知识的发展有失平衡。受英语考试重视语言技能及知识的测试这一事实的驱动，教师在阅读教学中重视语言知识的教学，却忽视了学生文化知识的积累以及文化素质的提高。通用的中学英语教材中，基本每一个英语阅读语篇都蕴含了浓厚的文化知识，包括物质文化及非物质文化，涉及的范围有科技、教育、历史、宗教、艺术等社会生活的方方面面，而挖掘阅读文本中所蕴含的文化信息，是实现课程六要素中的文化知识学习的重要保证。而现实中，中学英语教学时间有限，阅读讲授的内容又非常繁杂，因此大多数英语教师在中学英语阅读教学中常会重视语言知识的传授，忽略对所阅读文本中文化知识的挖掘，以及对文章整体的思想格局和文化背景的把握。这样做最大的一个弊端就是学生能够理解语篇的语言内容，却无法领略语篇背后的文化内涵，无法识别语篇的文化价值导向。

第三，学生的阅读兴趣不能得到有效激发。中学英语教学中，很多教师关注对教科书的深入讲解以及对英语试卷中阅读材料的深入分析，忽视了对学生知识的拓展，扼杀了学生的阅读积极性，无法有效提高学生的阅读兴趣。在现阶段的高中英语教学中，许多教师视教科书、模拟试题为权威，认为教科书、权威的模拟试题才是值得阅读的材料。教师将大部分时间和精力都花在对教科书和各种习题中的阅读材料的讲解上，而不去或者很少阅读课外阅读材料。长期反复沉浸在枯燥乏味的题海之中，只会让学生产生抵触英语阅读学习的情绪，学生的学习兴趣越发降低。事实上，各种各样的课外阅读材料能够从广度和深度上对课内阅读材料起到很好的补充作用，学生自主选择的阅读材料能够有效激发学生的阅读兴趣，提高阅读能力。

第四，有些教师对新课程标准的理解出现偏差，走向另一极端，片面强调课文内容理解，使阅读教学流于形式，也使学生过早地进行理解后的运用。英语课程改革的重点是改变英语课程过分重视语法和词汇等语言知识的讲解与传授，而忽视对学生实际语言运用能力培养的倾向。有些教师对这一理念的理解出现偏差，重视快速阅读，只抓学生对课文主旨大意和段落大意的理解，忽视其对语言知识的输入与学习。阅读教学流于形式，部分活动，如讨论、辩论、角色扮演等，与前面的阅读关联性不大。有些教师对课文的处理过于粗放，在课堂上的阅读活动中，对文本的处理基本上都是快速阅读，检测性问题也都是表层理解，对语篇材料没有进行深度挖掘，造成语篇资源的浪费和阅读效率的降低。

第五，教学设计上，教师缺乏有效理论指导。有的教师对阅读教学的规律、文本的理解还停留在直觉认识的阶段；对英语教学理论的新动向缺少认识；教学设计多基于个人经验，缺少科学规律指导。英语教学仍然存在以应试为主要目的，以语言知识的获得和单一语言技能的发展为重点的现象，教学设计呈一定的碎片化倾向。教师的传统教学观念尚未得到根本转变，指向特定知识的教学导致学生学到的知识多为碎片化形态，难以形成整合性能力。英语学习活动观在常态的阅读教学中的落实仍面临阻碍，缺乏行之有效的途径和策略。

综上所述，我们可以看出，当前中学英语教师在正确使用教学方法，科学有效地进行教学设计，活跃教学氛围，提高教学效果等方面存在困难；学生对英语课，尤其是英语阅读课程的兴趣低下，课堂氛围不是很活跃。因此，教师应该加强理论学习，形成整合性教学能力，提高教研能力，增强教改主观能动性。

中学英语阅读教学的设计应该以新课标为指导，更新教师的教学理念，使其在掌握正确的教学方法的基础上，改变过去英语课程碎片化、零散化的特点。教师应在英语学习活动教学观的指引下提高阅读教学设计能力，洞悉英语教学理论的新动向。在实际教学中，教师需要处理好词汇、语法与语篇的关系。词汇、语法都是语篇的有机组成部分，在理解和建构语篇的过程中发挥重要作用。基于语篇的英语教学，并非在传统教学模式上增加一个语篇层次的教学，而是应该以语篇为单位，设计和实施阅读教学。也就是说，语言教学应该围绕语篇来进行。语言教学的主要任务之一是帮助学习者认识到词汇、语法等语言要素是如何相互联系、共同组织和建构语篇的。教师在教学中要注意引导学生观察和分析具体语篇的结构和语言特征，即关注语篇的各个组成部分以及语篇所用的语言是如何表达意义的，避免单纯地讲授词汇、语法知识，让学生在阅读学习过程中获得最大的收益，实现语言知识、语篇知识、文化信息的获得以及阅读能力、思维能力、情感态度等方面的综合发展，最终获得综合语言运用能力。

二、英语学习活动观指导下的阅读教学

鉴于上述问题，在新课标视域下，在阅读教学过程中，教师应深入研读阅读语篇，把握阅读教学核心内容。在此过程中，教师应实践英语学习活动观，以促进学生核心素养的有效形成。在教学目标上，以提高学生的阅读能力为驱动，引导学生从语篇中提取主要信息和观点，理解语篇要义，有效地审视语篇结构、理解语篇意义、把握语篇价值取向。对一些具有文化内涵的语篇，教师要引导学生识别其国别内涵，在此基础上比较文化异同，培养学生的跨文化交际能力。在阅读学习中教师还需要培养学生的类推、概括等逻辑思辨能力，并引导学生将这些思维方式用于阅读学习，从而提高学生阅读学习的效率。在教学中教师还应潜移默化地促使学生形成正确的学习态度，使用适合自己的阅读学习策略和方法，以阅读学习为契机，从总体上提高学生的学习理解能力和思维素质。

一方面，教学内容上，阅读学习属于语言技能的一个重要组成部分，阅读技能的培养不能脱离其他四项技能，在教学中教师既要关注具体技能的训练，也要关注各项语言技能的综合运用，可以设计听、说、读、看、写等技能相结合的综合性语言运用活动。另一方面，在教学中，教师需要注意课内与课外训练相结合。课内的阅读教学活动重在训练思维、指点方法、培养兴趣，而课外的学习活动旨在开阔视野、增强兴趣、运用技能。

教学方法上，教师应以英语学习活动为基本的课堂组织形式，设计具有综合性、整合性、关联性并可操作、可实践的阅读教学活动，从而完成教学内容，实现指向核心素养的教学目标。基于英语学习活动观的中学英语阅读教学实践可以通过以下三种活动完成。

第一，教师通过创设语篇情境，让学生在学习理解类活动中进行阅读学习。在阅读和理解英语文章的过程中，新词汇和语法知识往往对学生造成阅读的障碍，为保证阅读的质量，教师需要对单词、语法进行详细分析和讲解。脱离具体语境的词汇、语法学习容易降低学生的学习兴趣，影响其积极性，因此教师可以通过创设语篇情境的方式，让词汇、语法等融入语境中，让学生在语境中接触和学习新单词、新语法项目，并完成对语篇的理解，使学生在学习理解类活动中积累知识。

第二，教师引导学生开展应用实践类活动，深入语篇，将所学知识应用到实际生活中，以实现知识的再生化，做到学以致用。在英语阅读教学中，教师可以以学习理解类活动为基础，在引导学生深入语篇理解的同时，展开应用实

践类活动。教师可以引导学生对已有的知识结构进行描述、阐释、分析和判断，让学生开展讨论，交流思想，进一步实现对语言知识和文化知识的内化，学习相关文化背景知识，巩固新的知识结构。

第三，教师引导学生开展迁移创新类学习活动，如探讨阅读语篇的主题，引导学生针对语篇背后的价值取向或作者看待事物的态度进行分析、推理与论证，让学生对文章内容进行评价；或者引导学生探究语篇价值取向与主题意义的关联，加深对主题意义的理解，进而促进学生能在新的主题和陌生情境中，通过自主研究和合作学习，运用所学的知识与技能提炼出正确的态度和价值观，做到知识的升华，实现高层次的学习。

综上所述，中学英语阅读教学中，教师要更新教学理念，使用正确的教学方法，改变过去英语课程教授碎片化、零散化的特点。在英语学习活动观的指引下，教师要提高阅读教学设计能力，洞悉英语教学理论的新动向，升华对中学英语教学规律的认识；教师还要在中学英语阅读教学实践中开展学习理解类活动、应用实践类活动和迁移创新类活动等，帮助学生实现对知识的吸收、内化和创新，激发学生的英语学习兴趣，发展学生英语语言技能，促进学生多元思维的发展。

第三节　阅读教学设计案例

案例一：以语篇模式建构为驱动的英语阅读教学

1. 阅读来源与教材分析

本次阅读课需要学习的语篇为 From Problems to Solutions，来自高中英语人教版必修二(2020)第一单元。本单元主要话题为“文化遗产”(CULTURAL HERITAGE)，本文属于科普类说明文，语篇讲述了埃及政府在国际团体的帮助下修建阿斯旺水坝的历史过程，以这一事件为例解释当发展经济和保护文化遗产发生冲突时应采取什么措施。通过本单元的学习，学生能够了解埃及阿斯旺水坝的建造过程，了解文物保护的重要性以及当文物遗产保护和经济发展发生利益冲突时，应采取什么措施，并认识到在解决冲突的过程中不同利益方之间开展合作的重要性。

作为典型的科普类说明文，该语篇结构安排清晰，语篇发展模式兼有一般—特殊模式和问题—解决模式的特点。整个文章的论述遵循总说到分说的模式，以修建阿斯旺大坝为例讲述如何解决修建大坝和保护文化遗产之间的冲突。具体来看，文章的前两段为总说，通过陈述埃及政府所遇到的建大坝还是保护文物这一难题引出本文主题，并明确提出要解决的问题，即在经济发展和文化遗址的保护之间达成平衡确实是一个大的挑战，但通过完成巨大的挑战，我们能够找到有效的解决方案。第三段到第四段为第二部分，详细讲述埃及人如何平衡修建阿斯旺大坝和保护文物之间的关系，如何找到最佳的方案。第五段到第六段为文章的第三部分，通过反思消除修建大坝和保护文物之间的矛盾这一事件，指出合作精神在解决问题的过程中的重要性。文章先总说，提出需要解决的问题，然后分说，具体分析和陈述解决问题的方法，最后总结解决问题的方法，并进行反思。

2. 阅读教学目标

通过本次学习，学生能够获得语言知识和文化知识，能够理解和领会文章中的新单词和语法知识，把握文章的主要信息，并能辨识本语篇的语篇模式，抽象出一般—特殊模式以及问题—解决模式，并能在日后的语言学习中运用所习得的语篇知识。学生还能获得阿斯旺水坝的相关知识，明白如何平衡发展和自然、文化保护的关系。

初级目标：

使学生了解埃及阿斯旺大坝的建设背景、过程以及人们在建造大坝的过程中如何应对自然保护和发展之间的矛盾。

中级目标：

使学生理解和掌握文中相关的词汇、语法和表达，能够有效组织语言，表达自己的思想；辨识文章的语篇结构，发现一般—特殊以及问题—解决语篇模式的特点。

高级目标：

培养学生发现问题、解决问题的能力 ，提高学生的思维能力。

3. 阅读教学内容

在阅读教学过程中，教师以探索语篇主题意义“埃及人如何在发展经济和保护环境之间达成平衡”为出发点，沿着回答五个主要问题以及发现语篇的结构和论证模式两个主线分别引导学生开展学习理解类活动、应用实践类活动及迁移创新类活动。在这个过程中，教师基于文本深刻解读语篇大意，增加学生的语言知识和文化知识，并详细分析语篇结构，超越文本发现语篇论证模式，以深化学生对语篇的理解，培养学生的语篇意识，提高学生思维能力，尤其是提高学生解决问题的能力。

4. 教学过程

整个教学过程由四部分构成，包括使学生基于文本获得信息，使学生深入文本发现文章语篇论证模式，超越文本发展学生发现问题、解决问题的思维品质，以及使学生运用能力进行创新。教学设计分四步走，第一个部分为热身和引入，本部分通过展示图片、问问题的方式建构主题语境，实现向文章主题的顺利过渡；之后，通过问问题、回答问题的方式梳理文章大意，使学生在寻找答案、回答问题的过程中厘清文章的主要内容，概括文章大意，实现对阅读文本的学习理解。第二部分聚焦对阅读语篇的描写，深入语篇对语篇结构、语篇论证模式进行分析，发现贯穿全文的一般—特殊以及问题—解决的语篇模式，深化学生对文章的理解，并获得相关的语篇知识。第三部分超越语篇，让学生基于对语篇发展模式的理解，探索语篇中的论证模式，提取和归纳发现问题—解决问题—评估解决方案的论证模式，实现思维的超越和升级，并将在本语篇所学的知识拓展到其他领域，增强学生在日常生活中发现问题、解决问题的能力。

Step Ⅰ Warming-up and lead-in.

教师让学生阅读语篇标题、观看相关图片以预测语篇内容。

教师提问：Read the title and look at the photos. What do you think the text is about?（第一个问题）

学生回答：The text is about cultural heritage and cultural relics and how to protect them. Sometimes economic development may conflict with cultural heritage protection.

教师提问：How to solve this problem?（第二个问题）How to keep a balance between economic development and cultural heritage protection?（第三个问题）

教师向学生引出文章主题：

In 1950s, the Egyptian government also faced such similar problem. The proposal of building a dam led to people's protests because it may destroy cultural heritage. Read the text fast and find out the problem and how the Egyptian government solve it.

本活动通过提问的方式引入本文的话题，激活学生头脑中关于保护文化遗产以及如何在发展经济和保护环境两者之间达成平衡的图式知识。第一个问题为引入文章主题做好铺垫；第二个问题有助于设置本文的主题语境；第三个问题提问精准明确，能够帮助学生顺利过渡到要学习的语篇。

Step Ⅱ Fast-read the text and answer the following questions.

教师让学生快速阅读语篇并回答下列问题。

Why did the Egyptian government want to build a dam in the 1950s?

Why did the proposal of building a dam lead to protests?

What did the government do with the problem?

How did the UN deal with this problem?

Is the project successful?

What can be learned from the building of the Aswan Dam project?

上述六个问题环环相扣，沿着问题—解决的语篇模式进展，在问题的激发下，学生主动阅读，寻找答案，提取文章信息，了解解决方案的形成过程，加深对文本的理解。在这个过程中，学生领会到文章的主题大意，即 Big challenges can sometimes lead to great solutions.

Step Ⅲ Analyze the text structure.

教师引导学生分析语篇结构。

在基于阅读语篇完成学习理解类活动后，学生充分了解了语篇大意，实现了知识的获得。这个部分的活动旨在深入语篇，内化语言知识，发现语篇结构，欣赏文本修辞，实现知识的应用和实践。

教师引导学生聚焦语篇知识，关注文章的篇章结构和信息组织，以培养学生的语篇意识，深化对文本的理解。

首先，教师让学生通篇阅读，厘清作者的语篇结构为问题—解决模式，在文本中的体现为：topic-specific detail 1、specific detail 2、specific detail 3……conclusion。

具体来讲，语篇的前两段交代作者的观点，即文章的主题：

Big challenges can sometimes lead to great solutions.

语篇的第三段和第四段用建造阿斯旺大坝的例子来支持作者的观点。

语篇的最后一部分得出结论：

If a problem seems too difficult for a single nation, the global community can sometimes provide a solution.

其次，教师引导学生注意语篇的结构。本语篇的具体论述是采用总说—分说—总说的方式展开的。

教师引导学生开展活动一：通过问问题，让学生以找答案的方式建构事件轴线。

Why did the Egyptian government want to attempt the building of the dam?

How were the temples and other cultural sites saved?

How long did it take to complete the project?

教师引导学生开展活动二：通过填空的方式让学生填充具体时间信息，完善整个问题—解决的语篇发展模式。

The project starts________________.

The temples and cultural relics are being rescued________________.

The project is completed________________.

The first temple is moved________________.

The government asks the UN for help________________.

在对语篇结构进行分析的过程中，教师一是引导学生以发现文本论证模式为驱动，归纳文章主要内容；二是引导学生以时间顺序建构文本中事件发展脉络为驱动，提炼文本主要内容。这两个活动互为补充，有效实现了学生对文本的深度理解。

Step Ⅳ Cultivate students' thinking ability.

让学生基于对文章的理解，发现文章中解决问题的步骤，抽象出文本的论证模式，即发现问题—解决问题—评估解决方案的模式。教师要求学生梳理出埃及政府解决环境保护和经济发展冲突这一问题的五个步骤，并口头陈述每一个步骤的主要内容。

学生的答案为：

Find the problem:

The Egyptian government wanted to build a new dam across the Nile to control floods, produce electricity, and supply water to more farmers in the area; however, water from the dam would likely damage a number of temples and destroy cultural relics that were an important part of Egypt's cultural heritage.

Analyze the problem:

A committee was established to limit damage to the Egyptian buildings and prevent the lose of cultural relics. The group asked for contributions from different departments and raised funds within the international community. Experts investigated the issue, conducted several tests.

Propose a solution:

...and then made a proposal for how the buildings could be saved. Finally, a document was signed...

Implement the solution:

...and the work began in 1960. Temples and other cultural sites were taken down piece by piece, and then moved and put back together again in a place where they would be safe from water. In 1961, German engineers moved the first temple. Over the next 20 years, thousands of engineers and workers rescued 22 temples and countless cultural relics. Fifty countries donated nearly $80 million to the project.

Evaluate the solution:

When the project ended in 1980, it was considered a great success.

此教学活动基于文本，又超越了文本，通过引导学生提取和归纳问题—解决的篇章模式，并将篇章中的论证模式抽象化为一般的思维模式，为学生解决问题提供了一个抽象模型，实现了思维的抽象化和高级化。此教学活动为应用实践类活动和迁移创新类活动的结合，教师通过深入语篇，发现语篇中的论证模式，在深化学生对语篇的理解的同时，让学生完成抽象出文章中解决问题的步骤，学生的分析能力、论证能力得以提高，知识的迁移和创新得以实现，学生的思维能力和解决问题的能力得以培养。

5. 案例点评

新课标提倡“综合而有侧重”地实现课程内容六要素整合式学习。本阅读课程设计以增加学生语篇知识，培养学生语篇意识为侧重点，通过开展学习理解类活动、应用实践类活动以及迁移创新类活动综合发展学生的学科核心素养。整个教学以完成“发现文本中事件的时间轴线”以及“梳理语篇模式”这两个活动为出发点，通过回答问题以及确定各事件发生时间等方式探索文章主题意义，在梳理语篇发展模式的过程中内化语言知识，发展学生的推理判断能力。课程设计最后一个活动基于学生对文章的理解，跳出本语篇的框架，让学生抽象出解决问题的步骤，提出发现问题—解决问题—评估解决方案这一论证模式，为在日后的学习生活中运用这一思维模式做好准备。三类活动贯穿于整个教学过程中，培养了学生的阅读理解能力，深化了学生对语篇的认识，发展了学生归纳、抽象文本意义的思维品质，培养了学生发现问题、分析问题以及解决问题的能力。

案例二：英语学习活动观指导下的英语阅读教学——以“信息科技”话题为例

1. 阅读来源与教材分析

本次阅读课需要学习的文章为 Who I Am，来自高中英语人教版必修二

(2007)第三单元。本单元主要话题为“信息科技”(THE INTERNET)，本文属于科普类说明文。文章以第一人称口吻讲述了计算机的发展历程，展示了近年来计算机科技的发展和进步。通过本单元的学习，学生能够了解计算机的发展历程及其在当今社会的广泛应用。本文的特点之一是在写作手法上以计算机为第一人称进行自白，这种拟人的手法能够激发学生的阅读兴趣，也使得文章更浅显易懂，在教学中教师可以以此为契机，培养学生识别文中的隐喻、拟人等修辞方法的能力。

2. 阅读教学目标

通过本阅读课的学习，学生能够了解计算机的发展历程，能够使用所学的语言知识、文化知识等表述自己对信息科技乃至社会科技发展的观点；学生能够认识到计算机对人们生活和学习产生的影响，对计算机乃至科技发展形成正确的认识和科学的态度；学生的阅读能力和抽象概括等思维能力能够得以提高；学生能够领会主题句的概念，并能正确识别段落主题句以及支撑段落主题句的细节知识；学生能够循着时间发展顺序归纳语篇主旨大意。在本次教学中，我们将以寻找段落主题句，以及通过沿着时间线描述计算机的发展历程归纳文本主旨大意这两个任务为驱动，开展自主学习、小组讨论等学习活动，最终达到以下三个教学目标。

初级目标：

使学生了解计算机的发展历程以及计算机在当今社会各个领域的广泛应用，增加学生关于信息科技的知识。

中级目标：

使学生有效习得和计算机相关的词汇、语法、语篇等语言知识，并有效使用语言知识进行语言表达，陈述自己对计算机科技的看法。

高级目标：

使学生领悟和实践在语篇中寻找主题句以及支撑主题句的细节信息的方法，掌握按照时间线梳理文章大意的方法，并发现本语篇中所呈现的隐喻性思维方式。

3. 阅读教学内容

本文属于科普类说明文，文章以第一人称讲述了计算机的发展历程，展示了近年来科技的发展和进步。在教学中，教师主要关注三个方面的内容：一是研读文章，沿着时间发展，回顾计算机的发展历程，发现计算机科技对人类生活的影响，在这个过程中培养学生分析文本信息和整合文本信息的能力；二是培养学生自主寻找阅读语篇中各段落主题句的能力，以掌握语篇知识为契机，获得一定的阅读技巧，提高阅读能力；三是在教学中引导学生认识到贯穿本语篇的隐喻这一修辞手法，培养学生进行隐喻性思考的能力。

4. 教学过程

Activity 1：引入话题。

主要的活动内容为：猜词游戏，描述图片。教师展示算盘、计算器、第一代计算机、笔记本电脑、个人便携式电脑、机器人等具有计算功能的器械的图片，让学生进行猜词练习，从而引出本节课的话题，主要内容如下：

T：What is this?

S：It's an abacus. It is made of wooden beads. It is an old calculating machine. It is used in China.

T：What about this one?

S：It's a calculator. It can solve mathematical problems very quickly.

T：What about this one?

S：It's a kind of computer. It is as large as a room. It can solve a large number of mathematical problems.

T：What about this one?

S：It's a kind of computer. It is like a notebook. It can be taken conveniently.

T：What is this?

S：It is a PDA, which is the shortened form of Personal Digital Assistant. It is a handheld computer that is used for storing information. It also provides soft wares like an appointment calendar, and communications hardware.

T：What is this?

S：It is a robot that operates automatically or by remote control. It resembles a human and is capable of performing a variety of complex tasks.

T：What do you know about the development of computers? How does it change our life? What will happen next? What is the future computer like?

教师引导学生设想未来计算机的发展趋势，让学生进行分组讨论，对心目中未来计算机的模样做出描述。学生展开想象，在讨论的过程中激活大脑中所存储的关于计算机、计算机发展史的相关语言知识和科技知识。

本阅读材料的主题语境为“人与社会”，主题群为“科学与技术”，主题语境的具体内容为“科技发展与信息技术创新”。上述活动以“主题语境”为引领，在教学中，通过向学生展示算盘、计算器、第一代计算机、笔记本电脑、个人便携式电脑、机器人等和计算机发展相关的图片，创设了与主题意义密切相关的语境，学生大脑中会建构计算机发展历史的事件框架，主动去思考计算机发展历程以及现代计算机的功能。通过这种方式，学生的思维品质能够得到有效提高。同时，基于对“计算机发展史”这一主题意义的探究，带着相关明确的问题，学生能够整合语言知识和语言技能，探究计算机发展历史、计算机功能、新一代计算机相比老一代计算机的优越之处，并使用语言进行有效表达。在这一过程中，学生的语言能力、文化知识素养、语言技能、思维能力等综合能力可以得到有效提高。因此，此活动具有综合性和实践性的特点，学生可以运用已学词汇表达自己的思想，进行语篇的构建，为下一步的阅读活动打下基础。

Activity 2：读中活动。

练习 1：快速阅读。

Read the passage and draw the timeline of the development of computer based on what you have learned.

教师让学生快速阅读文章，以计算机发展历程为主线，正确绘制计算机发展时间轴。如：

1642：I began as a calculating machine in France in 1642.

1822：The analytical machine was made by Charles Babbage.

1940s：I had grown as large as a room, and I wondered if I would grow any larger.

1960s ：The first family of computers was connected to each other.

1970s：Many new applications have been founded for me.

Now ：I am now truly filled with happiness that I am a devoted friend and helper of the human race.

练习 2：细节阅读。

教师基于课文内容提出以下问题：

Who am I?

Who was the first person to invent the earliest computer?

Who was the next important person to design computer?

How old is the computer?

When was the computer the biggest?

What happened to the computer in the 1960s?

此活动以语篇主题内容为主线，设计学习理解类活动。为了培养学生的阅读理解能力以及归纳、抽象文本意义等思维品质，实现对文本意义的深刻理解和对语言知识和文化知识的学习，本教学活动以完成绘制计算机发展时间线以及回答相关问题这两个任务为驱动，引导学生在计算机的发展历程这一主题语境下进行分析思考，深入阅读语篇，找出和这个主题行为相关的时间、地点、人物、事件等相关信息，以此构建语篇主题内容。完成这一教学活动后，学生能够比较顺利地绘制出计算机发展时间轴线，深入了解计算机科技的历史发展，还能够做到正确梳理和概括文本信息，创造性地表达自己的观点。

Activity 3：分析语篇结构。

教师给学生五分钟时间，让他们逐段阅读语篇，分析语篇结构，并找出每一段的主题句，以帮助学生分析文章的篇章结构和写作模式。教师可以提问"什么是主题句？如何寻找主题句？"让学生分别回答。

此练习基于语篇，旨在提高学生的阅读理解能力，锻炼学生的概括能力，同时培养学生的语篇意识。学生在对所阅读文本的主要内容理解的基础上，深入语篇进行活动探索，对文本的意义进行描述与阐释、分析与判断，然后将所学的知识内化并运用。在学生理解文本的基础上，教师通过提问以及挖掘文本背后的意义等方式，引导学生围绕主题和所形成的新知识结构开展深入语篇的交流活动，使学生逐步实现对语言知识和文化知识的内化，并助力其将知识转化为能力，为迁移创新类活动的开展提供有力支持。

Activity 4：讨论。

教师请学生分组讨论以下问题：

How have computers changed our lives?

Think of the things you do by using computer in your daily life as well as the things scientists do with computers. You can use the words and expressions in the text.

在讨论的过程中，学生在本阅读课中所学的语言知识和文化知识得以深化和运用，达到知识内化和迁移的效果。

Activity 5：读后活动。

教师在学生通读整个阅读语篇的基础上，向其提问：

Why does the author use *I* to refer to the computer? What effect does the author want to achieve?

学生已经对计算机的发展历程、计算机对人类生活的影响有了比较深刻的认识，在这个活动中，在对语篇进行深入解读和分析的基础上，教师引导学生将注意力放到贯穿本阅读语篇的写作思维方式——隐喻上来。结合文本，学生发现了通过计算机和人类的类比，文本所达成的效果，进一步加深了对计算机的功能、计算机与人类的关系的认识。将计算机隐喻为人，其实流露出作者的写作态度，表露了作者对计算机的看法：计算机不是一种冷冰冰的无生命的工具，而是人类的亲密朋友，给我们的生活带来便利。这一活动实现了学生对篇章的深度学习，提高了学生在语篇中进行观察、概括和归纳的能力，有助于学生在人与科技、人与计算机的关系上形成正确的态度。

5. 案例点评

本课程通过设计不同活动，达到了提高学生阅读能力、发展学生的语言理解能力以及语言实际运用能力的目的。第一，教师通过描述图片、分组讨论的方式建构图式，引入阅读话题，做到以“主题语境”为引领，创设了与主题意义密切相关的语境，为学习理解类活动做好铺垫。第二，通过回答问题的方式，教师让学生快速阅读文章，并完成时间轴的绘制。在此部分，教师以主题内容为主线，设计学习理解类活动，培养学生的阅读理解能力以及归纳、抽象等思维能力。第三，教师引导学生开展以语篇为主线的应用实践类活动，通过寻找段落主题句、展开讨论的方式，助力学生将知识转化为能力，为迁移创新类活动的开展提供有力支持。第四，教师引导学生开展迁移创新类活动，通过激发学生探索 I 和 computer 之间的关系，激发学生发挥推理与论证、批判与评价、想象与创造的潜能，使学生成功地发现语篇背后的作者态度，从而加深对文本主题意义的理解，实现深度学习，促进能力向素养的转化，激发学生学习计算机的兴趣，开发学生的想象力。

案例三：英语学习活动观指导下的英语阅读教学——以“节日”话题为例

1. 阅读来源与教材分析

需要学习的文章为 Festivals and Celebrations，来自高中英语人教版必修三(2020)第一单元。本单元以“节日”(FESTIVALS AND CELEBRATIONS)为话题，介绍古今中外节日的种类、由来、意义以及在节日期间人们的活动和习俗。通过本文的学习，学生能对中国以及国外主要节日的名称、缘由、历史以及庆祝方式有所了解。教师通过阅读、讨论等方式在学习中培养学生的跨文化交际意识，在对比中西方节日差异的过程中增加学生的文化知识，培养学生的中国文化情怀，使学生成为成功的跨文化交际者。

2. 阅读教学目标

通过阅读材料的学习，学生能够获得关于中外一些节日的历史缘由和庆祝方式的知识，掌握常用的有关节日的词汇和表达，并能使用本课所学知识就节日和庆典进行口头或书面表达。该阅读教学还要培养学生把握文章脉络，发现文章语篇结构的能力；要通过展开小组活动，指导学生相互学习，相互合作，培养学生的团队合作精神。教学目标的制定遵循英语学习活动观的三个层次，反映学生对文本主题意义探究的过程。具体目标如下。

初级目标：

学习完本篇阅读材料之后，学生能够了解中外常见节日的来历、庆祝方式等信息。

中级目标：

学生能够掌握和节日相关的词汇和表达，能够使用正确的词汇、语法和表达形成有效的语篇，描述中西方主要节日。

高级目标：

学生能够提高推理、联想、对比等思维能力，在跨文化交际的视域下了解中西方节日文化的各自特征，获悉节日的文化内涵，对比发现中西方节日背后的文化差异，在此基础上形成新的文化结构知识，并对中西方节日背后的文化因素、文化价值形成正确的认识和判断。

3. 阅读教学内容

本单元主题语境为“人与社会”，主题群是“节日和庆典”，具体语境为“世界各地的节日”。本文为记叙文，向读者介绍古代的一些节日，包括纪念名人的节日、丰收节和春节。节日是文化的重要组成部分，因此文化知识的学习构成了本次阅读课学习的重点。本次教学将以文化知识，尤其是中西方的节日文化为主线，以阅读语篇为载体，通过看图片、问问题的方式建构主题语境。之后教师引导学生深入阅读，获得和中西方节日相关的语言知识和文化知识。在理解文本的基础上，教师给予学生适当的引导，让学生反思中西方节日文化的差异，增强学生的跨文化交际能力，提高学生的自主创新思维能力。最后通过适当的提示和指引，让学生形成自己对中西方节日文化的认知、判断和评价，培养学生的批判性思维能力和跨文化交际能力。

4. 教学过程

为实现本课三个层级的教学目标，在教学过程中，教师需要做好引入、带领学生深入研读语篇以把握文章的核心内容、获得语言和文化知识、提高学生的思维能力等工作。在此过程中，教师应实践英语学习活动观，通过设计学习理解类活动、应用实践类活动及迁移创新类活动三个活动进行阅读教学，以促进核心素养的有效实现。

学习理解类活动主要包括感知与注意、获取与理解、概括与整合等基于语篇的学习活动。具体而言，在教学过程中，教师以中西方节日为主题建构具体的语境和情境，通过文化、节日背景知识的铺垫和导入，激活学生的前期知识，为下一步的阅读材料新信息的输入做好铺垫，打好基础。学生带着教师提供的问题，以回答问题为契机，从新的语篇中获得新的知识和信息，并积极进行认知加工，实现信息的概括和整合，在新旧信息之间形成关联，感知和理解文本意义以及文本中所蕴含的文化信息。

具体活动如下。

Activity 1：教师在屏幕上放庆祝中秋节的图片，包括天空中的圆月以及桌上的月饼，并提问：

What can you see in the photo?

What is the name of this festival?

How do you celebrate this festival?

此部分活动的主要功能为导入话题，教师围绕本阅读材料的主题“节日”创设中秋节语境，激活学生和节日相关的已知信息和经验，为新信息的输入做好铺垫。教师利用图片和几个简单问题引出节日话题，铺垫文化背景知识，自然过渡到以节日为主题的阅读。

Activity 2：教师通过问问题的方式激活学生大脑中关于中外节日的前期知识，建构中外节日图式。

T：What festivals do you celebrate with your family each year?

S：Spring Festival, Lantern Festival, Tomb Sweeping Day, Dragon Boat Festival, Double Seventh Festival, Mid-Autumn Festival…

T：What Chinese public holidays do you know?

S：New Year's Day, International Women's Day, International Labor Day, The Youth Day, Children's Day, National Day…

T：What festivals of foreign countries do you know?

S：Valentine's Day, Easter, Halloween…

T：Why do people all over the world celebrate different festivals?

S：Because people want to share joy, love, or peace with others.

此活动通过提问的方式激起学生大脑中关于中外节日的知识，进一步激活学生大脑中和节日相关的图式和场景，使学生围绕节日进行思考和表达，为文章的学习做好铺垫。

Activity 3：教师基于阅读语篇内容，向学生提出问题，要求学生带着问题快速阅读文章。问题如下：

What are the origins of festivals around the world?

Why do people celebrate festivals?

What is harvest festival? How do people celebrate it?

How does the celebration of festivals change over time?

How does modern commercialization change the way people celebrate festivals?

What role does festival play in modern society?

此活动为学习理解类活动，本活动基于语篇，涉及知识的获取和梳理，并使学生通过回答问题的方式进行知识的概括和整合。教师通过提问的方式引导学生梳理文本内容，深入分析语篇，从而充分理解段落大意。学生通过无干扰自主阅读，理解语篇主题及主要内容，达到知识的内化。

Activity 4：教师引导学生寻找段落主题句。

教师向学生介绍主题句的概念：

Most paragraphs will have a "topic sentence" that tells you the paragraph's main idea. It is often the first sentence, but sometimes it is found elsewhere in the paragraph. The topic sentence is usually supported by the supporting details in the remaining part of the paragraph.

学生寻找主题句，教师将学生的寻找结果总结如下：

Para 1: Festivals are celebrated all around the world.

Para 2: Of all the traditional festivals, the harvest festival can be found in almost every culture.

Para 3: Customs play a significant role in festivals, but sometimes they can change over time.

Para 4: Festivals are becoming more and more commercial, with business taking advantage of the celebrations.

在寻找段落主题句的过程中，学生对文章每个段落的大意理解更为透彻，能够在主题句的协助下总结文章结构。

Activity 5：分小组讨论并回答以下问题：

What are festivals of the dead usually for?

Where is harvest festival found and why is it so common all over the world?

What do Chinese people usually do at Spring Festival?

Compare the festivals of the dead in Mexico, Japan and China. What things are similar? What things are different?

What do most festivals seem to have in common? Why do you think people around the world find these things important?

How do you feel about festival customs that have already faded away?

What is the writer's attitude towards the commercialization of festivals?

本教学活动以获取"文化知识"为主线，设计的问题都涉及节日文化知识，能在培养学生文化意识的同时，综合发展课程六要素中所提出的内容。在主题语境方面，该活动体现了"人与社会"中的"历史、社会与文化"，学生了解和节日相关的文化，从而培养了文化意识。在语言知识学习方面，在该活动中，学生在回答问题的过程中，调用了在大脑中已经存在的和节日相关的词汇、语法以及语用知识来表达自己对节日的认识，进行语篇的建构，发展自己的语言技能并培养阅读学习策略。此活动既包括学习理解类活动，也包括应用实践类活动。教师基于阅读语篇的内容设计问题，引导学生积极进行文本意义解读，挖掘文字背后的文化知识。所设计的问题能够帮助教师引导学生围绕主题和所形成的新知识结构开展超越语篇的思考和分析活动。学生调用已经形成的知识，进行分析和判断，实现对语言知识和文化知识的内化，并将知识转化为能力。

Activity 6：教师让学生进行小组讨论，表达商业化对节日的影响。如：

T：How does modern commercialization influence celebration of festivals? Do you think it is a good thing to spend a lot of money in celebrating holidays?

S：In the past, celebration of festivals was associated with food, music or entertainment. People spent holidays with family and friends without spending too much money. The commercialization of festivals all over the world has caused it to lose its traditional meaning of joy and family reunion. Merchants work very hard to find ways to exploit the festive occasion. People may be tempted to buy unnecessary things which they may not be able to afford. It is not a good thing to spend a lot of money in celebrating holidays.

此活动是迁移创新类活动，教师引导学生针对语篇背后的作者态度进行推理与论证，探讨其与主题意义的关联，加深对主题意义的理解，进而使学生在新的情境中，基于新的知识结构，通过自主、合作、探究的学习方式，综合运用语言技能，创造性地解决新情境中的问题，理性表达自己的观点、情感和态度，实现深度学习，促进能力向素养的转化。

5. 案例点评

本阅读语篇主要聚焦文化，融文化于文本之中，以介绍和说明节日文化知识为主。在本教学中，通过学习，教师力图让学生了解世界上主要节日背后的文化内涵，让学生有效习得阅读材料中的词汇、语法以及语篇知识，帮助学生形成有效的阅读策略，提高学生的思维能力。通过对本阅读语篇的学习，学生能够理解文本背后的文化内涵，厘清文本结构，深刻领会文本主旨思想，最终达到理解中西方文化内涵、比较文化异同、汲取文化精华、坚定文化自信的目的。本阅读教学设计包含了学习理解类活动、应用实践类活动、迁移创新类活动。在教学过程中，首先，教师让学生进行头脑风暴，联系已有的背景知识回答问题，激活节日相关的图式，自然地过渡到课文内容。其次，教师通过快速阅读和仔细阅读让学生回答问题，总结各段落的中心思想，找出国内外节日的相似之处，加深学生对文章的理解，训练学生掌握各种阅读技巧，进而拓展社会文化背景，增加学生的跨文化知识。教学活动的安排遵循由简单到复杂、循序渐进的原则，在不同的学习活动中实现了学生综合能力的提高。

案例四：英语学习活动观指导下的英语阅读教学——以“朋友和友谊”话题为例

1. 阅读来源与教材分析

本次阅读课的内容来自人教版高中英语必修一(2007)第一单元“友谊——安妮的好朋友”(Friendship—Anne's Best Friend)。本单元的主题语境为“人与社会”，具体的主题内容为“良好的人际关系与社会交往”，主要话题为“朋友(friends)和友谊(friendship)”，语篇涉及的内容包括友谊的重要性，如何和朋友相处，什么是正确的交友观，我们可以和哪些人和事物成为朋友等。阅读语篇由两部分构成，一部分节选自《安妮日记》，主要讲述了如下故事：在第二次世界大战时期，为躲避纳粹的迫害，犹太女孩安妮藏身于密室中，在孤独中只能把日记当作自己的朋友，通过书写的形式向日记倾诉自己孤独和郁闷的心情，从而度过两年的逃亡生活。另一部分是对日记的背景知识的说明。语篇类型包括日记和说明文两种。日记的语言优美细腻，表述自然生动，情感表达真实感人。通过阅读这篇课文，学生不仅能进行阅读技能的训练，学习一些新的词汇和短语，如 Netherlands、German、outdoors、thunder、entirely、power、curtain、dusty、go through、set down、a series of、on purpose、in order to、at dusk、face to face、no longer 等，还能对第二次世界大战时期犹太人所经历的苦难有所了解，获得历史文化知识。此外，对日记中语言的赏析能够培养学生对语言细节描述的感知力，体会到安妮日记中文字的表达力。学生可以体会到主人公安妮藏身于阁楼时的苦闷心情，深切感受到语篇中所渗透出来的情感；

在对日记主题意义进行探索的过程中，学生的思维品质和能力也能得以提高，有助于树立正确的友谊观和人生观。

2. 阅读教学目标

初级目标：

学生能够通过阅读感知和欣赏文章的语言魅力，在语言的引导下感受主人公的内心世界，并掌握主要词汇以及语法项目的用法。

中级目标：

学生能够提高阅读理解能力，快速阅读和把握文本中心大意，细读文章，捕捉文中关键信息和段落大意，发现并总结日记文本的主要语篇特征。

高级目标：

学生能够获得关于纳粹屠杀的历史文化知识；能够在对文本主题意义深度理解的基础上获得不同的生活感受，能够拓宽认知思维并形成正确的友谊观和人生观。

3. 阅读教学内容

阅读部分是本单元的主体部分，这一部分对热身部分提出的话题friendship进行延伸深化。通过学习，学生能对友谊以及该与什么样的人和物交朋友这两个话题有更深刻的了解。阅读的教学内容涉及对文章大意的整体把握、对细节信息的识别、对词汇以及语法知识的深入学习、对文章的文化背景知识的深入了解，以及对本单元话题的讨论等。阅读教学将围绕“交朋友”这一主题语境，以日记以及背景叙述文本为载体，剖析日记文本和叙述文的文体特征，深入探究文本的主题意义，以达到提高学生语言技能的目的。通过阅读语篇，学生理解语篇大意，了解“二战”时期纳粹迫害犹太人的历史背景，对安妮以及她的家人在躲避纳粹德国迫害时的经历和苦闷心情有所了解和体会，并通过对安妮的日记的阅读对朋友、友谊有一个新的认识：人类的友谊可以跨越阶级、跨越种族、跨越时空，我们可以和人交朋友，也可以和小动物或物件(比如日记)交朋友，不管是哪一种形式的友谊，都能够帮助我们度过人生的艰难和至暗时刻。

4. 教学过程

Activity 1：导入。

教师向学生提问：

What does friendship mean to you?

Are friends important in your life?

Who would you like to make friends with?

Does a friend always have to be a person?

If you were in a difficult time in your life, who would you like to talk to?

Have you ever considered making friends with animals, plants, an imaginary thing or even an object?

设计意图：上述问题的设置有助于引出 friends、friendship 的话题，激发学生的学习兴趣，教师可通过这一学习理解类活动创设情境，引出本课的话题，激活学生关于友谊和交朋友这一话题的前期知识，建构背景知识。

教师向学生介绍语篇主角安妮：

Anne is a little girl who lived in Amsterdam in the Netherlands during World War Ⅱ. Her family was Jewish so they had to hide, or they would be caught by the German Nazis.

教师让学生阅读语篇标题并猜测谁是安妮最好的朋友，之后向学生提问。

Do you think a diary can become your friend? Why or why not?

Who might be Anne's best friend?

教师通过播放关于纳粹屠杀的视频引出本文故事发生的历史背景。

第二次世界大战期间，纳粹德国统治欧洲大部分地区，他们对犹太人进行了残酷的种族灭绝政策，数以百万的犹太人被纳粹德国屠杀。纳粹德国的政策还包括送犹太人进集中营、强迫其进行人体实验、强迫其劳动、驱逐犹太人出欧等。为了躲避纳粹的迫害，本书中的安妮随家人藏匿于密室中两年多，后被关进集中营死去，只留下一本《安妮日记》。

设计意图：教师通过播放视频向学生讲解历史文化背景，调动学生多感官的参与，帮助学生准确地理解文章的历史背景，以使学生能够对主人公安妮的处境感同身受，思考安妮面临的困境，理解安妮当时的处境，感知安妮的心境，激起学生想要通过阅读知道安妮的好朋友是谁的愿望。

Activity 2：语篇阅读。

快速阅读：

①Fast read Anne's diary and try to find out how is Anne's diary different from other people's diary.

She didn't set down a series of facts or things happened in the day time. She talks to her diary as if it were her friend. She shares with her diary her deepest feelings and thoughts.

②Fast read the text and try to find out the answer to the question "Why did Anne choose her diary to be her friend?" Provide students with the unfinished sentences as follows:

Anne had to hide or she and her family members would be caught by German Nazis.

Anne kept a diary because she could tell it her feelings and thoughts.

Anne named her diary Kitty because it was her best friend.

They were finally caught because they were discovered.

快速阅读包括两个部分，快速阅读日记和快速阅读文章。通过快速阅读日记，学生能够归纳日记的中心大意，发现安妮日记的独特之处，勾起期望在文中寻找答案的兴趣。在快速阅读文章时，教师可给予学生一定的句型提示，然后由学生将信息补充完整，达到正确归纳文章大意的目的。上述的快速阅读属于学习理解类活动，有助于学生把握安妮的日记以及文本的宏观大意，培养学生的阅读技能，并能让学生体会到日记文本中所渗透的情感，协助学生在大脑中搭建日记和交友图式，为接下来的深度学习做好铺垫。

仔细阅读：

Read Anne's diary carefully and describe her living environment and her feelings before and after she hid in the attic.

Before her hiding:

Environment: blue sky, songs of birds, moonlight, flowers

Feelings: never felt spellbound

After her hiding:

Environment: darkness, rain, wind, thundering clouds

Feelings: grew crazy, be held in their power

教师让学生仔细阅读安妮写的日记，发现安妮躲藏在密室之前和之后的生活环境以及心境的变化，并用日记中的表达进行描述。通过这个阅读活动，学生能够在探索文本意义的同时赏析文本语言的魅力，感受语言生动的表达力；除了语言知识和文化知识的获得，对比发现主人公藏身密室前后的心境和感受有利于学生深刻体会到日记文本中所渗透出来的情感和态度，增加学生对主题语境理解的深度，提升学生的思维发展水平；学生更能理解安妮在躲避纳粹屠杀期间选择日记本为朋友的缘由。

教师引导学生仔细阅读文章内容，找出故事发生的时间、地点、主人公以及发生的事件等信息。

The time of the story: World War Ⅱ

The place of the story: Netherlands

The heroine of the story：Anne

Anne' s best friend：Her diary—Kitty

The length of time they hid away：Nearly twenty-five months

The date of the diary：Thursday 15，June，1944

Anne had to hide in order to escape from the Nazis. She was very lonely，so she chose her diary to be her best friend and talked to her diary. She wrote to her diary and shared with it her deepest feelings and thoughts. In this way，her loneliness and desperate feelings can be relieved.

此活动是基于文本开展的学习理解类活动。这种输入性的理解活动有助于让学生理解和把握文章的微观细节信息，培养学生的信息梳理以及归纳的能力，实现深度理解文本意义的目的。通过这样的活动，学生能够识别日记中的时间、地点、人物、情节等要素，有效建构日记意义，并掌握快速阅读以及详细阅读的技巧，为下一步的阅读活动打下基础。

Activity 3：讨论。

Imagine you were Anne，how did you feel? Describe her feelings when she hid in the attic. If you were in her situation，how would you feel?

Suggested Answer：

Feel lonely，crazy，panicked，sad，anxious，eager，excited，crazy，helpless.

Discussion：

Share with your partner one of your experiences in which you felt hopeless，lonely and frustrated and how you overcome that with the help of your friends.

设计意图：此活动为输出性的语言表达活动，旨在培养和提高学生的表达性技能。在迁移创新类活动中，学生能够创设一个新的情境，将所学到的语言知识、文化知识运用到新的场景，清楚地描述个人经历的事件，建构口语语篇。在新的口语文本的建构过程中，学生能够整合已有知识和信息，有效地提高思维能力和创新能力。

5．案例点评

此阅读教学案例包括导入、阅读、读后讨论三个部分。导入部分使用贴近学生生活的文体引入话题，既可以调动学生的学习兴趣，又可以成功引入本单元的话题“友谊”。导入部分使用问问题、播放视频等方式铺垫背景知识，步步深入，教师可以有效激活学生关于友谊的前期知识。在阅读部分中，快速阅读有助于学生对文本意义形成宏观认识，仔细阅读有助于加深学生对文本细节的微观把握。学生可以了解安妮藏身密室的所思所想，用心感受安妮在所处的恶劣生活环境之下渴望友谊，渴望朋友，渴望大自然，渴望自由的心境。读后讨论部分开展想象以及输出性语言表达活动，有利于学生整合在阅读材料中所获得的语言知识，实现知识的有效迁移和运用。

案例五：以文化知识为主线，融合课程内容六要素的阅读教学

1. 阅读来源与教材分析

本教学案例来自人教版普通高中英语必修三(2020)第三单元“多元文化”(DIVERSE CULTURES)阅读与思考(Reading and Thinking)部分。该单元的主题语境为“人与社会”，该板块的主题是“了解一个具有多元文化特点的城市”(Learn about a city that has diverse cultures)。语篇类型为旅行日记。在日记中，中国学生李兰(Li Lan)记录了自己的加州之行，主要介绍了在旧金山一天的行程和所见所闻，包括旧金山的城市建筑，教会区的餐馆、酒吧和艺术文化，以及旧金山的发展历史。来自墨西哥、中美洲以及中国的移民对这个城市多元文化的形成起到了很大的作用，并对这个城市的方方面面产生了巨大的影响。作为华人人数仅次于纽约的一个城市，旧金山的中国文化元素非常明显，在这里更能体会到中美文化的交融和影响。通过该阅读文本的学习，学生能够对于旧金山的地理位置、历史发展以及多元文化特点有深刻的了解，并能感悟到多元文化的魅力。

2. 阅读教学目标

初级目标：

学生能够掌握 admit、definitely、occur、downtown、comic 等新单词在具体语境中的用法，理解 can't wait 等省略性表达的用法，借助词汇、语法知识，正确理解文本大意，获取语言知识。

中级目标：

通过阅读，学生能够对文本中的信息按照时间轴线以及事件所发生的地点进行梳理并重新组织，以达到辨析作者的写作逻辑，发现文章结构的目的，从而提高学生的阅读理解能力。

高级目标：

通过阅读，学生能够获得与旧金山相关的地理、历史和人文信息，获取相关文化知识，主动探索多元文化的根源和社会背景，拓宽国际视野，提高文化理解和鉴赏能力。

3. 阅读教学内容

本阅读语篇为旅行日记，叙述作者在旧金山旅行过程中的所闻所见。文化

多元为旧金山市的显著特点。本课教学内容主要涉及对语篇大意的整体把握，对细节信息的识别，对词汇以及语法知识的深入学习，对文化知识的领悟以及话题讨论等。学生需要掌握词汇 admit、definitely、occur 等；同时要掌握旅行日记的要素、内容与结构等相关语篇知识。文化知识的学习也是本次阅读课的重点，通过对文章的学习，学生可以了解何为文化多样性，并具有欣赏文化多样性的能力。在教学中，教师需要注意重点梳理作者的旅行日记在时间以及空间上的脉络，帮助学生正确解读和梳理语篇信息。

作为课程内容六要素之一，文化知识是课程内容的重要组成部分。本阅读语篇记录了作者的一次异国之行，蕴藏了丰富的异国文化信息。在教学中，教师将围绕“旧金山的多元文化”这一主题语境，以李兰的旅行日记为语篇载体，引导学生获取、梳理、整合和旧金山相关的语言知识和文化知识，深化学生对该篇旅行日记内容的理解，探究语篇中所蕴含的多元文化元素，在此基础上进行不同文化的对比。同时，在教学中教师要鼓励学生尝试运用所学语言介绍一个具有多元文化特色的地方，表达自己对于文化多样性的看法，以提升学生的输出性语言表达技能。

在教学中，教师将引导学生按照时间顺序这一语篇组织模式，感知和理解李兰在沿途旅行中的所见所闻，获得旧金山的地理概况、旅游资源、城市发展历史，加深对旧金山多元文化的理解。同时，教师以获得旧金山的多元文化知识为主线，在教学中凸显旧金山多元文化中的中国文化元素，了解世界重要历史文化现象的渊源，引导学生对中西方文化进行比较和鉴赏，理解和包容不同文化，在对比中增强对中华优秀传统文化的认识，形成正确的价值观。

4. 教学过程

Activity 1：读前活动。

教师引导学生借助地图了解美国及其周边地区的地理环境，对加利福尼亚以及旧金山的地理位置有所了解。

教师向学生展示地图，并在地图上标出下列地点：密西西比河、落基山脉、太平洋、大西洋、加拿大、墨西哥、旧金山、洛杉矶，以不同的地理位置为参照和框架，让学生对旧金山、洛杉矶的地理位置有一个宏观的了解。

教师让学生在地图上找到加利福尼亚和旧金山，并分享一些背景信息。

教师向学生提问：

What do you know about San Francisco?

学生回答：

the earthquake in 1906;

diverse cultures in San Francisco;

the gold rush;

Chinese immigrants in the early history of San Francisco.

设计意图：教师使用地图引入本课要介绍的地方，使学生获得地理文化知识。同时，地图的直观标识能够调动学生的学习积极性，唤起学生了解旧金山的好奇心，激发学生学习李兰的旅行日记的兴趣，成功引入今天的话题。和旧金山有关的问题能够有效导入本课话题的背景知识，为下一步的阅读学习打好基础。

Activity 2：快速阅读。

教师引导学生阅读"李兰的旅行日记"，找出李兰在旅途中所去的地方，绘制李兰的旅行地图。含有所去地方的原文如下：

camping in the Redwood Forest

visiting the wine country of Napa Valley

back in the city

living in my hotel in the Mission District

visiting a local museum

going to Chinatown

going to a jazz bar in the Richmond District

教师给学生呈现以下地名并向学生介绍这些地方：

Redwood Forest

Napa Valley

The Golden Gate Bridge

Mission District

Chinatown

Richmond District

教师提问：

What are these places famous for?

设计意图：此部分让学生基于语篇，以绘制旅行地图的任务为驱动，完成快速阅读，把握文章大意。在绘制旅行地图以及了解日记中所出现的地名的过程中，学生完成对文本信息的梳理和概括，并形成阅读期待。

教师引导学生确定文本体裁，发现语篇结构。

第一步：确定文本体裁。

教师向学生介绍不同文本类型的写作特点，让学生确定阅读语篇的文本类型，并找出这一文本类型的写作特点和语言特征。

第二步：教师让学生沿着时间轴线梳理作者的旅行，发现文章的语篇结构。

教师让学生认真阅读全文，找到各个时间点，沿着时间轴线呈现旅行的所见所闻。

Before coming to San Francisco...

In the morning...

In the afternoon...

In the evening...

Tomorrow evening...

设计意图：在阅读前对文本类型的正确辨别有利于学生在阅读过程中有针对性地寻找关键信息，有效建构文本意义。快速浏览日记后找时间、地点、人物等要素，总结每一段的段落大意，可以引导学生识别作者的写作逻辑，培养学生的语篇意识，使学生能够发现语篇组织结构的主要特点和作者的写作逻辑，即以时间顺序为主线进行叙述。

Activity 3：仔细阅读。

教师引导学生仔细阅读第一段，回答问题：

What kind of city is San Francisco?

Can you say something about the earthquake in 1906?

What is the Golden Gate Bridge?

这些问题能够让学生对旧金山的历史、现状、位置和坐标性建筑有初步了解，积累地理、历史文化知识，并提高对英语文化国家的兴趣。

教师引导学生仔细阅读第二段，回答问题：

What is Mission School?

What are the cultural characteristics of the Mission District?

What are the author's activities in the Mission District?

教师引导学生仔细阅读第三段，回答以下问题：

What are the historical changes that take place in California?

Draw a timeline of its historical development.

1848: America got California from Mexico.

1848: Gold was discovered near San Francisco, which started a gold rush. After that, many people came from all over the world to seek their fortune and San Francisco became a big city.

What did the early Chinese immigrants to San Francisco do?

教师引导学生仔细阅读第四段，回答问题：

What did the author do in the evening?

教师引导学生仔细阅读第五段，回答问题：

What is the author going to do tomorrow evening?

教师引导学生仔细阅读文本并回答课本练习 4 中的问题。

What impressed the writer first about San Francisco?

What is so special about the Mission District?

Why did Chinese immigrants go to San Francisco?

What examples of ethnic diversity can you find in the journal?

设计意图：通过上述按照时间轴线绘制旅行地图以及回答问题的学习活动，学生能够有效串接此阅读文本的主要内容，有效辨识作者沿着时间轴线在旅行地图中的足迹，同时把握文章的细节信息，通过文字的方式畅游各个旅行景点，充分领略旅行带来的乐趣。

教师引导学生辨别作者态度。

教师向学生提问：

What impresses you most?

What impresses Li Lan most?

Does Li Lan like her travel to San Francisco?

Support your ideas with examples.

教师可以给学生一些提示，如：

I am impressed by the strong cultural diversity in San Francisco. San Francisco is a city of cultural diversity. It is built by immigrants from different countries. The food, building and art show distinctive features of cultural mix. It is also a city of immigrants. Many Chinese came to San Francisco to seek a good fortune. The city's Chinatown is a center for Chinese immigrants and many Chinese cultural elements can be found here.

Li Lan enjoys her travel in San Francisco because she wrote *So many beautiful old buildings—many sitting on top of big hills*, *offering great views of the city*, *the ocean*, *and the Golden Gate Bridge*. She uses the positive expressions such as *feels good to be back*, *quite modern and lively* and *can't wait*.

借助阅读文本中的相关语言资源，教师引导学生判断作者的态度，深化学生对文本主题意义的理解，实现深度学习。

Activity 4：读后讨论活动。

教师引导学生进行小组讨论。学生讨论以下话题：

Have you been to a place that has a diverse culture? What has brought about the cultural diversity in San Francisco?

What are the benefits and challenges of cultural diversity?

教师可向学生提供可能用到的表达方式，如下：

Benefits:

Opportunities to experience different cultures and customs

Pick up a second language

Gain intercultural communication skills

Become more open-minded

Challenges:

Misunderstanding across languages and cultures

Conflicting values and lifestyles

Unconscious cultural biases

Cultural shock

Cultural stereotype

设计意图：

通过前几个阶段的学习，学生感知到中外文化的不同，这一阶段的教学活动主要涉及不同文化的分析与比较。在讨论的过程中，学生描述自己的经历，阐释自己对多元文化的见解，形成新的知识结构，实现对上一阶段所获得的知识的内化，提高自己的表达性技能。围绕多元文化这一主题所展开的讨论能够让学生了解中西方不同文化的特色，认识到文化之间相互交融，相互依赖，相互促进的特点。

5. 案例点评

本次阅读教学的开展按照引入、快速阅读、仔细阅读以及阅读后讨论的步骤展开。因为本篇为旅行日记，文本中的主要信息为 where、when 以及 what。在引入部分，教师首先通过展示地图的方式让学生锁定旅行目的地的地理位置以及周边环境，解决 where 的问题。在后续部分解决 when 和 what 的问题。在提问环节，教师关于旧金山的提问能够有效激活学生的背景知识，为新话题的引入做铺垫。在快速阅读部分，通过问题的设定，学生建构李兰旅行的时间轴线，并发现在具体地点的旅行活动。在教师的引导下，学生完成快速阅读，寻找文章的细节信息，从而提高其快速阅读的水平。之后，在仔细阅读中，教师在问题的提示下帮助学生深入理解每一段的段落大意。本次教学以课程内容六要素的文化知识为主线，对旧金山的地理文化、历史文化进行探索，让学生理解不同文化相互依赖，相互渗透，从而理解旧金山的多元文化，并以一种包容的态度看待多元文化融合，增强学生对中国文化的认同，坚定文化自信。在思考讨论中，学生分享的不同口语篇章能够让同伴体验不同的语篇逻辑结构，分析和比较不同的观点，有助于学生逻辑思维和批判性思维的培养，丰富学生对多元文化现象的认识，加深对多元文化这一概念的理解，接触到有别于母语文化的文化要素，构建多元文化视野，培养学生的批判评价能力。

案例六：英语学习活动观指导下的英语阅读教学——以“汉语和汉字”话题为例

1. 阅读来源与教材分析

本阅读教材来自人教版普通高中英语必修一(2020)第五单元的“阅读和思考”(Reading and Thinking)部分。本单元的主题语境为“人与社会”，具体涉及“世界各地的语言、语言差异、英语学习”。本阅读文本的话题为“汉语和汉字”。通过学习，学生能够了解汉语、汉字的形成、汉字发展历史以及汉字的特点与功能等，并对汉语在当今世界的重要地位有所认识，还能理解以汉字为基础的中国书法何以升华至一门艺术。汉字是中国文化的重要组成部分，蕴含着浓厚的文化元素。在外语学习中，介绍中国文化表征形式之一的汉字能够有效激发学生探索中国文字、中国文化的兴趣，使学生主动去探究英汉语言以及中外文化的差异，培养学生的文化自信，提升学生对语言本体认识的兴趣。

2. 阅读教学目标

初级目标：

使学生掌握 despite、factors、based、bones、symbols、carved 等词汇以及定语从句的用法，获得相关词汇和语法知识；会使用相关语言知识发表自己的观点和看法；了解汉字的形成、发展历史、特点。

中级目标：

培养学生的语篇意识，使学生能够正确识别语篇结构特征，发现语篇所凸显的按时间顺序描述事物的脉络，通过对每个时间点汉字发展中重要事件的梳理来了解作者写作思路，归纳文章要点，建构文章大意。

高级目标：

帮助学生深入挖掘文章中的汉字所呈现的中国文化印记，强化学生对汉字以及中国文化的理解，增强学生对中华优秀传统文化的认同；使学生通过了解汉字书写的体系和发展，培养文化自豪感和跨文化交际意识；引导学生对英汉语言进行对比，激发学生探索语言本体的兴趣。

3. 阅读教学内容

本阅读语篇主要勾勒了汉字书写系统的历史发展过程，以介绍说明的方式叙述了汉字书写形式从甲骨文至今的演变。在阅读教学中教师需要完成以下教学内容：以阅读语篇为载体，融语言知识、文化知识的获得为一体，沿着汉字发展历史轴线勾勒出汉字在不同历史阶段所经历的变化，正确建构汉字发展史，获得文化知识。同时，让学生在语境中猜测陌生单词的意义，习得本阅读语篇中所出现的新的语法知识，以获得语言知识。学生可以发现本文的篇章结构，辨认作者在描述汉字发展史时所遵循的写作顺序，感受说明文本的语用特点，获得语篇知识。对本语篇的学习可以培养学生欣赏汉字、欣赏中国文化魅力的兴趣，引导学生感受语言文字之美，对英语、汉语进行对比，激发学生探索语言本体的兴趣，提高学生的思维能力。

4. 教学过程

Activity 1：导入。

教师向学生展示“马”“火”等汉字的书写形式在不同历史阶段的演变发展，引导学生观察其演变所遵循的规律。之后，教师向学生提问：

Can you recognize these Chinese characters? How do they develop in time?

此活动为以感知与注意为主的学习理解类活动，通过向学生展示甲骨文中汉字书写形式和指称事物之间的相似性以及处于不同演变阶段的汉字，引导学生发现汉字形式和意义之间的理据，让学生初步了解汉字演变历史，领略到汉字的魅力，从而将学生引向文本主题，唤起学生的背景知识和阅读兴趣，激发学生了解汉字、了解汉字发展历程的好奇心。通过师生间的互动，学生积极探究主题，在问答中，教师呈现阅读文本中出现的部分新单词，如 multicultural、immigrant、classic 及 calligraphy 等。

Activity 2：预测课文的主要内容。

教师引导学生分析文章题目，描述课本中所出现的图片，分析甲骨文中的“鱼”“鹿”“牛”“人”“大”“子”“止” 与它们的指称对象之间的关联，根据文章题目以及课本中的图片预测课文内容。

教师向学生提问：

Look at the title and picture below. Predict what the text will be about. The Chinese writing system? Its origin? Its importance? Its function? Its development? Its history?

此活动为学习理解类活动。文章标题以及图片起建构主题语境的作用，学生根据标题和图片内容预测文本的内容为“汉字演变历史”。标题和图片能激活学生大脑中和汉字相关的背景知识，建构汉字演变历史图式。对标题和图片的解读能激发学生的观察力和想象力，引导学生进行思考和创造，以理解标题意义以及发现图片所承载的文化信息，在这个过程中实现信息的概括和整合。问答和讨论活动能够培养学生获取信息和处理信息的能力。

Activity 3：快速阅读。

教师引导学生快速阅读语篇，获得语篇主旨。

The text mainly talks about the development and importance of the Chinese writing system in connecting the past with the present.

教师引导学生找出语篇各段的主旨。

Para. 1：China is famous for its ancient civilization mainly due to the Chinese writing system.

Para. 2：Written Chinese was a picture-based language at the beginning.

Para. 3：The Chinese writing system developed into different forms over the years.

Para. 4：The Chinese writing system was united by Qinshihuang.

Para. 5：The Chinese writing system has become an important means in connecting China's present with its past.

Para. 6：The Chinese writing system plays an important part in international cultural exchange.

上述活动为以信息概括与整合为主的学习理解类活动，旨在培养学生的输入性理解技能。教师首先安排学生通过快速阅读概括文章的大意，培养学生阅读的能力以及获取并处理信息的能力。之后，教师再把文章分成三个部分，引导学生概括每部分的段落大意，在此过程中，学生实现对文本信息的提炼和分类，在培养获取和处理信息能力的同时，也训练了内化和熟练运用语言的能力。教师通过引导学生分析文章主旨与小标题的关系，帮助学生构建文章框架。

Activity 4：仔细阅读。

教师引导学生在语篇中寻找描述时间的单词和短语，如下：

At the beginning

Several thousand years

By the Shang Dynasty（around 1600–1046 BCE）

Over the years

It was a time when

Qin Dynasty（221–207 BCE）

Even today

In modern times

In ancient times

Today

教师引导学生在语篇中找出各个时间段发生的事件。

At the beginning：

Written Chinese was a picture-based language.

Several thousand years：

The ancient Chinese people carved symbols on animal bones and shells.

By the Shang Dynasty（around 1600–1046 BCE）：

These symbols had become a well-developed writing system.

Over the years：

The system developed into different forms.

It was a time when people were divided geographically, leading to many varieties of dialects and characters.

Qin Dynasty（221–207 BCE）：

Qinshihuang united the seven major states into one, so the Chinese writing system began to develop in one direction.

Even today：

Written Chinese connects Chinese's present with their past. The Chinese writing system is an important part of Chinese culture.

In modern times：

People can read the classic works which were written by Chinese in ancient times.

Today：

The Chinese writing system is still an important part of Chinese culture.

此活动为应用实践类活动，旨在促进学生内化语言和文化知识，并将知识转化为能力。教师提示学生了解每一阶段的重点信息以及汉字的发展历程、历史故事等具体信息，并进行加工，促使学生输出要点。学生根据时间点，在文本中寻找细节信息，发现每一个时间点所发生的重要事件。学生在此过程中实现对文本的深度理解，提升阅读中思维的参与层次，变浅层阅读为深度阅读，将内容具体化。

教师引导学生分析语篇结构，如下：

Introduction：the topic—Chinese writing system

Body：its history and development

Conclusion：its importance

This passage is an expository text. The text is organized in time order. The main theme of this text is Chinese writing system connects the past with the present.

本活动为应用实践类活动，其深入语篇，引导学生系统阅读文章，把握文章发展脉络、深入挖掘语篇的文本特征，从而帮助学生获得语篇知识，认识到本文中说话者陈述时所使用的引入—主体—结论这一语篇组织模式。

Activity 5：读后讨论活动。

教师引导学生再次阅读语篇，讨论以下问题。

How did written Chinese unify Chinese divided by geography and dialects?

How does written Chinese connect Chinese people today with those of the past?

What do you think are some of the other factors that have helped the Chinese culture survive?

第一个问题涉及学习理解类活动，考查学生对文本的理解。第二个问题涉及应用实践类活动，培养学生基于对语篇的理解进行想象和批判的能力。第三个问题涉及迁移创新类活动，教师创设了新的任务情境，此任务和本阅读语篇相关，又贴近学生生活实际，体现了从学习理解到应用实践和迁移创新的过渡，也是对阅读的创造性产出，要求学生能够有条理地表达出汉字和国家统一的关系。这三个问题能够开阔学生的视野，增强学生的思辨能力，培养学生对中国文化的认同感和自豪感。

教师引导学生按时间顺序复述汉字的演进过程。

At the beginning...

In the Shang Dynasty...

The Qin Dynasty

Today

教师引导学生展开讨论，问题如下：

Nowadays, people rely on computers, cellphones to communicate. Less people write Chinese character by hand. What's your opinion? Do you think it is a good thing to abandon writing by hand?

此活动为迁移创新类活动，在教学的最后环节，教师设置了与主题相关的新情境，引导学生解决新的问题。教师通过对汉字所面临的困境和挑战的反思，引导学生对“是否放弃手写汉字”进行讨论，鼓励他们运用阅读文本中所学习的语言知识表述自己的想法。这一表达观点、情感和态度的活动有助于学生形成正确的价值观，激发学生的爱国热情，促进学生的深度学习和素养的提升。

5. 案例点评

本阅读教学由导入、预测课文的主要内容、快速阅读、仔细阅读、读后讨论活动五个部分组成。引入部分通过象形文字图片的展示建构主题语境，激发学生学习兴趣；通过根据插图和标题预测文本内容的活动，学生的观察、想象、推断等能力得以提高。读前部分活动有助于学生构建文章框架示意图，识别文章结构等语篇信息。仔细阅读使学生获得对文本的深度理解，凸显了时间顺序在描述事物时的语篇建构功能，有助于学生变浅层阅读为深度阅读。读后讨论活动设计的三个问题包含了学习理解类活动、应用实践类活动和迁移创新类活动，环环相扣，增强了学生对文本的理解，培养了学生的思辨能力、创新能力及文化意识，引发学生探索汉字、感受汉字魅力的兴趣。

思考题：

1. 如何在阅读教学中践行英语学习活动观？

2. 在阅读教学设计中如何体现课程内容六要素？

3. 如何在阅读教学中设计学习理解类活动、应用实践类活动和迁移创新类活动？

4. 在阅读中如何平衡自上而下的阅读加工和自下而上的阅读加工？

5. 如何在阅读教学中实现学生语言知识、文化知识以及思维能力的综合提高？

推荐阅读：

[1]陈则航. 英语阅读教学与研究[M]. 北京：外语教学与研究出版社，2016.

[2]孙晓慧，钱小芳，王蔷等. 基于英语学习活动观的高中英语阅读教学设计解析[J]. 中小学外语教学(中学篇). 2019(4).

[3]王笃勤. 英语阅读教学[M]. 北京：外语教学与研究出版社，2012.

第六章　听说教学设计

章前导语

听说是语言技能的重要组成部分，具有听说技能是培养学生语言综合运用能力的基础。有效地进行听说教学能够让学生获得和巩固语言知识，提高语言综合运用能力，增强英语学习兴趣。教师需要了解听力理解以及口语表达的发生过程，并能科学进行听说教学活动设计。本章将围绕上述问题，在审视当前中学英语听说教学现状的基础上，发现现阶段中学英语听说教学中存在的主要问题；梳理关于听说理解过程的理论知识；总结听说教学研究成果，把理论和实践相结合，进行听说教学设计。

通过本章的学习，您将能够了解：

英语听力理解过程和口语输出过程；

英语听说教学的策略和方法；

如何科学地设计中学英语听说教学活动。

第一节　听说教学概述

按照新课标的规定，语言技能是课程内容六要素的重要组成部分。听说技能作为五大语言技能的重要组成部分，其重要性不言而喻。听是理解性技能，说是表达性技能。两种技能都需要通过大量的实践活动得以提高，且在教学过程中，听说技能和口语表达技能相辅相成、相互促进。

目前，大部分中学英语听说教学由听力教学和口语教学两个部分组成。听说课围绕单元主题形成话题，在听说语篇中融入相应单元的重点词汇和表达，以培养学生的语言听说技能为主要目标，同时通过听说活动的开展巩固学生在阅读部分所学的知识。在听力理解和口语的产出过程中，教师要加深学生对本单元主题的理解，帮助学生积累文化知识，巩固语言知识，建构听力语篇意义，形成口语表达，引导学生形成科学的听说学习策略，提高学生的思维能力。

按照大部分教材的安排，听说板块包括听力和口语两部分，以听和说这两种语言活动为主，辅以简单的阅读和少量的写作练习，从听、说、读、写四个方面全方位地对学生加以训练。听力部分多以对话、演讲、辩论、新闻播报、广播电视采访等形式呈现，在听的过程中培养学生从听力原文中获取信息、处理信息和使用信息的能力。口语部分提供一些有用的相关词汇、句式或地道的表达方法，并建构具体的语境，让学生使用相关词汇和表达，围绕单元主题建构口语语篇，表达自己的思想。

新课标要求听说教学要整合课程内容六要素，在英语学习活动观的指导下，设计符合认知和学习规律的听说教学活动，以增加学生的语音知识、语法知识、词汇知识，发展听说语言技能，进而促进学生语言能力和思维能力的整体提高。

一、听说教学的重要性

在第二语言使用中，听、说、读、看、写这五项基本技能相辅相成，缺一不可。听说水平的高低在一定程度上反映了一个学生的英语整体水平。听说能力的提高能够为学生使用第二语言进行交际奠定良好的基础。作为语言的输出阶段，说和写以听和读中所接受的语言输入为基础，对听和读阶段所获得的语言知识进行巩固，提高学习者的语言能力。

英语听说课的教学宗旨在于提高学生的听力理解能力和口语交际水平，力求促进学生英语素质的全面发展。中学课堂教学提倡学生多听多说，它既符合语言学习的自然规律，又可以锻炼学生的英语交际能力。在听力练习中，听力语篇为学生提供了语音形式的输入，对于语音形式输入的有效感知可以加深学生对于英语语言的认知。这种不同于书面输入的语音形式能够让学生感受到英语的声音美，激发学生的语言学习兴趣。在口语实践中，学生通过口头的输出，完成口头交际，这种语言的实际操作运用能够检验学生的语言、语用、文化等多方面能力。听力和口语的提高能够有效调动学生的学习积极性，提高学生学习英语的兴趣，锻炼学生英语综合运用能力。因此，英语听说教学是英语教学不可缺少的一个环节，通过英语听说教学，学生能够获得英语语音、语法、词汇各个方面的知识，进一步提高表达能力和交际能力。

二、新课标下的听说教学

新课标提出发展学生英语学科核心素养这一课程目标，完成英语课程设定的内容是实现课程目标的基础。在语言技能模块，听、读、看是理解性技能，说和写是表达性技能。作为语言技能的组成部分，听说技能不可或缺，和阅读、写作技能享有同等地位，而且听说两项技能也是相辅相成，相互促进的。

《高中课标(2020)》明确指出："学生应通过大量的专项和综合性语言实践活动，发展语言技能，为真实语言交际打基础。"[①]《高中课标(2020)》对听说技能提出了具体的要求。在听力训练量上，必修课程要求学生课外视听活动每周不少于 30 分钟，选择性必修课程要求学生课外视听活动每周不少于 40 分钟。在口语技能内容要求上，必修课程要求学生能够根据交际需要发起谈话并维持交谈，选择性必修课程要求学生能以口头或书面形式描述、概括经历和事实，并传递信息、论证观点、表达情感等；选修(提高类)课程要求学生能在人际交往中建构必要的交际角色和人际关系。

可见，按照《高中课标(2020)》的要求，听说教学的目的不是通过简简单单地设置听力和口语练习以让学生听懂语篇大意或者用口语表达清楚自身意思。听说涉及对语篇的信息、结构、说话者意图、隐喻含义、语调语气，以及人际关系和社会角色的辨认和表达，因此听说学习是一个综合性的语言学习实践活动。教师需要通过具体的听说教学活动，将课程内容六要素进行有机结合，以达到发展学生核心素养，增加学生语言知识，提高学生语用交际以及思维能力的目的。

第二节　本书听说教学设计理念

一、听说教学现状

当前中学听说教学主要存在以下问题。

第一，听说教学活动设计不科学，无法全面发展学生的学科核心素养。在很长一段时间，听力教学按照"播放录音、完成练习、核对答案"的程序进行，口语教学则遵循"给定题目、列出有用的表达、生成口语语篇"的步骤。听力教学的终极目标是让学生理解听力文本的大意，而口语教学的终极目标是让学生生成一篇完整的、能表达自己思想的口语文本。这样的教学基本不或者较少涉及讨论和发现听说和口语文本中的文化内涵，发掘学生的价值取向等活动。听力练习中的回答问题、填空、选择、正误判断等练习题主要侧重点在于基于语篇提取事实性信息，学生理解文本大意构成了听力教学的首要任务。口语练习中的利用有用表达所产出的语篇基本千篇一律，缺少思想性。上述教学活动

① 教育部：《普通高中英语课程标准(2017 年版 2020 年修订)》，36~39 页，北京，人民教育出版社，2020。

主要是学习理解类活动，是一种较低层次的以学生被动接受为主的认知学习。学生往往不能充分领会文本中的文化内涵，对主题意义的理解不够深刻；学生的语言学习能力以及多元思维能力不能得到有效发展；学生更无暇判断听力文本的价值取向或形成自己的价值观，分析问题、解决问题的能力和创新能力无法提高。

第二，良好、科学的听说学习策略有待完善。受国内英语学习环境的影响，很多学生在进行听力学习时总是试图将听到的英文翻译成为中文，然后进行意义解读。同样，在进行口语表达时倾向于将所想的先翻译成汉语再读出来。这样的学习方法以翻译为中转，说出的英语往往已经不能准确表达说话者的意图。这种学习方法也不符合听说活动的即时性特点，无法达到有效、自然交际的目的。这样的学习方式效率低下，扼杀了学生的学习积极性。

第三，中考、高考的考试安排使听说的重要性长期以来被忽视，学生听说水平得不到有效提升。在部分省份，中考、高考中听说是可选项，有些省份英语听力在高考中不计入总分。因此，和词汇、语法、阅读教学相比较，教师对听说教学不够重视，很多英语教师干脆在课堂中丢掉了听说教学，即使象征性地进行一些听说练习，往往也流于形式，谈不上科学地进行听说教学设计，这样缺少科学设计与组织的英语课堂自然无法提起学生的听说学习兴趣。

二、英语学习活动观指导下的听说教学

语言交际主要包括听、说、读、看、写五个方面。从第一语言习得来看，儿童听说技能的获得和使用早于读写技能的获得和使用。听说在语言交际五要素中处于重要的地位。一般来说，纵向看，听与说技能先于书面技能读与写；横向来看，理解性、输入性的听与读应先于和多于表达性、输出性的说与写。根据课标要求，在听说教学中，我们要遵循以下原则。

第一，以听说教学的文本语篇为载体，整合课程六要素，积极进行信息获取、理解和整合，培养学生的语言能力、思维品质、文化价值观和学习能力。按照课程内容六要素观点，语言知识包括语音、词汇、语法、语篇和语用知识，要发展英语听说技能，我们不能忽视其中任何一类知识的获得。听说技能是对学生英语语言各方面知识的高度整合。听说教学要立足于语言知识，教师要在具体的语境中，充分考虑当前语篇的特征，使用有效的策略进行口语表达，接受听力的输入，在情境中比较中西方文化，最终实现知识的内化，提高学生的认知思维能力。在高中阶段，英语学习活动观指导下的听说教学要使学生在巩固所获得的语音知识的基础上，侧重通过实践增强学生的语感，体会语

音知识的表意功能，帮助学生建构语音意识和语音能力。教师可以通过设计多种形式的实践活动，引导学生进一步体验、感知并模仿英语的发音，注意停顿、连读、爆破、节奏等，帮助学生形成良好的英语发音和一定的语感，并通过学习相关的语音知识，形成一定的语音意识。此外，教师还应把词汇知识、语法知识、语用知识整合到英语听说过程中，使学生各方面综合发展，最终有效提高学生的英语听说技巧。

第二，开展多模态听说教学，提高学生英语听说兴趣。传统的听力教学以播放录音为主要的输入模式，这种单调的听觉刺激并不是高效的语音输入模式，在反复播放录音的过程中，学生的听力兴趣逐渐丧失。伴随着多模态教学的发展，教师在教学中应该充分利用数字化教学资源，有条件时可自主开发和听说课程相关的数字资源，给学生提供视频、音频之类的多元化的语言输入，提高学生的听说兴趣。

第三，注重情境在听说教学中的作用。语言是情境化的，语言的输入和输出都与现实生活相关，语言使用离不开具体情境，语言学习不应该仅仅限于课本中所呈现的语言内容，而是需要和真实的语言使用情境联系起来，在情境中学习，这样的学习才是真实有效、指向运用的学习。在听说教学过程中，教师应该根据教学所需设置语言交际情境，如在练口语时多设置一些情景对话，这样既锻炼了学生的英语运用能力，又锻炼了学生的思维能力和反应能力，可以提高学生的英语综合运用能力。

第四，重视单元内听、说、读、看、写等语言技能的综合发展。以人教版高中英语教材为例，各个单元设置的板块包括听、说、读、写等。这些板块围绕单元主题相互关联。在教学中，教师要注意各个板块的衔接，避免孤立地进行听或说的训练。比如，教师可以在听的时候引导学生通过看图、讨论等方式建构单元主题，在说的时候延续听说的话题，做到顺利地过渡，使读写活动实现对听说所学的知识的拓展。

在本书的听说教学设计中，听说教学活动以新课标中所倡导的教学理念为指引，以设计符合英语学习规律的英语听说学习活动为教学组织形式，以活动为载体开展听说教学活动。教学过程兼顾听和说两个方面，融听说两种语言训练为一体，以听促说，既关注听力技能的培养，也着眼于学生口头表达的提高，更重视听说结合的综合性语言技能的提高。教学设计视听力为语言输入性手段，帮助学生激活背景知识，建构相关图式，使理解的发生成为可能；视后续的口语学习活动为语言输出性手段，通过口语表达，使学生实现语言知识、文化知识的内化和运用。在教学中，教师首先根据单元主题确定听说活动的主题语境，结合学生的前期知识和认知水平，在新知和旧知之间建立有效关联，在真实或者类似真实的语境中激发学生听说的兴趣。教师还需要设计综合性的融语言知识、文化知识为一体的听说学习活动，通过问问题、做游戏、小组讨论等方式让学生在综合性的语言学习活动中习得知识，并促进语言知识的内化、运用和迁移，在发展学生听说语言技能的同时，提高学生的思维水平和认知能力。

第三节　听说教学设计案例

案例一：英语学习活动观指导下的英语听说教学——以“运动”话题为例

1. 听说来源与教材分析

需要学习的听说材料为“Invite a Friend to a Sports Event”，来自高中英语人教版必修一(2020)第三单元的听说部分(Listening and Speaking)。本单元主题语境为“人与社会”，主要话题为“运动”，本听力材料的关键词为“运动与健康”。听说部分的练习涉及的主要内容为“邀请朋友参加一项体育运动”以及“运动和健康的关系”。第一个对话中，Shen Qi 邀请 Amy 观看电子竞技比赛；第二个对话中，Adam 邀请 Julie 观看“Blue Paint” run。通过学习，学生能够习得和体育运动相关的表达，获得运动的相关知识，能够理解相关听力文本，并能就体育运动开展口语表达活动。

2. 听说教学目标

初级目标：

使学生能够提取听力材料主要信息，听懂材料大意，获得与体育运动、体育赛事等话题相关的语言知识和文化知识；能够基于所听文本，讨论关于体育运动的话题，发表个人观点；能够向别人发出参加体育活动的邀请。

中级目标：

培养学生的运动兴趣，增强学生健康意识。

高级目标：

帮助学生掌握正确的听力策略，提高学生的听力和口语表达能力，培养学生的语用意识。

3. 听说教学内容

这一单元的主题语境为“人与社会”，主题群是“文学、艺术与体育”，具体语境为“运动”。本节课为听说课，侧重培养学生的听说技能，同时引入本单元主题，为接下来的阅读、写作教学做好铺垫，从而使学生能够将听力学习中获得的知识运用到阅读语篇的理解中。本次听说教学分为 Pre-listening, While-listening, Post-listening 三个阶段，以提高学生的听说语言技能为主线设计学习理解类活动、应用实践类活动以及迁移创新类活动，在进行听力教学活动的同时穿插口语训练活动，在培养学生听说技能的同时兼顾提高学生的读写技能，从而促进学生各项语言技能的全面发展。

4. 教学过程

教师以课程内容六要素中的语言技能为引领，设计能够提高学生听说技能的学习活动，使学生在听力练习中提取听力语篇大意，获取、梳理、整合听力语篇信息，并对所获得的知识进行反思，形成自己的见解；在口头表达中能够使用所学知识，向别人发出参与体育活动的邀请，抒发自己关于运动和健康的观点。具体的步骤如下。

Activity 1(听前)：主题引入，教师通过图片展示、问问题的方法建构主题语境。

教师给学生布置以下任务：

①Please describe what you see in the picture.

A young woman is jogging up a hill. Jogging is a popular way of keeping fit and healthy. People might run to lose some weight or to practice for races such as marathons.

②Read the line in the middle. Who said it? What does it mean?

All sports for all people.

—Pierre de Coubertin, the father of modern Olympic Games, the Founder of International Olympic Committee.

此活动为学习理解类活动，以主题语境为主线，利用课文中的图片引导学生去感知意义，进而建构语境，在此基础上进行和体育运动相关的语言表述活动。此活动在引出本文话题的同时，引导学生开展意义探究，对图片意义的探究有助于培养学生的思维品质，并建构和听力语篇的关联，为顺利过渡到听力活动的开展做好铺垫。

Activity 2：通过“头脑风暴”激活学生大脑中关于体育运动和健康的知识，

导入本听说活动的主题。

教师提问：

Do you know what elements can affect our health?

教师可以引导学生从身边事物说起，如运动、饮食、生活习惯、环境等。学生可能提到体育运动对健康的重要作用，接下来教师可以通过诱导式提问让学生回答其他问题，并向学生展示和体育运动相关的图片与海报。

教师提问：

What kind of sports do you know?

What sports and exercise do you like?

How important are sports and exercise to you?

教师展示海报：

Look at the posters. What sports events do they show?

Poster 1：soccer/football；stadium

Poster 2：boxing

Poster 3：badminton

Poster 4：full marathon；half marathon

Read the sentences next to each poster. What do you know about those events? Which of them would you like to invite your friends to watch with you?

此活动为学习理解类活动，旨在引导学生运用已有知识，开展讨论海报图片内容的活动，在体育运动这一主题情境中，教师通过问问题和图片展示的方法，激活学生大脑中关于体育运动的前期知识和经验的相关图式，形成具体的语言表达，为听力材料中新的语境和框架的建构打下基础。

Activity 3(听中)：教师播放对话一，引导学生总结听力文本大意，并掌握寻找听力文本中的关键词和记要点的听力策略，达到理解文章大意，获取语篇主旨的目的。

教师在听前提问：

What topic may the two speakers talk about?

What is Shen Qi's main purpose for talking to Amy?

教师指出听力要点：

Listen for main ideas and try to catch the main ideas instead of trying to remember and translate each word you hear. In the listening process, you can pick up some key words to construct the meaning of the conversation.

教师公布答案：

They are talking about participating in an e-sports event.

Shen Qi's main purpose is to invite Amy to an e-sports event.

此活动为学习理解类活动，以泛听为主。基于听力语篇的内容，教师提出问题，以解决问题为活动的目的。教师所提的问题为听力设定了范围，形成了听力预设，学生能够基于所听到的关键词梳理、概括、整合信息，建立信息间的关联，形成新的知识结构，建构听力文本的大意。

Activity 4：教师播放对话二，学生精听，获得细节信息。之后教师再通过问问题的方式，培养学生对信息的整合理解能力。

教师展示听力要求：

Adam is inviting Julie to a sports event. Listen to it and answer the following questions with your notes.

学生回答各个问题：

①When will the event happen?

Key words：Saturday afternoon

The event will happen on Saturday afternoon.

②What's a "Blue Paint" run?

Key words：run；help community

A "Blue Paint" run is a fun run that helps the community.

③Why is it called a "Blue Paint" run?

Key words：buy，water balloons，filled，blue paint，throw，runners.

People can buy water balloons filled with blue paint and throw them at the runners.

④If 200 people take part in the run and 400 balloons are sold，how much money will they collect?

They will collect 6000 dollars.

Activity 5：教师再次播放对话一和对话二，让学生着重关注对话中的邀请以及接受和拒绝要求的表达，培养学生的语用能力。

邀请：

Would you like to come along?

Why don't you join us…?

Would you like to go?

Why not do...?

Do you want to...?

What/How about sth/doing sth...?

I'd like to invite you to...?

Could/Would you please...?

I wonder if you are interested in...?

接受/拒绝邀请：

I'd love to! Sorry, I can't.

That sounds like a great idea!

此活动为深入语篇的应用实践类活动，学生在理解听力文本大意的基础上，对听力语篇的文本特点、用语特点进行辨认和总结，有助于内化语篇知识，获得语用知识，深化对语言的学习。

Activity 6：（听后）教师将学生分为两人一组开展对话，对话内容为“邀请对方参加校运动会”。

此活动为迁移创新类活动，可激发学生的想象，使他们用所学进行创造性学习。在听前和听中活动中，学生已经积累了和运动相关的词汇、语法以及语用知识，对“邀请对方参加体育运动”这一口语语篇的语言特色和结构特征有所了解。在对话活动中，学生能够借鉴听力材料中有用的单词和表达，并将它们创造性地运用于新的对话之中，从而在新的语境中，基于新的知识结构，通过口语语言输出，理性表达自己的观点、情感和态度。

5. 案例点评

本课例通过图片展示、问问题的方法激活学生大脑中关于“运动和健康”的图式和背景知识，将学生带入主题语境当中。听前讨论的过程运用和本章主题相关的重难点词汇，为学生扫清听力障碍。前两个活动在听中阶段，从宏观和微观两个方面入手，帮助学生实现对文本大意的理解以及对细节信息的深度掌握。第三个活动在听后阶段，聚焦语篇知识，能够有效地凸显“发出邀请”“接受/拒绝邀请”类语境中口头语言文本的语篇特征，使学生获得语篇知识。此活动将听力练习中获得的知识迁移到口语表达中，综合发展听力和口语这两项语言技能，实现了对学生语用交际能力的培养，有利于综合发展学生多元语言技能，并激发学生英语学习的兴趣。

案例二："输入—理解—输出"——三位一体的英语听说教学

1. 听说来源与教材分析

本节听说课来自高中英语人教版必修三(2020)第三单元听说(Listening and Speaking)板块。本单元主要话题为"多元文化"(DIVERSE CULTURES)，主题语境为"人与社会"。本次听说课的主题是"讨论几种美国食品的起源"(Talk about the origins of American food)。文化是不断发生变化的，在文化交流过程中，不同民族的文化接触后会产生碰撞，同时也会根据需要从其他文化体系中摄取文化元素，经过整合，形成一种新的文化体系，这就是文化融合的过程。作为一个移民国家，美国的多元文化更为明显。美国的多元文化反映在社会生活的各个领域，饮食多元化是很重要的一个方面。该听说板块介绍了四种典型的美国食品——汉堡、墨西哥玉米片、秋葵汤和福饼，它们虽然发源于美国本土，但都带有其他民族的饮食风味和特点，是其他国家饮食文化在美国本土化的结果。本课介绍的这几种美国食品正是文化融合现象的具体表现。听力对话的最后一句道出了美国饮食的特点：将世界上的不同食材混合在一起，创造出一种全新的食品。

2. 听说教学目标

初级目标：

使学生掌握记笔记的听力技巧，掌握通过记笔记的方法快速记录听力材料中的关键信息等技巧；使学生掌握正确的听力方法，能够主动利用听力文本中的词汇、语法等语言项目去建构情境，对信息进行筛选、重组、编码和加工，最终达到提高自己听力能力的目的。

中级目标：

帮助学生了解文化以及美国的多元文化，特别是饮食文化；引导学生进行中西方文化对比，培养学生跨文化交际意识，为本单元接下来的教学活动奠定基础。

高级目标：

使学生正确运用所习得的关于饮食、多元文化的语言、文化的知识进行口语表达，用英语介绍中国传统文化和传统食物。

3. 听说教学内容

本节听说课主要涉及美国食物的来源以及几种典型的具有多元文化特征的美国食物。听说板块的主旨一方面在于培养学生的听说技能，另一方面在于引入单元话题。本课主要的教学内容包括：教师引导学生通过看图片、回答问题的方式引入本单元主题“多元文化”以及听力文本的话题“美国食物的来源”；教师引导学生通过听听力、回答问题的方式正确理解听力文本的大意，培养学生捕捉关键信息、分析判断文本信息、归纳大意的听力技能；教师引导学生通过和同伴讨论，假想一个聚餐情境，讨论不同食物的特色、食物的准备过程，完成口语任务。通过完成这三个教学环节，学生能够提高听说技能，并能实现关于食物、多元文化的知识积累。

4. 教学过程

本课遵循语言理解的基本规律，在教学的设计上关注文化、历史等背景信息以及听力话语的情境知识在语言理解中的作用，分输入、理解、输出三个步骤来开展听力教学。在加工方式上，本课采用自下而上以及自上而下两种认知加工模式相结合的方式，在听力完成之后，让学生进行口语输出，实现知识的顺利迁移和运用。具体教学步骤如下。

(1)输入：学习理解类活动。

教师向学生展示加利福尼亚州旧金山唐人街的图片，引入本单元的话题“多元文化”；教师向学生展示四种美国食物的图片，引入本听力文本的主题“多元文化下的美国食物”。在描述图片的过程中，学生大脑中关于当前听力素材的图式和背景信息得以激活。

Activity 1：教师引导学生观看唐人街图片并提问，让学生展开讨论。

Where do you think this photo is taken?

What can you see in the photo?

How do you describe it?

This photo is probably taken in Chinatown in San Francisco.

I can see a lot of restaurants which serve Chinese food. The buildings all show Chinese architectural features. It is a perfect place to experience Chinese culture in America.

Activity 2：教师引导学生观看美国食物图片，并让学生匹配食物图片与名称，之后引导学生猜测这些食物受到了哪些国家的影响。

Picture A：nachos

Nachos are tortilla chips covered in nacho cheese, queso or other melted cheese and served with salsa. It is popular in America and is of Mexican origin.

Picture B：fortune cookie

A fortune cookie is a sweet, crisp hollow cookie which contains a piece of paper with a short message which is supposed to say what will happen to you in the future. Fortune cookies is of Japanese origin.

Picture C：gumbo

Gumbo is a type of soup or stew from the southern United States. It can be made with chicken or fish, and usually contains okra. Gumbo is a dish that originated in southern Louisiana during the 18th century.

Picture D：hamburger

Hamburger is a sandwich containing cooked meat and some other vegetables in a bread roll. It originated in the German city and port of Hamburg.

设计意图：本活动通过对图片的描述，激活学生大脑中和美国文化、美国传统食物，尤其是美国多元文化、多元文化影响下的美国传统美食相关的图式，从而引入本节课的话题，建构主题语境，使学生对本次听力形成期待，在听听力的过程中能顺利建构新知和旧知之间的联系，以便更好地理解听力文本的信息。

(2)理解：学习理解类活动。

教师播放听力材料，引导学生开展学习理解类活动。学生在理解听力文本内容的基础上，根据听力的指示完成问答、选择、判断等题目。学生通过回答问题、做出判断、填空等基于语篇的语言活动实现对听力语篇的深度理解。

Activity 3：教师播放听力材料，引导学生回答问题，做练习。

教师引导学生听关于美国食物的音频并回答下列问题。

Q1：Where does this conversation take place?

Radio studio.

Q2：Who are the speakers?

Host and guest.

Q3：What is the topic of the conversation?

Cultural influences on American food.

Q4：What is Steve Fox's opinion on American food?

American food is influenced by different cultures. They are mixed-culture dishes.

Q5：How many examples does Steve Fox give to support his opinion? What are they?

Steve Fox has given four examples of typical American food to support his opinion. They are hamburger, nacho, fortune cookie and gumbo.

设计意图：学生已经对美国多元文化以及多元文化影响下的美国食物有所了解，对听力材料中提到的四种食物形成了认识。在此基础上听听力材料能够帮助学生迅速在新旧信息中建立有效联系。本活动中的五个问题能够引导学生对所听到的信息进行梳理、整合和重组，积极建构听力文本的意义。这五个问题有助于将学生的注意力引导至关键信息，这些关键信息基本能够构建文本的支架。学生带着问题去听听力，有助于提高他们根据关键词寻找关键信息的能力，同时加深对听力文本的理解。

教师再次播放音频，学生根据音频判断句子正误。

No food was ever invented in America.

Hamburgers were invented in Germany.

Nachos were invented for Americans by a foreigner.

Every Chinese restaurant in America has fortune cookies.

American cooking often mixes things from around the world to make something completely new.

上述正误判断题既考查学生是否有效捕捉到文本的事实和细节知识，也考查学生对文章大意是否有了总体把握。

教师第三次播放音频，学生完成表格。

教师介绍记笔记的要领：

When taking notes, just write down the key words, such as names, dates, and numbers. They will help you remember things later on. To save time and space, omit all articles(a, an, the) and use abbreviations. For example, use "N. O." for New Orleans, "bc" for because, "yrs" for years, "+" for and, and so on.

Names of food	Notes
Hamburger	• Mix of German+American cultures
Nachos	• Mexican corn chips covered in cheese
	• Made by Mexican cook for American customers
Fortune cookie	• Invented in San Francisco about 100 years ago
	• A piece of paper with fortune on it inside cookie
Gumbo	• Spicy stew
	• Invented in N. O. about 200 years ago
	• Mixes French, African, Native American, and Spanish cooking

设计意图：学生根据教师所提供的听力技巧，即如何在听力过程中记笔记，再次听听力，捕捉细节信息，填补听力理解中的信息空缺，深化对文本内容的理解。

(3)输出：迁移创新类活动。

此部分主要以口语表达的形式完成，教师通过假设情境，要求学生分成小组，就情境中的话题开展对话。此部分属于超越听力语篇的迁移创新类活动，学生在教师的引导下进行推理与论证、批判与评价、想象与创造等超越语篇的学习活动，将前面所学的知识有效迁移至写作任务中。

教师创设情境(听后)：

Imagine you are invited to a potluck dinner at an American friend's house. Work in pairs and discuss what special dish(es) you will take. The following questions may help you.

What food/snack from which area/ethnic group will you bring?

How is the food prepared and what is it made of?

What are the necessary equipment, tools, materials, or ingredients and cooking utensils?

How is the food special?

讨论之前，教师可以给学生相关提示，确保有足够的知识储备。教师可以告诉学生在描述某一过程(如 cook a dish)时需要关注的要素，如制作食物所需要的食材、器皿，做食物的步骤，文章的结构安排，描述过程时所需要的转折词(to begin with、second、meanwhile、finally 等)，这些前期准备能够为学生扫清交流障碍。

设计意图：通过与同伴合作，学生学会用英语来表明自己喜欢的菜肴，并进行描述，实现知识的迁移和创新。

5. 案例点评

本节课目标设计清晰且可操作，分输入、理解两个阶段完成听力教学，在输出阶段进行口语表达，并在各个阶段安排相应的教学活动。听前设计了学习理解类活动进行有效输入，建构和听力文本相关的图式，激活学生关于美国多元文化以及多元文化下的美国食物的背景知识。听中的活动设计遵循语言规律，由易到难逐层递进，既包括以训练学生概括能力和捕捉文本大意为目的的听力活动，也包括在问题的引导下发现细节信息的活动，充分体现了从语言输入到语言输出的完整过程。听后的输出性口语表达属于迁移创新类活动，活动设计体现了对文本内容的深度挖掘和文本再构，能够巩固学生已经形成的知识结构，让学生学以致用，有效提高学生的论证、批判与评价、想象与创造等能力。

案例三：英语学习活动观指导下的英语听说教学——以"宇宙探索"话题为例

1. 听说来源与教材分析

本节课为听说课，来自高中英语人教版必修三(2020)第四单元听说部分，需要学习的听说材料为"Talk About How to Become an Astronaut"。本单元主要话题为"宇宙探索"(SPACE EXPLORATION)，主题语境是"人与社会"。第一部分"谈论如何成为一名宇航员"是一个访谈节目。在这个节目中，主持人采访了中国宇航员杨利伟，主要访谈内容为杨利伟的教育、工作经历以及他最终成为一名宇航员的故事。通过听说课的学习，学生了解到成为一名合格的宇航员所需要具备的品质，并能使用相关语言知识表达自己的思想。从听力材料中我们能够了解科学巨匠对人类的贡献和杨利伟的伟大事迹，教师要引导学生崇尚科学，增加学生的天文知识。

2. 听说教学目标

初级目标：

使学生获得关于杨利伟如何成为宇航员的详细信息；使学生了解更多太空知识，了解宇航员，激发学生对航天和探索太空的兴趣。

中级目标：

帮助学生掌握正确的听力策略，提高学生瞬时记忆的能力以及记笔记的技巧，以便快速获取和记录听力材料中的关键信息。

高级目标：

通过完成相关练习，训练学生的概括能力和逻辑思维能力。

3. 听说教学内容

本次听力是有关杨利伟的采访，从听力材料中能够了解科学巨匠对人类的贡献和杨利伟的伟大事迹，培养学生崇尚科学的精神。在听力部分，教师通过展示图片、描述图片引入听力文本的主题，激活学生关于宇宙探索的相关知识。在听力中，学生通过完成判断正误，捕捉文中所谈到的数据，列出宇航员所需的特质等任务，达到对听力文本的深入理解的目的。在口语表达部分，通过角色扮演，锻炼学生的口语能力。

4. 教学过程

Activity 1：话题引入。

教师引导学生观看课本中的相关图片并讨论：

T：Look at the picture on page 38 and tell your classmates what the picture is about.

S：It's a picture of the solar system and the Chinese astronaut Yang Liwei waving to us.

教师提问：

Can you predict what we are going to talk about in this section?

学生回答：

Space exploration and how to become an astronaut.

设计意图：本活动通过图片导入和回答问题的方式引入本次听力课的话题"space exploration and how to become an astronaut"。此活动建构了听力的主题语境，课本中太阳系的神秘以及宇航员的意气风发激发了学生探索太空、了解宇航员生活的兴趣，使学生有了表达的愿望。同时，对图片的描述能够有效激活学生头脑中关于太空探索和宇航员的相关知识图式，为下一步的听力做好铺垫。

Activity 2：听前活动。

教师提问：

What do you know about the outer space?

学生回答：

It is mysterious.

The Earth has been described as a big blue marble from space.

Life may exist or may have existed in the universe outside of Earth.

Space exploration has made it possible for people to investigate the outer space by means of crewed and uncrewed spacecraft.

With the development of rockets and the advances in electronics and other technologies in the 20th century, it became possible for people to go to the outer space.

教师提问：

Do you want to be an astronaut? What are the experiences of astronaut in the outer space?

学生回答：

Yes. It's fun to fly aboard the shuttle...and then come back to earth.

Into orbit, the astronauts get a taste of ready-to-eat food, experience zero gravity, go for space walks, and even fix a satellite.

教师提问：

Can you name any famous astronauts from China or abroad?

学生回答：

China：Yang Liwei, Wang Yaping, Liu Yang, Zhang Xiaoguang...

Abroad：Gagarin, Neil Armstrong...

教师提问：

Do you know anything about the selection procedure for astronauts? Make a list of the possible requirements.

学生回答：

Good education, flying experience, excellent health, rich knowledge, special training ...

设计意图：第一个问题和引入部分的内容紧密关联，有助于实现从活动一到活动二的顺利过渡。这个问题能够激发学生对太空探索产生联想，从多个角度思索和太空相关的事物，培养学生发散式的思维能力。后三个问题涉及将要听的材料中的内容，这三个相关问题的设置有助于创设听力文本的主题语境，激活学生的背景知识，让学生预测将要学习的内容，在新知和旧知之间建立关联。

Activity 3：听中活动。

教师播放听力材料，学生听完后，对给出的陈述进行正误判断。

The audience is curious about how Yang Liwei became the first Chinese astronaut.

Mr Yang always believed that he would become an astronaut one day.

Mr Yang was selected to attend pilot training with 13 other people.

To become an astronaut in China, you have to have 1350 hours of flying experience.

Astronauts not only had to learn how to use space equipment, but also had to do a lot of mental and physical training.

此活动为应用实践类活动，能使学生深入语篇，分析听力材料的主要内容，通过完成正误判断，加深对文章的理解，实现对知识的内化与应用。

学生再次听听力材料，并用数字完成填空。

教师介绍听数字的技巧：

Number questions are typically related to: time, telephone numbers, addresses, prices, weights, distances, etc. When you listen for numbers, you need to pay special attention to big numbers as well as those that sound quite similar, such as *thirteen* and *thirty*, *fourteen* and *forty*, etc.

Yang Liwei graduated from college at the age of 22.

Before he joined China's space programme, Mr Yang was trained as a fighter pilot for 10 years.

Mr Yang was one of the 14 pilots who were chosen to train for space flights.

At the time when Mr Yang entered the space programme, astronauts had to be no shorter than 172 cm in height and less than 70 kg in weight.

Mr Yang became China's first astronaut when he was 38 years old.

设计意图：生活离不开数字。数字在英语听力材料中也必不可少，听数字是听力训练中必不可少的一项。本课的听力材料出现了各种类型的数字，包括年龄、持续时间、人口数量、身高、体重等，理解数字是理解听力文本的重要条件。上述听力活动旨在培养学生在听力文本中捕捉数字的能力。

学生再次听听力材料，列出成为航天员的条件。

Education background: college degree

Experience: rich experience of flying

Health condition: perfect physical and mental health and body shape; proper height and weight

Courses: English, science and astronomy

Special training: using space equipment; physical and mental training

这篇听力文本主要谈论如何成为一个合格的航天员。采访人以及被采访人的对话主要围绕对航天员的要求展开，包括教育、经历、身体状况、所学课程以及所接受的特殊训练等。本听力练习以找寻上述关键信息为任务，驱动学生在听力过程中关注上述信息，体现了对文本主题意义的探索。

Activity 4：听后活动。

学生两人一组，讨论自己以后是否愿意成为航天员并说明理由，讨论时注意使用听力材料中出现的表达。

S1: You know, I think being an astronaut would be cool.

S2: Do you want to work in space in the future?

S1：I'm not sure, but I think it might be too difficult for me. There are so many requirements. First of all, you must be intelligent enough to get a related college degree. Then you have to have enough flying experience. Third, you should be physically and mentally healthy. In addition, you need to meet the requirement in education. You may have to have engineering degree.

S2：So what might be the most difficult part for you?

S1：I guess it might be the educational qualification, for engineering is too difficult for me.

设计意图：通过与同伴合作和讨论，学生学会表达当一名航天员的意愿，并阐述自己的理由。此活动为迁移创新类活动，基于对听力文本的理解，教师创设新的相关主题语境，要求学生通过想象创造新的语篇，表达并论证自己的观点和态度。在小组讨论过程中，学生开展超越语篇的学习活动，教师引导学生在新的语境中，基于新的知识结构，通过自主、合作、探究的学习方式，综合运用语言技能，进行多元思维，创造性地解决陌生情境中的问题，理性表达观点、情感和态度，体现正确的价值观，实现深度学习，促进能力向素养的转化。

5. 案例点评

本听说课由引入、听力前、听力中以及听力后四个部分组成。在引入部分，教师使用图片展示、师生互动的方式导入话题，建构主题语境；在听力前环节，头脑风暴法的运用以及相关问题的提出帮助学生在旧知和新知之间建立有效关联。为了达到深入理解听力文本的目的，听力中设计了判断正误、听数字、找寻关键信息的应用实践类活动，对学生所形成的新的知识进行分析和判断，实现知识的内化，巩固所学知识。听后阶段开展同伴合作和讨论活动，通过创设新的语篇，培养学生的创造性思维和批判能力，激发学生的想象力。在本课中，泛听和精听相结合，填空题、判断题、问答题等题型的设计一步步加深学生对听力材料的理解，训练了学生的概括能力和逻辑思维能力，帮助学生掌握一些实用的听力技巧，而最后的讨论不仅帮助学生提高口语能力，还能帮助学生在实际情境中运用英语词汇和句式。

案例四：英语学习活动观指导下的英语听说教学——以“节日”话题为例

1. 听说来源与教材分析

本听说教学材料来自人教版高中英语必修三(2020)第一单元“节日和庆

祝”(FESTIVALS AND CELEBRATIONS)的听说(Listening and Speaking)部分。本单元的主题语境为“人与社会”，本板块的活动主题是“谈论节日活动”(Talk about festival activities)，从贴近学生日常生活的角度谈论“节日”话题。在听说部分，学生会听到发生在三个国家的、在三组说话者之间的、不同节日场景下的简短对话，说话者正在参与或将要亲历不同的庆祝活动。该板块所选取的三个典型节日场景都属于跨文化交际语境，每组对话中的人物都来自不同的文化背景，对话者的身份和关系也不尽相同。学生在完成听力任务之后，需要就节日话题进行口语练习，产出一篇口头语篇。

2. 听说教学目标

初级目标：

让学生在听说活动中获得语言知识，掌握并运用与节日主题相关的词汇以及表达节日庆祝活动的句型。

中级目标：

培养学生的理解性听力技能和表达性口语技能，使其能够对听力内容进行预测；运用情境、语境推断人物关系、交际目的、交际场合、主要内容等细节信息；能够推断、概括和归纳说话者的意图和观点；能够以口头形式描述、概括经历和事实；以口头形式对事物发表观点和评价，并针对存在的问题提出解决方案。

高级目标：

获取中外文化知识，获得世界各地的节日文化知识，在分析、比较中获取跨文化知识，增强民族文化认同感。

3. 听说教学内容

本次听说课作为单元教学的第一个板块，承担着引入单元话题的主要任务。因此，在本次教学中，教师应该凸显本单元的“节日和庆祝”的主题。教师通过描述节日庆祝的图片引入节日话题，使学生展开学习，为听力活动的开展做好铺垫。在听力部分，学生通过完成排序、填空、列举节日期间的任务实现对听力材料的深度理解。

4. 教学过程

Listening and Speaking—Talk about festival activities

Activity 1：Lead in

①Look at the photos below. Choose some words or phrases below to describe each festival. Read the phrases and write down the Chinese meaning(图片见教材).

wear traditional costumes ________________

march along the streets ________________

attend the ceremony ________________

watch samba dance ________________

dress up in carnival costumes ________________

guess riddles________________

receive congratulations ________________

give performances ________________

②Choose the phrases above to describe the following festivals.

Chinese Lantern Festival

Rio Carnival

Japanese Coming-of-Age Day

设计意图：上述活动通过图片描述的方式引入听力主题，通过将表达节日庆祝活动的英语翻译为汉语，使学生积累了相关语言表达。同时，学生通过描述节日，使大脑中关于节日的相关语言知识以及文化知识被激活，扫除了听力障碍，为接下来的听力做好准备。

Activity 2：Small talk

教师提问：

What are the traditional Chinese festivals and how do people celebrate festivals?

学生讨论：

Chinese New Year's Eve falls on the last day of the lunar night of the twelfth lunar month. On New Year's Eve, people get rid of the old and welcome the New Year.

Spring Festival is commonly known as the Chinese New Year. On this occasion, people eat dumplings, have a big dinner with family together.

The Lantern Festival falls on the 15th of the first month of the lunar calendar. On this day, people admire lanterns, guess riddles and eat Yuanxiao.

Tomb-sweeping Day is the festival when people pay homage to ancestors, cherish the memory of the martyrs by cleaning tombs, lighting incense.

Dragon Boat Festival, also known as Duanwu Festival, is the day on which people eat zongzi and enjoy the dragon boat races.

Double Seventh Festival, also known as Qi Qiao Festival, or Seven Sisters' birth, originated in China, is known as Chinese Valentine's day.

The traditional Chinese Mid-Autumn Festival falls on the fifteenth day of the eighth lunar month. On this day, people admire the moon, eat moon cakes and have a big meal with family.

Double Ninth Festival is also called Senior Citizen's Day. The custom of Double Ninth Festival is climbing mountains, admiring the beauty of chrysanthemum, drinking chrysanthemum wine, and eat Double Ninth cake and so on.

设计意图：师生通过互动，选取一个与节日话题相关的子话题(中国传统节日)引入本次听说课的话题，创设与节日相关的语境，调动学生关于节日的背景知识，划定语言知识和文化知识的学习范围，激发学生的学习兴趣。学生在新建构的语境中，学习和运用关于节日的语言知识和文化知识，为下一步的听力练习奠定基础。同时，上述练习在对节日这一主题意义的探索中增强了学生的文化意识，在口语活动中，让学生表达自己的看法，发展了学生的思维水平。

Activity 3：While-listening

教师播放听力材料，学生完成练习。

Listen and write the order of the conversations next to the names of the festivals above. Then match each conversation with the relationship between the speakers below.

教师介绍听人物关系的技巧：

To listen for a relationship, you need to pay attention to how people talk to each other (e. g., friends usually call each other by first names) and some particular questions in the conversation (e. g., "Could I have the bill, please" tells us that the speaker is a customer in a restaurant).

Answers：

Chinese Lantern Festival：a tour guide and members of a tour group (Conversation three)

Coming-of-Age：an interviewer and an interviewee (Conversation one)

Rio Carnival：two friends (Conversation two)

设计意图：此活动为学习理解类活动，通过听力理解，学生对话语发生的情境以及说话人的身份、社会关系进行判断，此活动中的问题设计得比较简单，学生捕捉到表层信息即可。

教师再次播放听力材料，学生完成填空。

Listen again and complete the sentences with the correct words.

In conversation one, the woman is wearing ________ colors. It took her a long time to do her hair and make-up, and to get ________. She is going to meet her ________ soon.

In conversation two, Carla advises Li Mei to change her ________. This is because the weather is ________ and they will be outside for a long time.

In conversation three, people are enjoying the ________ show.

Answers: 1) bright; dressed; family 2) dress and shoes; hot 3) lantern

设计说明：此活动为学习理解类活动。该听力活动难度高于上一活动，要求学生能够抓住并理解细节信息。

教师第三次播放听力材料，学生完成填空。

Listen again and make a list of each festival's activities.

Chinese Lantern Festival: ________________________________

Coming-of-Age Day: ________________________________

Rio Carnival: ________________________________

Answers:

Chinese Lantern Festival: guess riddles; see the colorful lanterns; watch the dragon or lion dances; eat yuanxiao.

Coming-of-Age Day: girls do their hair and make-up; wear traditional costumes; attend the Coming-of-Age ceremony; say congratulations; have a party.

Rio Carnival: wear carnival costumes; march along the streets; dance.

设计意图：通过以上三个活动以及教师所提供的听力技巧，学生逐步深入理解听力材料。

Activity 4: Discussion

教师引导学生两人一组讨论自己最喜欢的节日并说明理由。

教师提出要求：

In pairs, discuss which of these festivals attract you the most and why.

S1: I think the Rio Carnival would be the most exciting. After all, as you know, I love to dance!

S2: I love dancing, too, but I'm not sure I'd enjoy it in such hot weather.

S1: So which festivals do you like best?

S2: I like ...

设计意图：通过与同伴讨论，学生学会用英语来表达自己喜欢的节日。在学生完成听力理解后，教师创设迁移创新类口语活动，让学生针对听力材料发表自己的评论和看法，操练主题词汇，锻炼表达能力，在已有的图式基础上搭建新的图式，在观点碰撞中，拓展思维，反思不足，最后通过应用实践类的口语活动表达自己最喜欢的节日。通过口语练习，教师可以检验学生在听力过程中所习得的语法结构和词汇、语用使用得体性，促进语言运用的自动化。

Activity 5：Homework

学生完成课后练习题。

设计意图：通过完成课后作业，学生能够巩固所学知识，提高语言表达能力，达到语言输出的目的。

5. 案例点评

在引入部分，本教学案例通过描述图片、问问题等方法，激发学生进行联想式思维，唤起学生大脑中关于传统节日的知识，从而引入本节课的话题。在听前部分，本教学案例通过输入传统节日相关语言表达，描述和节日相关的图片，学生相关语言知识被激活。在听中部分，本教学案例通过填表格、填空等方式，帮助学生激发图式，建构新知，学得语言知识。在讨论部分，学生通过口语交流提升听力理解能力，发展语言综合技能，表达传统中国节日，实现语言、文化知识的内化和运用。在本教学案例中，听说活动相辅相成，二者结合，切实锻炼学生语言综合运用能力。

思考题：

(1)在听说教学中，如何激活学生大脑中和听说话题相关的背景知识，建构听说主题语境？

(2)如何设计科学有效的中学听说教学活动？

(3)如何在中学听说教学中做到以听促说，听说相长？

(4)如何利用图式理论指导听说教学？

(5)如何利用互联网资源进行中学听说教学？

推荐阅读：

[1]董亚男. 高中英语听说教学理论与活动设计[M]. 上海：华东师范大学出版社，2020.

[2]范文芳，庞建荣. 英语听说教学论[M]. 南宁：广西教育出版社，2018.

[3]李慧芳. 英语听说教学指导：教学设计与精品课例[M]. 北京：北京师范大学出版社，2022.

第七章　写作教学设计

章前导语

写作是一种用文字表达观点的途径，是学生运用文字对思想进行重建的过程。写作活动是语言综合运用的认知加工过程。要想成功完成一篇文章的写作，学生需要掌握一定的英语词汇知识、基本的语法知识以及语境语用知识，还需要具备一定的语篇知识，懂得如何组织语篇。写作还要求学生具备一定的思辨能力，能够独立思考，发表自己的见解。英语写作一直是部分中学学生英语学习的薄弱环节。传统的中学英语课堂以教师教授为主，对输入性的语言知识的习得往往多于输出性和应用性的语言知识的学习，对英语写作的教学也往往流于形式，不重视学生写作策略的培养。这就造成了部分学生写作能力欠佳，写作能力和其他语言能力发展不平衡的现状。

本书在概述和反思当前中学英语写作教学现状的前提下，分析当前中学英语写作教学中所存在的问题，总结教师的困惑，并通过回顾历史中的外语写作教学法，对英语写作教学所涉及的教学理念进行梳理，在此基础上对比通用的写作教学法的优缺点做出评价。之后，本书基于对现阶段中学英语写作教学现状的认识，明确阐释本书秉承的写作教学理念，以此为依据开展英语写作教学活动。在教学案例部分，本书所呈现的教学案例分别运用了体裁教学法、任务教学法等先进的写作教学法，在课程设计中以活动为课堂的组织形式，整合课程内容六要素，综合发展学生的语言能力，提升思维品质。

通过本章的学习，您将能够了解到：

中学英语写作教学目前存在的困难和挑战；

英语写作教学相关理念；

新课标对中学英语写作教学提出的新要求；

如何科学有效地进行中学英语写作教学设计；

第一节　写作教学概述

作为英语课程内容六要素中的语言技能之一，写作属于表达性技能。写作是学习者运用所学语言创造性地表达个人意图、观点和态度的过程，这一过程体现了学习者对语言知识和文化知识的获取、梳理、整合与运用。在写作中，学生的词汇、语法、语用、语篇、文化等知识都得以调用，思维、论证能力得以提高。因此写作也是检验学生语言综合运用能力的重要手段。通过学生的写作输出，教师可以检验学生单词掌握情况，了解学生对单词和短语的使用是否正确，对句型的运用是否准确，对时态和语态的使用是否恰当，对语篇结构的安排是否合理，论证是否合乎逻辑，书面语言交际功能是否实现。所以，培养和提高中学学生的英语写作能力对于规范学生的英语表达、提高学生的语用能力、培养学生思辨能力至关重要。

一、写作教学的重要性

《高中课标(2020)》指出“语言技能是语言运用能力的重要组成部分。语言技能包括听、说、读、看、写等方面的技能。听、读、看是理解性技能，说和写是表达性技能”①。写作作为英语五项基本技能之一的表达性技能，更能体现学生对语言的综合运用能力。写作活动是一种综合运用各种语言能力的语言认知加工活动，在写作过程中，学生需要动用自己的英语语言知识、语用知识、文化知识等，科学地思辨和论证，才能写出合格的文章。

此外，在各种英语考试中，写作部分也占据了很大的比例。因此，写作教学的重要性不可忽视。如何上好写作课，如何有效组织写作教学课堂，这是我们需要重点关注的问题。

根据我们的观察和调研，中学生英语写作的提高主要受以下因素的制约。

第一，学生的语言知识、文化知识欠缺，影响有效表达。研究者对学生所写作文的分析显示，学生的作文在词汇、语法、语篇三个层面有待提高。学生在写作文时所使用词汇比较口语化。词组、词块搭配错误时有发生。学生对不定式、分词、动名词、时态、情态等语法项目的使用常有错误。作文中的句子类型单一。学生倾向于使用简单句，使用复杂句时常出现语法错误。语篇常常不能达到衔接连贯，不能正确体现本体裁的语篇特征。

第二，学生英语写作受到汉语思维的干扰，汉语式写作痕迹较重。汉语和英语隶属不同语系，中西方思维方式也有不同，因此汉语和英语语篇组织模式呈现出比较明显的差异。在语言产出中，汉语对英语的干扰不可避免，很多学生的作文中不可避免带有汉语式思维的痕迹。更有甚者，在写作时，英语初级

① 教育部：《普通高中英语课程标准(2017 年版 2020 年修订)》，35 页，北京，人民教育出版社，2020。

学习者往往先在大脑中生成汉语，然后将其翻译成英语。这样，作文中汉语思维痕迹更为明显，语言表达、语篇组织模式、文章中句子的衔接和连贯也呈现出汉语的特点。

第三，学生的写作策略和写作学习策略有待培养和提高。中学一般采用大班教学，50 人的班额比较常见。学生在遣词造句、谋篇布局方面存在个体差异，在写作学习方法的选择上也呈现出个人喜好。因为学生过多，大多数教师在课堂中采取讲授为主的模式，比较常见的办法是通过讲授的方法引入文章主题，剖析文章结构，给出范文以供学生模仿。这种方法忽视了学生的个体差异，无法做到因材施教。迫于应试，有的学生采用背范文的学习方法，写出的作文千篇一律，没有个性，缺少创新，体现不出批判性思维，这严重挫败了学生的写作学习积极性。科学有效的写作教学应该认识到写作者的个体差异，引导写作者进行批判性思考，生成正确的语篇结构，抒发自己内心的真实想法。因此，教师应该基于个体差异培养学生的写作策略和写作学习策略。

在写作教学中，教师需要注意以下事项。

第一，明确主题。中学英语每个单元都围绕一个主题展开，综合训练学生的各种语言技能。在进行写作前，学生已经完成了和主题相关的阅读、听说学习，积累了一定的词汇、语法和文化知识。因此，写作教学的第一步就是明确写作的主题，引导学生调用相关知识储备。教师可以通过问问题、播放视频、展示图片等方式建构写作主题，激活学生的背景知识。

第二，启发学生围绕写作主题分析问题，进行批判性思考，培养学生的思维品质。作为一种综合的表达性语言运用活动，写作能够使学生反思自己的生活经历，表达自己的情感、态度和观点，因此，写作不是单纯地发展学生的输出性、表达性语言技能的过程，而是培养学生分析问题、解决问题能力的过程。在教学中，教师需要设计一定的教学活动，启发学生进行创造性思考，提高学生的思维品质。这样学生才能写出有深度、思想性强的文章。

第三，培养学生的语篇组织和语言表达能力。写作的最终产品为具体、完整的语篇，这就要求学生具备一定的语言组织和表达能力。具体来说，从宏观上，教师需要培养学生的语篇意识，让学生学习语篇知识，对将要写的文章的语篇进行研究，熟悉此语篇的格式；在正式写作之前，合理安排语篇结构；在写作过程中做到语篇的衔接连贯。从微观上来讲，教师要向学生灌输衔接、连贯等语篇知识，使得句子内部的语法结构合理，句中的词语搭配合乎语法，指代关系有效，句子的信息展开方式自然、符合逻辑。

第四，重视和写作主题相关的阅读材料的学习，确保理解性技能和表达性技能同时提高，增强学生语言表达的准确性和有效性。在单元的前期学习中，学生已经掌握了相关词汇和语法等知识，这为写作提供了基础，在写作教学中教师需要引导学生利用在阅读、听说课中所学的知识，将习得的词汇、语法、语篇等语言知识以及文化知识运用到写作中，这也是强化学生之前所学知识的有效途径。

二、新课标下的写作教学

一篇写作成品的构成要素包括：写作主题、语言材料、文章结构、思维能力。其中，写作主题即文章主旨，为文章的灵魂，为写作内容划定了大致的框架，限定了写作文本的风格；语言材料包括词汇、语法等语言项目，构成了组建和发展文章的血肉；文章的结构可以被视为文章的骨架，为文章提供了支撑，决定了文章的发展脉络；写作者的思维品质和能力构成了文章发展的驱动力，为文章的建构和文脉的发展提供了动力。这四个方面共同作用，才能构筑一篇好的文章。一般来讲，写作过程可以被分解为主题分析、结构安排、语言组织、修改完善四个步骤，写作四要素贯穿于这四个阶段。

《高中课标(2020)》明确指出：“理解性技能和表达性技能在语言学习过程中相辅相成、相互促进。学生应通过大量的专项和综合性语言实践活动，发展语言技能，为真实语言交际打基础。”[①]按照普通高中英语课程标准的要求，通过写作学习和练习，学生能够利用所学语言知识、文化知识等，根据不同目的和受众，以书面文字的形式创造新语篇。

英语写作是英语学习的高级阶段，与其他语言技能相比，写作对学习者提出了更高的要求。其他相关的语言技能对写作起着促进作用，写作是一种综合性的语言运用活动，写作水平的高低能够反映学生综合运用英语的能力。传统的以“教”为主、机械的“书面表达训练”已不能适应新课程改革的要求。教师应依据新课标对写作技能的要求，在教学过程中积极创新写作教学模式，融阅读、写作等语言活动为一体，树立“以学生为中心”的写作教学主体观，引导并激发学生的写作兴趣，培养学生的批判性思维能力，同时重视对写作方法的训练和对写作策略的培养，提高学生的英语写作能力。具体来讲，新课标对写作提出了以下具体新的要求。

第一，注重学生的认知和体验在英语写作教学中的作用。个人的已有知识以及个人的体验构成了个人自我表达的基础。在中学英语写作教学中，教师应

① 教育部：《普通高中英语课程标准(2017 年版 2020 年修订)》，35 页，北京，人民教育出版社，2020。

当注重写作教学的过程，从写作教学的细节入手，激发学生的自主性和创造性，突出学生的主体性。在教学中，教师应创设与写作主题相关的情境，设计相关任务和活动让学生切身参与。通过这样的体验式教学让学生充分表达自我，在体验中发展自己的语言能力和认知思维能力，促进学生写作能力的稳步提升和学生的全面发展。

第二，重视语篇知识在写作中的作用，培养学生的语篇意识。新课标对中学生的写作技能的培养提出了具体的要求。课标对写作用词、语篇结构以及使用词汇进行创造性表达等方面提出要求，包括能够使用连接性词语、指示代词达到语篇连贯，根据表达需要合理设计语篇，根据不同的文体要求合理使用委婉语、模糊语，达到用语恰当等。对语篇和文体的关注突破了传统的写作教学的框架。按照新课标的要求，写作学习不是简简单单地使用词汇造句进行累计从而形成段落和篇章的过程。写作教学要培养学生的语篇意识，教会学生懂得如何超越句段进行语篇组构以达到连贯和衔接，识别不同语域的用词特征以达到语用恰当。因此写作中教师需要培养学生的语篇意识，提高学生的元语言能力，深化学生对语言本质的认识。

第三，在跨文化视域下培养学生的批判性思维能力和创新精神，提高学生的思维品质。作为一种书面交际活动，写作活动融语言、文化、思维为一体。通过创造写作语篇，学生能够表达自己的观点、意图和情感态度。英语写作是一种跨文化的书面表达方式，流露出学生的文化价值观。在写作教学过程中，教师要重视学生多元思维和批判性思维的培养，使学生在跨文化交际的视域下，在批判的基础上表达自己观点，有逻辑地组织写作语篇，进行观点和思想的论述，在文化差异的参照下形成正确价值观。

第二节　本书写作教学设计理念

一、写作教学现状

在中考、高考中，英语写作板块一直存在，且占有较高的比重。学生写作水平的高低，基本反映了学生对所学语言的吸收及再创造的能力。写作教学历来是教学的难点，目前中学写作教学主要存在以下问题。

第一，不少写作教学以应对中考、高考为导向，导致写作脱离实用性原则。为迎合中考、高考应试的需求，很多中学英语教师在教学中“为写作而写作”，进行写作教学的目的就是产出一篇符合考试要求、看似完美的范文。因此在教学中，这些教师只注重浅显的写作格式、写作规范以及写作技巧的培养。这种教学模式下写出的文章内容空洞，毫无思想性，难以让学生的写作水平有实质性的提高。

第二，碎片式、模块式的写作教学无法有效提高学生的语言综合运用能力。目前，大部分中学英语写作教学仍停留在“分析作文题目”“罗列所需短语和表达”“解析优秀范文”“模仿完成习作”的陈旧套路上。部分教师在教学中，将各种语言知识的学习分离开来，重写作知识的教学，轻写作技能的培养，以仿写一篇范文为导向，这样更是无暇顾及学生整体思维能力的提高。这样的做法能让教师的“教”立竿见影，即学生能较顺利地吸收所讲解的内容，模拟范文写出一篇模式化的文章。殊不知，近十年来的中高考英语命题导向已经发生了重大转变，作文的设置越来越趋向开放和灵活，更加注重对学生语言综合运用能力以及创新能力的考查，原有的模式化、千篇一律式的文章在考试中无法获得高分，传统的写作学习方式显然已不能适应中考、高考以及当代社会的要求。

第三，写作教学脱离了具体的主题语境，忽视语篇、语境因素，写作的实践性不强。传统的写作教学多关注写作中使用的词汇、短语和句子，很少顾及超越句段的语篇知识的学习，也不注重语篇所涉及的真实语境与文化知识，忽视了作文整体的建构和思想内容的创新。这种跳出语篇的写作成品在文章整体建构上比较松散，脱离语境的写作在内容上是空洞的，学生对写作主题的理解也仅停留在语义层面，不利于文化知识的汲取以及语用意识的培养，也不利于学生写作兴趣的提高，写出来的东西往往无法运用在实际场合中。

二、写作教学相关理念和理论

基于不同的理论基础，英语写作教学领域出现了不同的写作教学法，下面对较有影响的几种教学法做详细解释，主要包括结果教学法、过程教学法、体裁教学法、任务教学法。

(一)结果教学法(Product-Oriented Teaching Approach)

结果教学法也叫成果教学法。顾名思义，结果教学法将重点放在写作的成品，或写作成果上。传统写作教学中，教师给学生提供范文、让学生分析范文并模仿范文开展写作，之后对学生写出的文章进行纠错，这样的写作教学采用的就是结果教学法。这种教学法在20世纪60年代以前一直占据主导地位。结果教学法的理论基础是行为主义心理学理论。本教学法认为写作教学是教师提供各种类型的范文给予学生刺激，学生通过分析范文的词汇、句法、语篇结构以及措辞特征，仿写范文对刺激做出反应的过程。结果教学法注重写作的最终成果，教师关注的是写作的最终成品在思想上是否符合主题，在内容上是否丰富，在语法措辞上是否准确。结果教学法的教学重点在于写作成品中的词汇、语法等语言项目是否被正确使用。学生提交写作成果之后，教师进行评价和纠错，在此过程中，学生的写作能力通过刺激—反应—强化的模式得以加强。

结果教学法将写作教学重点放在写作结果上，学生的写作有模板可循，教师可以对写作结果提供明确的修改意见。这种教学法比较好操作，相对而言适合作为大型考试的写作教学，如四、六级考试。它的缺点包括：教师支配整个写作教学过程；通过讲解和分析范文传授写作知识，课堂重视写作语言的正确使用；学生处于比较被动的位置，不能自由进行写作创作，无法有效发挥自身的主观能动性。

(二)过程教学法(The Process Method)

与结果教学法重视写作的最终成果不同，过程教学法更注重写作的过程。顾名思义，过程教学法视写作为一种过程，而非成品。过程教学法主要关注在写作过程中学生语言技能的培养，不太重视成果教学法所强调的语法、词汇、文章结构等语言知识的准确性。过程教学法一般将写作分为写前(rehearsing or prewriting)、写作(drafting)和修改(revising)三个阶段。在这个过程中，主要任务包括决定主题、收集资料、组织材料、写初稿、修改、准备并校对定稿。在写前阶段，教师通过引入主题的方式引导学生发挥想象力，建构语境，为写作打下基础。在写作阶段，教师基于主题引导学生进行写作构想，建构文章的框架文本，鼓励学生发挥想象力，自由将思想付诸文字。当学生遇到问题时，及时和教师沟通交流，共同分析问题、解决问题。在修改阶段，教师对学生的文章进行评价和反馈，提出具体的修改意见。每个阶段都关注学生的参与，注重培养学生的创造性思维能力。在教学中，教师扮演组织者和协调帮助者的角色。

过程教学法以交际理论(Communicative Language Teaching Theory)为理论基础，视写作为学生与学生、学生与教师以及学生与文本之间的交际行为。写作是集思考、书写、修改为一体的反复交互活动。过程教学法的每一个阶段都涉及了师生的互动，写作教学旨在潜移默化地培养学生实际写作能力以及思维创新能力。按照这一理论，写作是一种交际行为，学生才是课堂的中心。在写作教学中，语言表达的流利性要让位于语言表达的准确性，教师的任务是激发学生的思维能力，以达到让后者顺利交际的目的。受认知心理学和社会心理学的影响，过程教学法视写作为一种心理认知交际过程，重点关注在写作过程中培养和提高学生的思维能力。在过程教学法关照下，写作是知识建构的过程，需要学生发挥自主性。教师和学生、学生和学生之间的互动和交流在学习中起很大的作用。整个学习过程是一个积累语言知识、提高思维能力、培养良好写作习惯的过程。

（三）体裁教学法（Genre-based Teaching Approaches）

体裁教学法兴起于20世纪80年代，体裁教学法将语篇分析理论运用于二语习得中，在写作中关注对语篇结构的分析，且通过对语篇的分析，引导学生掌握不同体裁的语篇的篇章、图式结构，辨明语篇的建构过程，在此基础上成功撰写属于某一体裁类型的作文。

按照体裁教学法理论，体裁制约着语篇内容以及语言的选择，不同体裁的语篇具有不同的语言特色和交际目的，同一体裁的语篇在语篇结构、文体风格、社会功能等方面都具有特定的体裁特征。隶属于同一体裁类型的语篇具有相似的结构、内容、语言风格等，规定了语言使用者在口头和书面交际中共同遵守的语篇建构原则。在写作同类型文章时，我们要辨明其体裁类型，掌握其语篇结构，遵循其规约性的体裁特征。体裁分析使语言使用者对文章的遣词造句、谋篇布局进行深入剖析，并探讨支配语篇形成的文化和认知心理因素。

基于体裁的写作教学法一般分为范文分析、模仿写作和独立写作三个阶段。在范文分析阶段，教师可以对范文中的语言进行分析，包括分析语篇中的词汇、句式、篇章结构等，发现此类体裁文本的特征和图式结构，使学生更深刻地认识到某一体裁的结构特征和语言风格。在模仿写作阶段，根据体裁分析的结果，教师与学生一起撰写属于这一体裁的文章。在独立写作阶段，学生运用体裁知识，独立撰写出隶属于此类体裁的文章。

体裁教学法在二语写作中的运用尤为广泛。基于体裁分析的写作教学能够通过范文分析的方法帮助学生发现并掌握各类体裁的特征，发现语篇的结构、语言特点，使学生能在归纳总结的基础上进行模仿写作。学生在写作的时候有一个相对固定的模式，不至于看到写作题目之后不知道如何下手，这有助于增加其写作的信心。

体裁教学法的侧重点之一是对语篇体裁的分析。在课堂中，师生的首要任务是分析语篇，归纳、总结语篇的体裁特征。这样的做法有如下弊端。第一，教师对规约性的体裁特征的描述和总结容易造成教学活动的枯燥。第二，学生基于体裁知识进行仿写，思维能力不能有效提升，难以在写作中进行自主创新，最终提交的写作成品有可能千篇一律，缺少创造性。且由于教学的侧重点在于文章体裁的一致性，学生有可能会为了达成文章语篇、语言的合规性而忽视自我观点的表达。第三，体裁是人为划分的，而语篇种类是繁多的，在课堂教学中，师生很难达到对所有体裁的穷尽性描写和归纳。

(四)任务教学法(Task-based Teaching Approach)

任务教学法是在20世纪80年代开始兴起的一种外语教学法，在写作中运用任务教学法得到了很多研究者和一线教师的推崇。任务教学法吸收了结果教学法和过程教学法的优点，并有效规避了它们的不足。任务教学法既重视写作的结果，也重视写作的过程，在形式与意义之间达成平衡。任务型写作教学在注重过程、强调语言的交际性等方面与过程教学法有相同之处，从而弥补了成果教学法的不足。任务教学法注重任务的意义，强调任务与现实生活的一致性；同时，任务教学法在任务完成后的结果展示以及教学环节等方面与过程教学法又有所不同，因而又可以有效地避免过程教学法教学形式单一，缺乏必要的输入，以及写作活动实用性不足等缺点。

任务教学法的理论依据之一是建构主义理论。该理论认为，学生是认知的主体，是知识建构的主要完成者。教师不是知识传授者和灌输者，而是引导者和帮助者。在课堂上，以教师讲述，学生被动接受的“满堂灌”的教学是不可取的。知识的学习和获得是在社会交往活动中完成的。知识的获得是个体基于新的输入，对个体的先前经验和知识的重组和重新建构过程，在知识重构过程中，认知主体发挥其主观能动性主动进行知识建构，在此过程中生成新的知识。写作教学是一种交互行为，学生与学生之间的互动、学生与教师之间的互动，前期知识和新的输入之间的互动都为新知识的获得提供了有效途径。

任务教学法的另一理论依据是维果茨基提出的“社会文化理论”。该理论认为，知识的获得是互动的结果，倡导“做中学”，即在做事情中学习。运用到语言学习中，“做中学”提倡学习语言的最好方式是主动地使用语言做事，在语言使用中自然地、无意识地掌握语言知识。这样，语言学习不再是一件枯燥无聊的事情。学生语言学习的积极性和语言学习兴趣都能得到提高。这种学习方式更加符合学生的学习和认知规律。在这种学习方式中，学生成为学习的主体，能发动各种认知资源，进入很好的学习状态，获得丰富的二语学习体验。

总的来说，任务教学法重视语言输出，倡导“做中学”“用语言做事”，教师在教学设计时给学生布置语言交际任务，学生完成了任务，也就顺利实现了学习任务。以完成任务为驱动，学生在完成任务、使用语言的过程中完成语言知识的建构，发展了听、说、读、看、写等语言技能，培养了交际能力，也提高了解决问题等思维能力。在任务型教学中，学生的角色由语言学习者转变为语言使用者，课堂活动的中心从“教”转向“学”，教学的主体由教师转为学生。

三、英语学习活动观指导下的写作教学

英语新课标明确倡导指向学科核心素养的英语学习活动观等教学理念，提出了自主学习、合作学习以及探究学习等学习方式。教师设计的学习活动应体现综合性、关联性、实践性特征。教师应在主题意义的引导下开展综合教学活动，在现有知识的基础上，通过对不同文本的学习，让学生理解文化内涵、形成学习思维、提升语言技能。在英语学习活动观视角下，教师要开展写作教学活动，就要从听、说、读、写四个方面抓起，重视学生的英语基础。教师在重视学生语言能力培养的同时，更要给予学生充足的机会，让其锻炼语言运用能力，例如，为学生营造交流环境，让学生能够有效进行交流，提升自身的语言应用能力。

鉴于以上认识，英语写作教学设计也应以上述指导性原则为引领。教学目标设置上，教师应以提高学生的写作水平为驱动，使学生能够根据表达需要选择恰当的词汇、语法结构和语篇组织模式，并能在书面表达中准确表达意义，建立逻辑关系。写作教学还需要培养学生的逻辑思辨能力和创造性思维能力，体现思想性。教师要在教学中潜移默化地促使学生形成正确的学习态度，培养适合个体的写作学习策略和方法。教学内容上，写作技能属于语言技能的一个重要组成部分，是学生语言能力的重要基础，写作活动不能脱离具体的语境和语篇。因此，教师要引导学生将写作学习和主题语境知识进行整合，在语境中进行写作。教学需要包含有效的写作学习活动，注意写作活动和主题意义相关联，促进学生对主题意义的深入理解，提升学生的思维品质。教学方法上，教师应以学习活动为基本的课堂组织形式，设计综合、整合、关联、可操作、可实践的写作学习活动，从而完成课程内容，实现指向核心素养的教学目标。

第三节　写作教学设计案例

案例一：凸显语篇知识的英语写作教学——以“环境保护”话题为例

1. 写作来源与教材分析

本教学案例来自高中英语人教版必修二(2007)第四单元的说写部分(Speaking and Writing)。本单元主要话题为“环境保护”，主要涉及野生动物的

灭绝原因、野生动物保护等内容。通过本单元的学习，学生能够获得环境保护方面的知识，激起保护野生动物的欲望。本单元的话题通过以下三个语篇呈现其主要内容：以表格的模式呈现的报告、一段想象中的关于小女孩 Daisy 旅行的记叙文，以及关于动物灭绝的议论文。通过学习，学生能够积累动物保护的相关语言知识和文化知识，懂得动物保护的重要性。本单元的作文任务是给世界自然基金会(World Wildlife Fund，WWF)写一封信，具体的写作要求如下：

In pairs choose another endangered animal which you know about. Analyze why this animal is endangered. Then discuss with your classmates. Finally write a letter to WWF based on what you have discussed, asking them to help you save endangered animals.

2. 写作教学目标

初级目标：

通过学习，让学生能够正确使用相关词汇、短语和句式，写一封关于野生动物保护的书信，并能将语言知识、文化知识等迁移到其他写作任务中。

中级目标：

增强学生的语篇知识，使学生能够使用连接性词语、指示代词、词汇衔接等语言手段建立篇章的逻辑关系，根据语篇的文本特征选择相应的词汇和语法结构，正确使用正式语或非正式语，从而掌握书信的语篇结构知识以及正式书信的文体特征。

高级目标：

提高学生的环保意识，增强学生保护环境、保护野生动物的责任和义务感。

3. 写作教学内容

这一单元的主题语境为“人与自然”，主题群是“环境保护”，具体语境为“野生动物保护”。本部分教学首先通过播放视频材料让学生了解人类对野生动物杀戮的现状，思考野生动物的灭绝原因，进而引导学生扩展思维，从而顺利过渡到对动物濒临灭绝的原因的讨论，为下一部分的写作教学做出铺垫。在写作中教师可以通过图片展示、视频播放的方式引入主题，通过讨论的方式激活学生的大脑中和野生动物保护相关的图式以及语言表达，最后在讨论的基础上引导学生进行写作。教师在教学中设计学习理解类活动以及应用实践类活动，在活动的开展中凸显体裁分析方法，分析书信文本，培养学生的语篇意识，使学生认识书信的语篇模式以及建议信的语言特征，并在写作中体现书信的语篇特征，从而完成写作教学内容。

4. 教学过程

(1)开展学习理解类活动。

教师以课程内容六要素中的主题语境为引领，设计能够培养学生理解性技能的学习活动，引导学生基于语篇，对语篇主题意义进行探索以达成深入理解写作主题的目的，使学生在探索主题意义的同时积累素材，为写作打好基础。具体的步骤为：

第一步，建构主题语境，引出话题。

教师展示野生动物被残害以及野生动物保护的视频，将学生带入“动物成长”和“动物保护”的主题语境，引导学生理解视频中隐藏的野生动物保护的主题意义，引出写作话题。视频中人类对野生动物的屠杀场景的直观再现，引起学生对于野生动物现状的关注和情感共鸣，激发学生保护动物的欲望。

教师向学生提问：

What do you know about endangered animals? Why are these animals endangered?

此活动通过问问题的方式创设语境，引出主题，激活学生的相关背景知识及已有的语言知识，并让学生形成写作期待。在讨论的过程中，教师有意识地引导学生使用本单元已学词汇和短语，包括：protection、secure、die out、pay attention to、arouse people's interest、wildlife protection、animal extinction……

第二步，开展“基于语篇”的学习理解类活动。

学生通过阅读关于濒危野生动物生存现状的英语短文，提取和梳理这些动物生存现状的共性信息。

(2)开展“超越语篇”的迁移创新性活动。

教师引导学生以小组讨论的形式分别从食物、环境、人类活动等方面探讨野生动物濒危的根本原因，梳理并分享观点，使学生意识到人类给动物生存带来的挑战，反思人类的行为。

教师引导学生进行深层次思维活动。教师向学生提问：

What will you do to save them?

教师给出一些有用的短语和句式：

I'm going to...

I feel like...

围绕这一话题，学生展开讨论。

教师引导学生对话题进行论证，发挥想象，创作新的语篇。

教师向学生呈现书信范文，提示写作要点，学生阅读后进行模仿写作。要点包括：

文体：写作中应注意书信的常规格式，正确选用合适的书信开头和结束语。

主体时态：以一般现在时为主。

主体人称：建议信旨在向 WWF 提出自己的动物保护建议，所以用第一人称。

内容要点：说明主题，分条列出建议，写出期望。

作文谋篇布局时应注意以下事项。

第一，交代清楚具体的谈论对象，说明建议保护何种动物以及提出建议的原因。

第二，针对该动物目前所面临的问题提出自己的建议措施。注意各条建议措施要表达清楚，可进行必要的细节说明，使得建议易于理解，便于操作，达到较好的语言交流目的。

第三，书信主体部分末尾应再次向对方表明自己的期待和感激之情。

第四，该部分的写作任务与课堂讨论密切相关，文章内容是基于讨论的结果。所以，学生在整理写作思路时应该充分吸收讨论结果，重新加工语言材料，促进英语口语和书面表达能力的共同提高。

具体的语篇结构如下：

第一段：提出要反映的问题，开门见山，直奔主题。

第二段：按照顺序，分析要反映的问题产生的原因。

第三段：结尾提出自己的要求以引起关注。

5. 案例点评

新课标指出，所有的语言学习活动都应该在一定的主题语境下进行，而学生对主题意义的探究是学生学习语言的重要部分。因此，此次写作课分两步进行，第一步主要涉及学习理解类活动，通过播放音频、图片分享与讨论以及问问题的方式创设情境，调动学生已有的和该主题相关的经验和知识，以解决问题为目的，启发学生深入思考，从而引入本写作课的主题。教学第二步涉及的活动主要为“深入语篇”的迁移创新类活动，基于学生对话题的讨论，引导学生对话题进行论证，发挥想象，创作新的语篇。这个部分可以借鉴体裁教学法。教师向学生阐释书信的文体特征、语篇特征，这有助于培养学生的语篇意识，使学生正确组织文章结构，在写作时有模板可循。整个写作教学既关注写作过程，又关注写作的最终成果，能够有效提升学生的语言表达能力和思维能力。

案例二：凸显语篇知识的英语写作教学——以“奥运会”话题为例

1. 写作来源与教材分析

本节写作课的要求是写一封申请信，来自高中英语人教版必修二(2007)第二单元。本单元的主要话题为“奥运会”(The Olympic Games)。在阅读部分，作者虚拟了一个采访，采访内容主要涉及奥运会的时代变迁，讲述了不同时代奥运会的不同之处。通过学习，学生能够了解奥运会的基本知识以及古今奥运会的异同，在学习过程中体会“奥运精神”的实质，更加关注奥运会。写作部分要求学生写一封申请信，在信中表达自己想当奥运会志愿者的愿望。

2. 写作教学目标

初级目标：

学生能够运用自己的词汇知识、语法知识，以及利用过渡语和连接词等语篇知识，领会申请信的语篇特征，有条理地组织段落，写一封奥运会志愿者申请信，清楚、顺畅表达自己想当奥运会志愿者的愿望。

中级目标：

学生能够充分体会到何为“奥运精神”，并在申请书中体现出这一点。

高级目标：

学生对体育运动产生热爱之情。学生的学习能力得到培养，学生的认知策略得到训练，学生的写作兴趣得到提高。

3. 写作教学内容

本节课的主题是阅读部分的进一步拓展。学生对2020年东京奥运会已经有所了解，对做奥运会志愿者有较强的渴望，对书写志愿者申请信具有动力和兴趣。本次写作教学分为导入、范文展示、申请信写作三个阶段。教学将开展学习理解类活动，通过建构主题语境的方式，激活和奥运会志愿者相关的知识和信息；开展应用实践类活动，以语篇知识为主线，欣赏和探讨书信文本的语篇特征，深化学生对此类文本特征的认识；开展迁移创新类活动，让学生写一篇奥运会志愿者申请信。

4. 教学过程

本节课的教学设计主要从范文赏析、归纳过渡语和连接词的使用、词句的修改润色和学生思维生成几个方面着手。具体步骤如下。

(1)导入环节。

教师通过问问题的方式布置任务，建构主题语境。教师让学生讨论2020年东京奥运会金牌得主的情况以及奥运会志愿者需要具备的品质，如：

Talk about the well-known athletes who won gold medals in Tokyo Olympic Games in 2020. And what qualities do you think a volunteer should have? How much do you know about the Olympic Games?

该活动凸显了学科内容六要素中的主题语境，具体为主题语境中的“体育活动、大型体育赛事、体育与健康、体育精神”。在讨论的过程中，学生大脑中关于奥运会、体育文化、奥运文化、体育赛事的背景知识得以激活。同时，在该活动中学生使用相应的词汇知识、语法知识表达自己的思想，为之后的写作活动累积了语言材料。

(2)教师展示一封申请信，让学生讨论申请信的文本特点，教师进一步做出总结。

这个活动以课程内容六要素中语言知识中的词汇、语法、语篇知识为切入点，鼓励学生基于语篇开展应用实践类活动，对语篇进行分析，深刻理解语篇，发现语篇特征，深化对书信文本的语篇特点的认识。学生讨论后发现，申请信有固定的结构，包括称谓、正文和落款；申请信的主要内容需要包含写信目的、自我介绍以及心愿；申请信的语篇结构包括段落之间以及句子之间的连贯手段等；申请信具有一定的文体特征，如常使用比较正式的词汇等。

(3)教师让学生完成申请信的写作任务并进行讨论。

写完作文之后，教师让学生互相交换作文，从结构、语法、内容三方面进行评析，有错误的地方要标出并修改。教师随机选取两名学生向全班分享自己的作文，并让学生举手表决哪个是最有希望成为奥运会志愿者的人。这一环节能够让申请信得到实际应用，并能提高学生的写作积极性。

设计意图：此部分以语篇知识为主线，超越语篇，开展迁移创新类活动。教师在活动设计中，根据活动的需要和学生的水平，要求学生写出申请信，在论证分析和想象创造的过程中，学生的语言综合运用能力得以提高。

5. 案例点评

首先，教师通过引导学生谈论 2020 年东京奥运会，激发学生对奥运会的热情和参与奥运会的兴趣，增强本课写作主题的代入感。其次，教师通过谈论奥运会志愿者应该具备的品质和能力，引发学生对做奥运会志愿者这一问题的思考，为接下来书写奥运会志愿者申请信做铺垫。再次，教师提供志愿者申请信范文，使学生清楚地了解申请信的结构，以及如何通过过渡语和连接词来有效地组织段落，增强学生清楚有条理写作的意识。最后，教师让学生互相评价作文，帮助学生积累好词好句，并且激发学生学习英语的兴趣。本节课教学目标难度适当，有梯度性，主题代入感强，重难点完成和突破有效。同时，本节课提高了学生评价和欣赏写作文本的能力，促进了学生批判性思维的发展，增强了学生合作学习的意识和能力。

案例三：基于英语学习活动观的英语写作教学——以“文化”话题为例

1. 写作来源与教材分析

本教学案例来自人教版高中英语必修三（2020）第三单元“多元文化”（DIVERSE CULTURES）的“以读促写”（Reading for Writing）部分，该单元的主题语境是“人与社会”，话题为“文化”。写作部分的任务是“描述一个具有独特文化特征的地方”（Describe a place with distinctive cultural identity ）。本课的阅读材料重点介绍了颇具中国文化特色的唐人街，其目的是向读者展示中国文化以及中美文化融合下的唐人街风貌。唐人街是中国文化传播的重要窗口，是海外华人的精神家园，也是外国人能够在美国亲身体验中国文化的一个地方。本文阅读部分的标题是“欢迎来到唐人街”（Welcome to Chinatown），文章采用“导言—主体—结论”的结构，描述了唐人街居民、语言、建筑、商业、著名的食物以及居民的日常活动，这些独具中国文化特色的元素展示了独特的魅力。通过学习阅读部分，学生能够达到以下学习目标：第一，提高语言能力，包括掌握核心单词 climate、mild、settle、construction、material、suit 以及阅读文章中的重点句式和表达；第二，培养文化意识，能够了解文化多样性，尤其是旧金山乃至美国的多元文化，分析文化多样性带给人们的益处和挑战；第三，提高思维品质，熟练运用本单元的词汇和语言表达以及合理的学习策略解决本单元的文化现象，流畅表达与文化多样性相关的现象与观点；第四，提高学习能力、问题分析和处理能力，认识美国乃至全球的多元文化现象，思考如何应对文化多样性带来的益处和挑战。本部分的写作任务要求学生在读完该阅读材料后，写一篇介绍自己家乡的文章，在写作中能够将阅读学习中所获得的知识有效迁移至写作活动中。

2. 写作教学目标

初级目标：

使学生能够学会通过快速阅读的方式来获得阅读部分的中心思想的方法；通过阅读语篇的学习，学生能够深入了解中西文化交融下的唐人街，并能洞悉中西方的文化差异和文化交融，了解文化多样性，从而增强学生的跨文化交际意识。

中级目标：

使学生能够使用所学词汇、语法和语篇知识成功完成一篇介绍自己家乡的文章。

高级目标：

使学生在跨文化交际的视域下，通过文化比较发扬爱国主义精神，强化传播中华优秀传统文化的意识。

3. 写作教学内容

本课教学内容主要包括两个部分：阅读和写作。本节课以读促写，先进行阅读教学。在阅读部分，教师带领学生学习“欢迎来到唐人街”(Welcome to Chinatown)这篇文章，让学生领略唐人街的多元文化特点，同时习得介绍一个地方的相关词汇、语言、语篇等语言知识。教师引导学生归纳本阅读语篇的语言、结构特征之后，要求学生使用所学知识写一篇介绍自己家乡的文章。在写作部分，教师通过引导学生写摘要、列出有用的单词和短语、写句子、写文章来完成写作教学任务。

4. 教学过程

Activity 1：引入。

Lead in—Small talk

There are many Chinatowns across the United States. Among them Chinatown in San Francisco is the oldest and largest. In history, a lot of Chinese immigrants migrated into northern California in search of fortune and work. How much do you know about Chinatown of San Francisco?

Chinatown is a main living place for Chinese immigrants where you can see many Chinese-style buildings, costumes, operas, restaurants, music and even hear Chinese.

此活动为基于语篇的学习理解类活动，通过简单的师生对话以及小组讨论，激活学生大脑中有关 Chinatown of San Francisco 的内容，从而引入本课的话题。此活动以课程内容六要素中的主题语境为引领，设计能够培养学生理解性技能的学习活动，促进学生深入理解主题意义。基于语篇，学生展开小组讨论，创设语境，引出主题，激活相关背景知识及已有的语言知识，并形成写作期待。在讨论的过程中，学生可能会使用以下单词和短语：diverse、fortune、spicy、downtown、mission、district、afterwards、historical、immigrant、minority、claim、occur 等。

Activity 2：读前活动，预测文本内容。

教师向学生提问：

What is the writer's purpose of writing this text?

学生回答：

From the title *Welcome to Chinatown* and some key words such as *tourist*, *visit*, *visitors*, *experience* from the text , we can know the purpose of the text is to introduce Chinatown and show the relationship between Chinese culture and American culture. The writer tries to show us cultural diversity, which is a very unique feature of Chinatown.

此活动为迁移创新类活动，学生基于对文章题目和文章大意的理解进行分析与判断，发掘语篇中所体现的价值取向和作者的态度，从而加深对文章主题意义的理解，形成正确的文化价值观，在写作中能够建构新的知识结构，提高自己的文化素养。

Activity 3：读中活动。

①Scan the text and summarize the main idea of each paragraph.

Para 1. The characteristics of Chinatown

Para 2. The origin of Chinatown

Para 3. The history of Chinatown

Para 4. The introduction of Chinatown's shops and products

Para 5. The famous food in Chinatown

Para 6. The value of Chinatown

此活动为学习理解类活动，以解决问题为目的。通过阅读，学生从语篇中获得知识，并能够梳理、概括、整合信息，感知并理解语言所表达的意义和语篇所承载的文化价值取向。同时，学生的快速阅读能力得以提高。

②Read the text and answer the following questions.

Q1：What are the famous tourist sites in Chinatown of San Francisco?

Dragon Gate, Tin How Temple, Bank of Canton, and Portsmouth Square.

Q2：Which is the best season to visit the Chinatown in San Francisco?

All year round.

Q3：What else can you do there?

We can explore the interesting sights, experience traditional Chinese culture, go shopping, eat Chinese food, and so on.

此活动为学习理解类活动。活动通过设置具体的问题，让学生带着问题去阅读，从语篇中获得知识。在寻找答案和形成表达的过程中，学生梳理、概括、整合信息的能力得以提高，从而达到深度解读文章，获取语言知识、文化知识的目的。

教师引导学生剖析文章结构，发现文章的文本特征，归纳、总结介绍一个地方时需要关注的主要内容。

教师向学生提问：

In introducing Chinatown, what information is included in the text? What are the items the writer focuses on?

学生回答：

The write focuses on the introduction of location, climate, history, ethnic groups, languages, famous figures, famous food, tourist attractions, business and industries in Chinatown. The specific information are:

Location: In San Francisco.

Climate: Mild all year round.

History: Chinese immigrants settled in the area during the railroad construction and gold rush period.

Ethnic groups: The majority of residents in Chinatown are still ethnic Chinese.

Languages: Many of whom do not speak English fluently.

Famous figures: Robert Louis.

Famous food: Traditional dishes from all over China.

Tourist attractions: Dragon Gate, Tin How Temple, Bank of Canton, Portsmouth Square.

Business and industries: Souvenirs, goods and clothing; all kinds of traditional Chinese herbal medicine; Chinese tea stores.

此活动为应用实践类活动，通过深入学习语篇，学生对语篇内容进行提炼，对所获得的知识进行分析与判断，对文章的要点进行归类，达到对语言知识和文化知识内化与运用的目的，将知识转化为能力。通过完成此活动，学生能够对介绍景点的文章的写作要点有所了解，为写作打下基础。

Activity 4：读后活动。

Q: How does the writer develop his writing? How many parts is the text divided into? What is included in each part?

此活动为应用实践类活动，要求学生深入语篇，对文章结构进行分析，对文章的内容进行提炼，并建构语篇的发展脉络与轴线。通过写总结的方式，学生可以加深对语篇的理解，并获取一定的语篇知识，达到知识内化与运用的目的。

①General Introduction to Chinatown

Location：In San Francisco

Tourism：A popular tourist draw

Climate：Mild all year round

②Detailed information of Chinatown

History：

Settlement of Chinese immigrants during the railroad construction and gold rush period, the earthquake in 1906.

Tourist Sites：the legendary Dragon Gate, the Tin How Temple, Bank of Canton and Portsmouth Square.

Business：Varieties of souvenirs, goods, and clothing in the store.

Food：Chinese food to suit everyone's taste, with traditional dishes from all over China.

③Conclusion

Chinatown culture is an important part of the diverse cultures of the USA.

Activity 5：读后写作：写一篇介绍自己家乡的文章。

任务一：写提纲和有用的表达。

Para. 1 ：General Introduction to my Hometown

Location：

be located in/on...

be situated in...

Population：

be populated by...

has a population of...

History：

has a history of...years

enjoys a long history

Para. 2 ：Detailed information

Climate：

There are four distinct seasons.

Hot, mild, windy, dry, rainy, cold...

Ethnic groups：
ethnic minority
ethnic diversity
Languages：
dialect
ethnic language
famous figures：
legends
It is said that…
Famous food：
traditional food/delicacy
tourist attractions
local specialty
be home to…
be famous for…
Para. 3：Conclusion
welcome to my hometown…

任务 2：写作。

此活动为超越语篇的迁移创新类活动。教师通过引导学生列出文章框架，总结有用的词汇和句式，为学生的写作提供素材。教师通过写提纲的方式激发学生的想象力与创造力，在帮助学生厘清写作的框架和思路的基础上，鼓励学生发挥想象，创建“我的家乡”这一新的主题语境，并让学生合理利用已学知识，建构新的关于“我的家乡”的知识结构。通过梳理文章“我的家乡”的概要，学生在问题的引导下进行积极的发散式思考，为理性、准确表达自己的观点、情感和态度，写出一篇成功的文章做好铺垫。

任务 3：和同伴交换作文，互相评价。

此活动为迁移创新类活动。对同伴的文章进行批判与评价可以培养学生赏析他人文章的能力。学生在向他人学习的同时也能取长补短，进行反思，达到深度学习的目的，提高自身的写作能力。

5. 案例点评

本次写作教学分为阅读和写作两个部分。在阅读部分，教师通过引入、问问题的方法引导学生预测文章内容，总结每一章节的大意，剖析文章结构、发现文章语言特征，深入理解阅读材料中心思想，正确辨析文章基本语篇结构。

在写作阶段，教师通过引导学生列出文章框架，为接下来的写作奠定基础；之后，教师又展示与写作主题相关的词汇和句子，引导学生借鉴相关表达，完成介绍自己家乡的说明文。在阅读和写作阶段，不同层级的活动能够帮助学生有效掌握阅读技巧，写出一篇合格的作文。

案例四：英语活动观指导下的英语写作教学——以“宇宙探索”话题为例

1. 写作来源与教材分析

本教学案例的写作任务来自人教版高中英语必修三(2020)第四单元的“以读促写”(Reading for Writing)部分。本单元的主题语境为“人与自然”，话题为“宇宙探索”。通过本单元的学习，学生可以了解人类不断探索太空的历史，熟知太空探索史上具有划时代意义的重大历史事件，学习从事太空探索的科学家和航天英雄们在探索太空奥秘过程中不畏艰难、勇于奋斗、甘于奉献的精神，从而增强他们的探索精神和谋求人类和平与发展的意识。众所周知，航空航天科技与人们的生活密不可分，航空航天科技的发展对人们的生活产生了深远的影响，社会发展也受益于航天科技的发展。然而，任何一种科技都是双刃剑，我们应该正确对待并合理利用航天科技。鉴于此，本节写作课上，学生需要在阅读文章的基础上写一篇题目为“Space Exploration-Is Exploring Space A Waste of Time and Money?”的议论文，论述太空探索的价值。学生应该在阅读课文的基础上，获得关于太空探索的知识，并将相关知识迁移到写作之中，正确表达自己的观点。

2. 教学目标

初级目标：

使学生掌握关于天文、太空探索的词汇及相关语法知识；了解世界太空探索历史以及科技的发展对现实生活的影响；增强学生对天文学知识的理解，并了解人类探索太空所面临的困难；获取阅读文章中作者对“探索太空是否浪费时间和金钱”的观点。

中级目标：

使学生撰写一篇议论文，表达自己对“人类是否应该探索太空”这一话题的观点，分析并归纳、总结议论文的结构和语言特点。

高级目标：

使学生获得思辨能力和独立思考能力，学会权衡利弊。

3. 写作教学内容

本次写作课包括阅读和写作两个部分。阅读文本属于议论文，作者就“探索太空是否浪费财力”这一话题阐释自己的观点。在阅读部分，教师开展学习理解类活动，通过问问题、归纳文章段落大意等方式让学生理解文章大意。开展应用实践类活动，引导学生发现文章结构特征和用语特点，对作者的观点进行反思，形成自己的判断。在写作部分，教师以读促写，开展迁移创新类活动，将在阅读中所学知识正确、有效地迁移至写作活动中。

4. 教学过程

Activity 1：引入话题。

教师根据教材图片提出问题，学生看图片回答问题。

What can you see in the picture?

Where do you think the picture was taken?

Why do people take such pictures from space?

Do you think exploring space is a waste of time and money?

教师通过就图片内容向学生提问的方式创设情境。第一个问题结合图片主题，激活学生先期相关知识。后三个问题围绕图片主题提出问题，启发学生进行思考，做到了描述与阐释、分析与判断的融合。最后一个问题创设了新的语境，有助于帮助学生形成新的知识结构，顺利导入阅读和写作的主题，实现知识的创新。问题的提出促使各个学习活动层层递进式地展开，为引出写作主题“Is exploring space a waste of time and money?”做好了铺垫。

Activity 2：阅读文章。

教师提出问题，学生看文章标题，预测文章内容。教师引导学生预测文章体裁。

Judging from the title, what do you think will be included in the passage?

What kind of text is it?

How does the writer express his opinion on space exploration?

设计意图：教师以提问方式引导学生通过对文章题目和插图的审视预测文章的体裁和内容，有效形成阅读预期。提前预知体裁知识为学生的阅读提供了基本的框架。

教师让学生回答以下问题。

Q：What's the main purpose of this essay?

It is to present an idea that exploring space has helped us in many ways.

Q：What's the author's point of view on this issue?

Exploring space provides the world with many different benefits. It is not a waste of time and money.

Q: Why are some people against space exploration?

They think space exploration is a waste of time and money. We should feed the world's poor and find immediate solutions to other problems, such as pollution and fatal disease.

Q: What has space exploration done for food production?

Space-based science has helped farming in its efforts to grow enough food to feed Earth's increasing population.

Q: What did the pictures of Earth from space make people realize?

Seeing pictures of our planet as an island in a black sea made people realize that our planet's resources are limited.

Q: How does space exploration benefit the products that people use nowadays?

Space technologies are widely used in all kinds of industries. It has helped the research and development of different types of new materials.

此活动为基于语篇的学习理解类活动。此学习活动聚焦于对语篇主题意义的探究，通过提问的方式，引导学生正确获取、梳理、概括、整合文章信息。学生在寻找答案和回答问题的过程中达到获取新知的目的，为后面的写作打下基础。

教师引导学生深度理解语篇，学习文章的语言特点。

①Sum up the main idea of each paragraph.

Para. 1: Different opinions about space exploration.

Para. 2: Exploring space has made a difference in the fight against world hunger.

Para. 3: Space exploration has already promoted technological improvements that benefit us.

Para. 4: Sending astronauts into space has helped people to think about the world's problems and even to find ways to solve them.

Para. 5: Exploring space provides the world with many benefits, so it should continue.

②Read the first paragraph and underline the different opinions about space exploration.

③Find the three topic sentences that summarize the writer's arguments about space exploration.

④Underline the sentence that repeats the writer's opinion in the last paragraph.

设计意图：此活动为深入语篇的应用实践类活动。在完成任务的过程中，学生对语篇内容进行描述和阐释，对各段落大意进行总结概括，发现作者的观点和态度，发现文章各段落的结构特征。通过这样的方式，学生实现对语篇的深度理解，并获得相关的语篇知识，洞悉作者的观点和态度，在此基础上形成自己对太空探索是否值得的认识。

Activity 3：写作。

教师引导学生归纳文章结构。

Part 1：Para. 1

Different opinions about space exploration.

Some people argue that we should stop exploring, while others feel this is a shallow view.

Part 2：Para. 2 to Para. 4

Different benefits of exploring space.

Para. 2：It has made a difference in the fight against world hunger.

Para. 3：It has promoted technological improvements.

Para. 4：It helps people think about the world's problems.

Part 3：Conclusion

上述活动归纳了文章结构，为即将展开的议论文写作铺设框架，学生可以借鉴阅读语篇的结构开展作文写作。此活动为应用实践类学习活动，层层深入，通过描述与阐释、分析与判断等语言活动，融语言、思维、文化为一体。教师引导学生用结构图梳理文章结构，引导学生归纳、总结议论文文章结构特点。通过完成此项任务，学生对文章的基本框架有所掌握，通过借鉴文章，也为自己的写作打下基础。

让学生用所学知识写出对太空探索的看法。

①State your opinion about space exploration.

For space exploration：

It is necessary to find a new home for people in space, as the resources on Earth will run out.

Exploring space encourages scientists to improve technology that can help people in other ways, too.

Against space exploration:

There are a lot of unsolved mysteries on Earth. So why are we going into space to explore?

I can't understand spending all this money on expensive research and experiments when so many people need food.

②Draw an outline of your writing and list the useful words and expressions.

Beginning: show your idea.

Different people look at the question in different ways.

I hold the belief that...

I don't agree with the idea that...

I strongly believe that...

I hold the view that...

Exploration of space is necessary...

Body: support your idea with detailed arguments

My reasons are as follows...

Exploring space has promoted the development of...

Space exploration benefits farming...

There are many advantages in exploring space.

First...

Second...

On the one hand...

On the other hand, the rest of the people...

Ending: conclude your idea.

In conclusion...

To summarize...

In summary...

I think we should spend more time and money exploring space...

③Use what you have learned to express your opinion on space exploration.

设计意图：此活动为迁移创新类活动，包括三个次活动。在完成了上一个活动之后，学生对议论文的结构有了进一步的了解，积累了多种表达和句式，能够在课后更加顺利地完成议论文的写作。前期对文章结构的铺设能够协助学生建构写作文本发展脉络，学生在此脉络的指引下可以运用已有知识有效展开思维，开展写作。学生通过讨论，在新的语境中，基于新的知识结构综合运用语言技能，进行多元思维，理性表达观点、情感和态度，实现深度学习。通过完成写作任务，学生能够将课堂上所学习的议论文的结构框架，以及与主题相关的词汇和句子，运用到自己的作文中。教师可据此检测教学目标是否达成。

教师引导学生开展同伴互评。

Does the introduction state the topic?

Does the introduction express different opinions about the topic?

Does the body give arguments with suitable supporting information?

Does the closing express the writer's opinion and end properly?

Are there any grammar, spelling, or punctuation errors?

5. 案例点评

本节课通过展示图片、阅读文章、回答问题、建构写作大纲、小组讨论、同伴互评等多种方式，将不同的学习活动科学有效地运用于写作教学之中。首先，基于图片以及阅读材料进行提问的方式创设的情境比较真实，能够与学生已有的知识和经验建立紧密联系。其次，学生之间的讨论能达到对信息的获取与梳理、概括与整合、内化与运用。最后，各类活动互相穿插、循序渐进，遵循从理解到应用、从分析到评价的顺序，能够保证学生的思维由低阶向高阶稳步发展，例如，作文大纲的铺设能够帮助学生科学建构思维主轴；例句等语言素材的呈现能够引导学生选择恰当的语言形式，确保写作用语的得体性。

案例五：英语写作教学——以读促写法

1. 写作来源与教材分析

本写作教学案例来自人教版高一英语必修三（2020）第一单元以读促写（Reading for Writing）部分，主题为“节日和庆祝”（FESTIVALS AND CELEBRATIONS），该板块的主题是“写你的节日经历”（Write about your festival experience）。该板块包含两个部分：阅读和写作。本节课要求学生阅读一篇题为“My Amazing Naadam Experience”的文章，在充分领会阅读语篇大意，识别阅读语篇中的文本结构以及语篇特征之后，引导学生进行仿写，叙述自己的节日或庆典经历。通过阅读，学生能够了解蒙古族的传统节日那达慕大会，感受那达慕大会的节日氛围，并对蒙古族文化有所了解，提升学生对少数民族文化魅力的感知力。通过写作，学生能够掌握日记以及游记的语篇特征以及文体风格，表达自己的思想，实现知识的有效迁移。

2. 写作教学目标

初级目标：

学生能够领会阅读材料的语言特色，发现游记的语篇结构特征和文体特征，掌握描述假日经历所使用的词汇和表达，并能在写作任务中正确运用语言知识，创造性地内化和运用已学语言知识。

中级目标：

学生能够根据现实生活经验表达自己的意见和看法；能够写记录自己节日经历的日记。

高级目标：

学生能够提高自身的文化意识，探究、了解不同民族节日文化的兴趣；能够欣赏不同民族、不同文化的特色。

3. 写作教学内容

本写作课包括阅读教学和写作教学两个部分，在教学中需要读写结合，以读促写。阅读材料"My Amazing Naadam Experience"讲述了作者在内蒙古那达慕大会上的旅行经历，是一篇典型的游记。教师引导学生在阅读中感悟节日和旅行带给人们的愉悦。学生在阅读过程中能够欣赏作者的语言特色，体会作者观察分析、遣词造句、布局谋篇的方法，领会作者想要表达的思想。学生通过直接接触和节日相关的阅读材料，获得语言知识和文化知识。在阅读的基础上，学生可以进行仿写和续写。阅读材料和写作内容之间存在一些空缺，学生可以根据自己的个人生活经验，结合具体的语境，发挥自己的想象力和创造力，将所学知识具体化，写一篇记叙自己节日经历的文章。

4. 教学过程

Activity 1：教师让学生快速阅读语篇并回答问题。

Read the diary entry quickly and answer the four questions .

What does "Naadam" mean? Which events does it include?

What Naadam Festival customs did you learn about?

What in your opinion is the most impressive thing about the festival?

What else would you like to know about the festival and writer's experience?

Suggested Answers：

Naadam means "games" in Mongolian, and it includes three events：horse racing, wrestling and archery.

Wrestling and horse racing.

The horse racing is the most impressive, as the riders are boys and girls.

I would like to know something about traditional Mongolian food and Mongolian tent.

设计意图：此活动为学习理解类活动。作为写作的第一步，此活动以读促写。通过仔细阅读和写作主题相关的语篇，学生能够进一步了解旅行日记的内容，为写作奠定基础。通过感知语篇中语言表达的意义以及所承载的文化价值，形成新的认识。在这一环节，学生阅读日记，教师基于当前文本提出相关问题，学生通过对和写作主题相关的阅读文章的学习激活已有的背景知识，积累相关词汇、语法等语言知识以及文化知识。教师在学生的已有知识和语篇之间建构认知桥梁，从而激发学生进一步探索语篇、建构新的语篇的兴趣。

Activity 2：教师引导学生分析语篇，并改写句子。

引导学生深度理解语篇，学习文章的语言特点。

Organization of the text：

Para. 1：

Opening paragraph of the text：when，who and what

Para. 2 to Para. 3：

Main body of the text：the author's holiday experiences

Para. 4：

Ending：the author's feeling about the holiday

Language features of the text：

I experienced…in…

The festival falls on…

It is represented by…

On the first day…

After the opening ceremony…

I absolutely enjoyed…

引导学生参考以下句式改写句子。

This was my first time spending … and it was an enjoyable and exciting experience for me.

I'll never forget…because…

I'll always…because…

Suggested answer：

This was my first time spending three days experiencing the Naadam Festival in China's Inner Mongolia Autonomous Region and it was an enjoyable and exciting experience for me. I'll never forget my experience at the Naadam Festival because it was my first time to watch the exciting Mongolian games of horse racing, wrestling, and archery so closely. I'll always remember my first experience at the Naadam Festival in China's Inner Mongolia Autonomous Region because it was an enjoyable and exciting experience for me.

设计意图：此活动为应用实践类活动。教师引导学生在感知和理解语篇意义的基础上，深入语篇，对文章进行阐释和分析，并基于对意义的准确把握发挥主观能动性改写句子，实现语言知识的内化，为写作变换句式打下基础。第一个活动深入文本，使学生对文本中的有用结构进行提炼和总结，实现知识的内化；第二个活动能够激起学生深层次探索语篇知识的兴趣，让学生对日记的语篇特征有所了解，为下一步语言知识在写作中的有效迁移做好准备。

Activity 3：教师提出问题，引导学生分析日记的文本结构，思考如何描述节日体验。

What should be included in the opening/body/closing paragraph(s)?

How did the writer arrange his/her ideas?

What kind of interesting details did the writer describe?

How did the writer describe his/her feelings/emotions during the event?

此活动涉及获取与梳理以及概括与整合两个活动。以所阅读的语篇为基础，教师引导学生进一步分析文章的内容，概括、整合、梳理文章结构，发现旅行日记文本的语言特征，总结有用的表达方式，为在写作中运用此类语言知识打下基础，为应用实践类活动提供有效的输入。

Activity 4：再一次阅读文章，引导学生找出描写作者感受和情绪的短句。

Suggested answers:

...horse racing, wrestling, and archery, which are all so exciting to watch.

some amazing performances

I was surprised to see...

I was a little worried about...

I absolutely enjoyed the archery, too, but the horse races were my favorite part.

I'm finally back home now, feeling really tired, but celebrating Naadam with my friend was totally worth it.

I can't wait!

设计意图：此教学活动包括获取与梳理以及概括与整合两个活动任务，此项任务帮助学生积累一部分表达方式。学生在获取相关表达之后进行知识的分类与概括，达到知识深度加工的目的，为知识的内化奠定基础。

Activity 5：教师引导学生用所学知识写一篇最近经历的节日或庆祝活动。

Draw an outline：

The topic and my feeling

How I prepare for the festival/celebration

The festival/celebration activities

A summary of my festival/celebration experience

设计意图：此活动为迁移创新类活动。学生在深入阅读学习文本的基础上，进行梳理和总结，整理有用表达，在完成写作任务的过程中开展深度学习，促进已经获得的能力向素养转化。在前面的活动中，教师通过设置问题等方式帮助学生在阅读文本时获取了旅行日记的语篇结构、文本内容、语言特征等关键信息。写作活动的开展，激发了学生的想象力和创造力，使学生自主使用并内化词汇、语篇等语言知识。

5. 案例点评

此写作教学案例以阅读语篇为依托，以读促写，引导学生关注阅读主题意义，以此建构主题语境，并将阅读学习中所获得的知识迁移至写作中。本次教学，教师通过学习理解、应用实践、迁移创新等一系列活动教授语言知识与文化知识，引导学生学习。第一，教师引导学生通过阅读文本，有效提取信息，探究旅行日记的基本结构和内容。第二，教师引导学生梳理、概括和使用表达个人旅行经历的句法表达以及语言特征。第三，教师引导学生运用本课所学目标语言写旅行日记，回顾主题意义。第四，教师引导学生开展小组讨论和同伴互评活动，进行批判与评价。以上教学内容既强调学习的过程，又体现学习的结果；既可操作又可达成，还可评价。

案例六：以完成任务为驱动的英语写作教学——以“音乐”话题为例

1. 写作来源和教材分析

本教学案例来自高中英语人教版必修二（2020）第五单元的以读促写（Reading for Writing）部分。本单元主要话题为“音乐”，主要讨论音乐的种类、音乐在人们生活中的作用、如何组建虚拟合唱团、如何筹划一个音乐节等内容。在写作部分，学生需要在学习范文的基础上写一篇演讲稿，在演讲中阐释音乐在人们生活中所发挥的作用。本单元的语篇类型包括记叙文、演讲等。通过学习，学生可以习得和音乐相关的语言知识和文化知识，认识到音乐对我们生活的正面作用。本单元的作文任务是写一篇名为“How Does Music Change One's Life?”的演讲稿。

2. 写作教学目标

初级目标：

学生能够通过本课的学习，掌握和“音乐如何改变人的生活”这一话题相关的词汇、语法、语篇知识，运用语言表达自己关于“音乐改变人的生活”的观点。

中级目标：

学生能够以写一篇题为“音乐如何改变人的生活”的文章为契机，理解音乐在生活中所发挥的积极作用，提高自身的英语写作能力，在完成写作任务的过程中培养语言交际能力。

高级目标：

培养学生能够形成合作学习的能力，产生写作兴趣，强化自身的英语学习动机，形成良好的学习风格。

3. 写作教学内容

本单元的主题语境为“人与社会”，主题群是“音乐”，具体的主题语境为“音乐如何改变我们的生活”。本教学分为阅读和写作两个部分。首先对阅读语篇的学习让学生了解音乐对人的治愈功能，为下一部分的写作教学做了铺垫。在写作中教师可以设计若干环环相扣的任务，通过图片展示、视频播放的方式引入主题，通过讨论完成任务，激活相关事件图式以及相关表达，最后引导学生进行写作。写作教学按照任务前、任务中、任务后三个步骤进行。任务前阶段为写前阶段，教师引导学生通过任务的设置和完成引入当前写作话题。任务中阶段为正式写作阶段，教师引导学生识别演讲稿的文体风格、篇章结构，并指定写作大纲，让学生进行写作。任务后阶段为写后修改阶段，教师引导学生以小组为单位对组员的作文进行评估，提出修改意见，组员根据意见进行修改。

4. 教学过程

Activity 1：写前阶段。

写前准备。教师引入话题，分别播放欢快、庄重、轻柔的音乐，之后，向学生提问“这段音乐让人想起什么，这段音乐给人带来什么样的感受”，让学生分组讨论，阐释自己的观点。进而教师引入本节课的写作话题“音乐如何改变人的情绪，音乐如何改变人的生活”。

小组讨论。学生四人一组，就音乐的种类、音乐的功能、不同乐器的特点、音乐的发展历史等话题搜集相关信息。教师应鼓励学生使用网络查找相关信息，为写作任务的完成储备充足的知识资源。

个人展示。每个组员向小组成员阐释自己对音乐的种类、音乐的功能、不同乐器的特点、音乐的历史等的认识。在这个过程中，学生关于音乐的知识被激活，视野得以扩展。学生熟悉相关语言表达，为写作活动做好了预热。

小组再次讨论。教师提出问题，让学生分组讨论音乐如何改变人的生活。

Think about your experience with music and how it has changed your life, or think about how the life of someone you know has been changed by his/her experience with music.

How does music change one's life?

学生讨论后回答。教师引导学生阅读文章，发现并总结阅读部分所呈现的演讲类文本的语言特征和篇章结构。

快速阅读文本之后，学生归纳总结每段话的段落大意。

Para. 1: Sarah introduces herself and the topic.

Para. 2: Sarah shares with us her personal experience.

Para. 3: Sarah reflects on the role of music in her life.

Para. 4: Sarah concludes the speech.

写作前阶段的四个任务通过音频播放、回答问题、归纳文章大意以及小组讨论的方式建构主题语境，激活学生大脑中和音乐相关的经验和已有知识。

Activity 2：写作阶段。

教师引导学生总结关于音乐治愈功能的表达或名言警句，并将其按照不同的修辞方式进行分类。

Metaphor

Music is the medicine of the mind, particularly of the afflicted or disordered mind.

Let music heal your soul.

Music is a very important friend. It accompanies me walking slowly until now.

Beauty is the smile; music is the voice of God.

Music is a kind of art built on basis of beauty.

Personification

For me, music is the perfect expression of the soul.

Life is like music; it must be composed by ear, feeling, and instinct, not by rule.

After silence, that which comes nearest to expressing the inexpressible is music.

Repetition

Music makes people happy, relaxed and less lonely.

Music brings people comfort and pleasure.

Music helps people deal with their emotional problems.

Simile

Music is like a summer breeze in one's heart.

撰写作文提纲。教师引导学生写作文提纲，确定写作风格、文本格式及修辞手法等。

Complete the outline and use it along with rhetorical devices to draft your speech.

Introduce yourself.

Give the topic of your speech.

Write about your experience with music, or the experience of someone you know.

Write about how music make you/him/her feel.

Relate your/his/her experience to the audience.

Close the speech.

学生就"How Does Music Change One's Life"进行写作。

Activity 3：写作后阶段。

完成初稿后，教师和各个小组成员根据文章主题是否突出、内容是否充实、是否与写作目的一致等标准给予组内学生反馈信息。学生在此基础上对初稿做必要的修改，完成二稿写作。

Exchange drafts with a partner. Use this checklist to help you revise the draft.

Does the writer explain how music has changed his/her/someone's life?

Are some of the rhetorical devices included and used properly?

Does the writer talk about how music make him/her/someone feel?

Is the first word in each sentence capitalized?

Does the writer use correct punctuation?

5. 案例点评

本次写作课采用任务型教学法，基于任务设计教学活动。本节课在教学中重视语言的交际功能，以学生为中心，关注意义，关注学生交流。本节课在引入话题、归纳语篇特点、讨论等各个环节没有对写作时间、讨论内容以及写作内容等做硬性规定。教师在教学中可以根据实际情况进行调整，调动学生的积极性。写前阶段设置了五个任务，包括放音频、引入话题、分组讨论、回答问题以及审视演讲类文章的语篇特征和归纳、总结每段话的段落大意等，此阶段的任务为写作做好了铺垫，有效建构了关于音乐的图式。写作过程包含三个任务，分别是总结关于音乐的名言警句，拟写作文提纲，完成写作。写作后阶段包含二稿写作和修改两个任务。所有的任务都以意义为中心，让学生用英语参与其中。同时，本次写作课教学也没有否定写作知识、范文在写作教学中的作用。写前阅读活动为开阔学生思路、挖掘写作内容提供了必要的空间，写作后的学生互评在丰富写作内容、培养学生评价能力方面也具有一定的作用。学生在完成任务的过程中实现了在"做中学"。

案例七：体裁分析法指导下的英语写作教学——以"历史和传统"话题为例

1. 写作来源与教材分析

本教学案例来自高中英语人教版必修二(2020)第四单元的读写(Reading and Writing)部分。本单元主要话题为"历史和传统"(HISTORY AND TRADITIONS)，本单元听说(Listening and Speaking)部分的话题为"分享对历史遗迹的观点"(share views on historic sites)。通过听说活动的开展，学生能够口头介绍旅游景点、历史人物、文化等，如曲阜孔庙、孔子、孔子思想，并能习得相关英语习语。阅读和思考(Reading and Thinking)部分通过介绍英国的历史让学生了解这个国家的文化、地理等，尤其是英国全名的由来。以读促写(Reading for Writing)部分要求学生描述一个自己喜欢的地方，由阅读和写作构成。阅读部分介绍了爱尔兰的风光和习俗，通过学习，学生能够领略爱尔兰美丽的乡村风光，了解更多关于爱尔兰历史传统的知识，培养审美以及对美好事物的热爱和期待。在写作中，学生的词汇、语法，语篇、文化等知识已经被充分激活，关于描述某个地方的知识框架得以建构，这为顺利进入写作环节打好了基础。阅读学习中所获得的相关知识，如描述景色的词汇、语法，介绍地方时需要关注的内容等，为写作任务的顺利完成做出了铺垫。具体的写作要求如下：

Use what you have learned in this unit to describe an interesting, exciting, or surprising place.

2. 写作教学目标

初级目标：

通过学习，学生能够正确使用相关词汇、短语和句式，写一篇描述一个地方的记叙文。

中级目标：

培养学生的语篇意识。通过写作，学生能够培养自身的语篇意识，能够发现描述性文章的语篇结构，熟悉其信息组织方式，掌握此类语篇的写作步骤，能够使用连接性词语、指示代词、词汇衔接等语言手段做到语篇衔接和连贯。

高级目标：

培养学生的审美情趣，使学生主动发现生活中的美好事物，用语言描述某个地方的美，表达自己对某个地方喜爱之情的愿望。

3. 写作教学内容

这一单元的主题语境为“人与社会”，主题群是“环境保护”，具体语境为“历史和传统”。本节课由阅读和写作两个部分构成。阅读部分的语篇介绍了爱尔兰的美丽乡村以及爱尔兰的历史、传统文化。写作部分要求学生运用所学的语言、文化知识描述一个有趣的地方。在写作前，教师通过对阅读文本的分析让学生掌握记叙文的文体知识，包括文本结构、信息组织、语言特点等。在正式写作时，教师要给学生提供一些描述某个地方时常用的词汇、语法等，让学生通过写作将这些语言知识内化于心。写作完成之后，师生通过小组互评、教师讲评等方式对所写文章进行评价，评价的维度包括语篇结构、语言特征、语篇衔接和连贯、词汇、语法和内容完整性等。

4. 教学过程

Activity 1：阅读。

Read the text and discuss the questions in pairs.

What makes the Irish countryside exciting and inspiring?

What are the best ways to experience Irish traditions and culture?

What is the meaning of “breathe in the sweet scent of fresh flowers while birds greet the new day with their morning song?”

What are the best ways to experience Chinese traditions and customs?

Activity 2：体裁分析。

教师引导学生对上述阅读语篇进行体裁分析，发现描述性语篇的体裁特征。教师向学生介绍何为体裁及体裁的种类。

体裁指的是文章的样式和类别。同一类体裁的文章具有类似的规约性的体裁特征。比较常见的体裁包括记叙文、描写文、说明文、议论文、应用文。

教师向学生提问“What is the genre of the above text?”

学生发现，该文的体裁类型为描写文，主要介绍爱尔兰的迷人风光以及风俗习惯。

教师进一步阐释描写文的定义。

描写文旨在对地方、人、场景和事物进行客观描述，以向读者展示其具体信息，使读者能够切身感受到所描述的对象。

描写文语篇的人称：第三人称。

时态：以一般过去时为主，各种时态为辅。

语言特点：语言生动，表达准确，注重细节的描述，语言丰富多样。

Activity 3：写前准备。

First, Work in pairs and discuss.

Choose one of your favorite places and tell a partner why you think it is interesting, exciting, or surprising. Before you write, work in groups and discuss the following questions.

How does the place impress you?

What can you see and hear?

What details are you going to write to support your impression of that place?

How are you going to present the supporting details in your writing?

What kind of words are you going to use in your description?

How are you going to connect all the sentences in your writing?

Second, Use your answers to draft a passage about the place.

Introduction:

First write the topic sentence. In order to make the reader eager to read your writing, you can write a topic sentence that tells us the place and its impression on you. This place can be something striking or surprising.

Example:

Topic sentence:

My village is a tranquil and peaceful place teeming with nature.

Supporting details are presented to elaborate on the topic.

Body:

Use sensory details to support your impression.

I can see green waters and trees...

I can smell the sweet scent of flowers...

Use transitional words to help the reader follow your ideas.

In the morning...

In the afternoon...

In the evening...

First...

Second...

Third...

In the north...

In the east...

In front...

Adjacent...

Next to...

In the back...

Use specific words to describe the place.

Ending:

Let the reader know that the passage ends.

Help the reader remember your writing.

此部分为写作技巧内化阶段。教师通过小组讨论、写提纲的方式，让学生熟悉描写文的篇章结构、发现描写文的语言特征。讨论让学生的语言表达变得丰富，列提纲让学生的语篇意识和语言衔接能力得到培养。在互评阶段，学生可以增强语篇意识，提高语言表达准确性。

Activity 4：写作和互评。

独立写作——输出阶段。经过以上三个阶段之后，教师安排学生对同类型体裁的作文进行独立创作。

设计意图：学生通过对同类型体裁的写作再次进行训练，从而更加熟悉此类体裁，提高写作速度和水平。

同伴之间开展互评。

Does the writer start with an image, quote, or question?

Is the description well-organized and easy to read?

Has the writer included sensory details?

Does the writer use specific words and give examples?

Is the ending effective?

Can you find any grammar or spelling mistakes?

Give your comments to your partner and ask him/her to revise the draft.

在这一过程中，学生按照题目要求，结合对这类体裁的知识的掌握进行独立创作。在写作之前，教师首先带领学生对这类体裁文章的结构特点进行概括，便于学生在写作时更加得心应手。这一教学进程使得学生能够领会和吸收体裁知识，并将其运用到实际的写作练习中，起到学以致用的效果。通过练习，学生的写作水平得到显著提高，写出的文章也将丰富多彩。将体裁教学法应用到写作教学课堂中，教师应该将写作教学与语篇的图式结构相结合，摒弃以往的依靠范文进行写作的教学形式。与此同时，教师在教学过程中要善于创新，学会利用提问的方式引导学生进行思考，根据具体情况合理调整教学步骤。此外，教师在运用体裁教学法进行写作教学时，在关注文章语篇的整体结构的同时不能忽视词汇语法、语言知识的积累和巩固。运用体裁教学法的目的就是帮助学生提高写作水平，培养好的写作技巧，而扎实的语言功底为体裁教学法的有效实施奠定了良好的基础。

5. 案例点评

此次写作课分阅读、体裁分析、写前准备、写作和互评四步进行。第一步阅读主要开展学习理解类活动，教师引导学生通过问问题、开展讨论的方式达到对阅读语篇的深度理解，同时教师创设写作情境，调动学生已有的和写作主题相关的经验。第二步体裁分析的学习活动以语篇为主线，引导学生超越语篇，把握描写文的语篇特征，培养学生语篇意识，正确组织文章结构，在写作时有模板可循。第三步写前准备融合了学习理解类活动和应用实践类活动的特点。小组讨论能激起学生关于写作主题的前期知识，同时使学生对描写文的文本特征有了更深刻的了解。第四步写作和互评所涉及的活动主要为“深入语篇”的迁移创新类活动，基于学生对话题的讨论，引导学生对话题进行论证，发挥想象，创作新的语篇。上述活动环环相扣，互相促进，实现了写作学习内容的整合和学生写作水平综合性的提高。

思考题：

(1)在写作教学中如何有效关联阅读教学板块和写作教学板块，做到以读促写？

(2)如何培养学生的语篇知识以促进写作教学？

(3)如何在写作教学中践行英语学习活动观？

(4)如何通过写作教学提高学生的思维创新能力？

推荐阅读：

[1]兰良平，韩刚. 英语写作教学：课堂互动性交流视角[M]. 北京：外语教学与研究出版社，2014.

[2]何亚男，应晓球. 落实学科核心素养. 高中英语写作教学[M]. 上海：上海教育出版社，2021.

[3] 查尔斯·巴泽曼. 英语写作教学与研究[M]. 陈会军译. 北京：北京师范大学出版社，2019.

参考资料

[1] Ellis, N, Robinson, P. Handbook of Cognitive Linguistics and Second Language Acquisition[M]. London: Routledge, 2008.

[2] Goldberg, A. E. Construction at Work: The Nature of Generalization in Language[M]. New York: Oxford University Press, 2006.

[3] Holme, R. Cognitive Linguistics and Language Teaching[M]. New York: Palgrave Macmillan, 2009.

[4] Langacker, R. W. Investigations in Cognitive Grammar[M]. Berlin/New York: Mounton de Gruyter, 2009.

[5] Talmy, L. Force Dynamics in Language and Cognition[J]. Cognitive Science, 1988(12): 49-100.

[6] Vygotsky, L. S. Mind in Society: The Development of Higher Psychological Processes[M]. Cambridge: Harvard University Press, 1978.

[7]文秋芳，等. 认知语言学与二语教学[M]. 北京：外语教学与研究出版社，2013.

[8]王寅，王天翼. 基于体认语言学的英语语法教学[J]. 外语界，2019(1).